都會雲裳

細說中國婦女服飾與身體革命（1911-1935）

著者：吳昊
責任編輯：俞笛
裝幀設計：吳冠曼

出版：三聯書店（香港）有限公司
　　　香港北角英皇道 499 號北角工業大廈 20 樓
　　　Joint Publishing (Hong Kong) Co., Ltd.
　　　20/F., North Point Industrial Building,
　　　499 King's Road, North Point, Hong Kong

發行：香港聯合書刊物流有限公司
　　　香港新界大埔汀麗路 36 號 3 字樓
　　　SUP Publishing Logistics (Hong Kong) Ltd.
　　　3/F., 36 Ting Lai Road, Tai Po, N.T., Hong Kong

印刷：中華商務彩色印刷有限公司
　　　香港新界大埔汀麗路 36 號 14 字樓

版次：2006 年 7 月香港第一版第一次印刷
　　　2019 年 1 月香港第二版第一次印刷

規格：16 開（185 × 235mm）324 面

國際書號：ISBN 978-962-04-4425-8

都會雲裳

◁畫裝時士女菲珊李▷
∾∾新 式 旗 袍∾∾

Costume design by
Miss S. F. Li.

細說
中國婦女服飾與
身體革命

1911—1935

三聯書店 (香港) 有限公司
Joint Publishing (H.K.) Co., Ltd.

吳昊 著

目錄

序

序

　　中國歷史每屆改朝換代，總會醞釀禮制和服制上的變革，要配合"移風易俗"，服飾必然有所改變，由政府頒佈法例，強制執行，民間響應，努力擺脫前朝陰影。

　　近世中國自滿清入關，服飾與政治更是緊密相連，當漢人被強迫剃髮垂辮，改着旗服，夢魘也就歷久不散了。不過，在服裝變成政治法則與社會約制時，個人的反應主要有二：（一）"反抗" ——例如滿清入關，下令強制剃髮易服，南方人民強烈反抗，誓死保衛漢族文化，屬初期反應；（二）"順應" ——向政治低頭，易服垂辮，接受異族文化，屬後期反應。

　　文化是細水長流的，服飾演變，經漫長的浪淘沙盡，由反抗變為順應，從排斥變為接受，這又是必然的歷程。但順應過度，二百多年的大清遺毒甚深，令很多順民難以適應辛亥革命的震撼，當古國驚雷，竟出現一種錯亂的反應——"哀號"。民國之初，政府雖明令剪辮，京滬一帶之守舊迷信之人，有力竭聲嘶請求饒髮者，有哀號痛哭謂無面目歸家者，在悲壯的革命史詩中加插了糊塗鬧劇，亦反映其時男性當權世界的封建心智未完結，更暗示着以後政治上屢次出現的復辟行動。

　　相反，民國以後女性服飾世界勇往直前，翻天覆地，既不哀號，也不順應，力圖解放創新，正好標示着婦女要從低微的社會地位和封建的困局中突圍而出，找尋新天地容身。而實在，從 1911 年辛亥革命到 1935 年抗日前夕，在這二十五年間，中國大城市的婦女在動盪的政治和紛亂的社會裡浮沉，面對挫敗毫不妥協。服裝也就永不滯止，永遠求變，見證着她們頑強的奮鬥意志和解放心理。

　　衣服是一個文化傳播系統（Cultural Communication System），一種身體語言，講述的正是一個"心理—生理—社會—政治"（Psycho－Physical－Social－Political）的故事，尤以婦女服裝為其時最具戲劇性者，充滿着矛盾衝突，危機重重，而又高潮疊起。這好像是一齣通俗劇，因為情緒波動很大，滿溢着喜怒哀樂，包含着："夢想"（例如截髮男裝，渴求取得男性地位）；"痛苦"（例如束胸，阻止乳房發育）；"恐懼"（例如因衣着不符常規，觸犯封建禁例，惹起非議，受到懲罰）；"慾念"（例如解放身體，衣着暴露）；"憤怒"（例如斷髮短衣，加入社會改革運動，甚至從軍北伐及抗日）等等。

戲劇離不開人性衝突，而這時期的婦女服裝全然體驗得到這種衝突。她們由滿清封建的閨房（家庭）服飾（女性困囿於家庭，與外界社會脫節），轉變入民國婦解的社會服飾（爭取女性的社會地位，不讓男性獨尊），涉及的衝突是多重層面：

（一）女性自我的心理衝突，例如把服飾變作一種"自衛機能"，把自己緊緊地包裹，以克服內心的挫敗感、自卑感等；又或者為應付百變時新的服裝，極需要排除心理障礙、鬥爭等。

（二）女性與政治社會的衝突，例如當服裝表達婦女解放的意願時，她便要面對男權社會的挑戰、封建守舊家庭及學校的壓迫、甚至頑固的軍閥惡勢力。

但在處理衝突上，民初的中國婦女倒能顯露她們的戲劇才華，手法時而委曲求全，時而軟硬兼施，務使時裝舞台充滿彈性的適應能力，兼容並蓄，氣象萬千，更反襯出那些壓制婦女服飾變化的保守政權只在編寫着鬧劇了。

禹燕的《女性人類學》用"倒置的金字塔"理論揭示傳統中國女性現實的存在困局，我覺得同樣可以用來思考民初婦女服飾文化的問題。

作為一個"人"的存在，其結構應該是一個完美的金字塔：

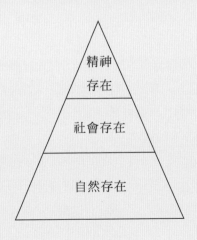

精神
存在

社會存在

自然存在

精神存在（思想、理想、信念）在上，社會存在（權位、階級、職業）在中層，自然存在（性慾、生殖）置於最下層。但長久以來，中國傳統女性在封建的男性社會政治制度壓迫下，全面地失去存在的自由，她們的自然本能被不擇手段地突出——供男人作性樂工具和生殖工具。她們亦無政治、經濟、法律和道德上的自由，其思想和創造力卻被扼殺，更被貶為智力低下，意志軟弱。"在這裡，女性存在的結構發生了驚人的變異：作為底座的自然存在上升為頂端，而作為頂端的精神存在則下降為底座，從而形成了自然存在壓抑社會存在、自然存在壓抑精神存在的奇特格局"[1]，變成倒置的金字塔：

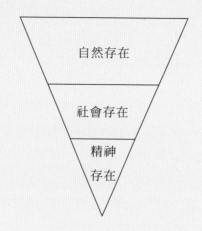

而最不幸者，頂層的自然存在也是非自由的，"她的自然體可以被任意物化——她的雙乳可被束為一馬平川，她的雙腳可以被纏成'三寸金蓮'，她的自然體可以被任意商品化——她的肉體可以當作商品去買賣，可以換來金銀、珠寶和錢財。"[2]

在辛亥革命之後，婦女開展漫長的掙扎過程，努力扳轉倒置的金字塔，反映在服飾文化問題上，但見她們勇往直前，雖然亦有迷惘的時刻，仍不斷改進服飾，配合其社會活動，由截髮、放乳、情迷高跟鞋、暴露身體、改革旗袍，處處顯出創造自我的精神和對美的人生追求，不斷提升精神存在的層面。

中國婦女服飾文化展現的舞台，就是沿海的大都會。在那裡，中西文化匯聚，在政治、經濟上舉足輕重，在當時是這些城市領導着國家邁向不可知的未來。服飾，也正如戲劇（和小說）一樣，是一種群眾記憶，透過它可以重拾歷史文化諸貌。而多姿多彩的二三十年代婦女服飾，除了引起我們回憶起大都會的摩登生活外，其實也憑着這一點點落後回憶帶出啟示：繁華鬧市，美衣華服，但國家何去何從？

註釋

〔1〕 禹燕：《女性人類學》（北京：東方出版社，1988 年），46 頁。
〔2〕 禹燕：《女性人類學》，上揭，52 頁。

第一章
辛亥革命與服飾革命

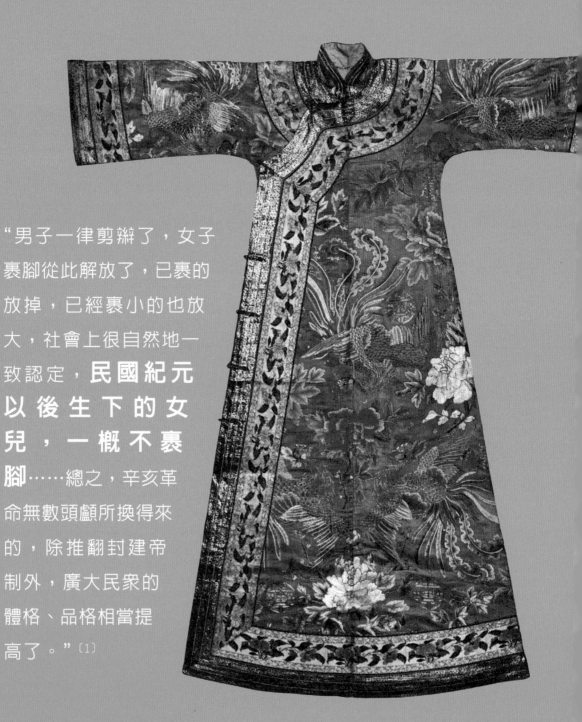

"男子一律剪辮了，女子裹腳從此解放了，已裹的放掉，已經裹小的也放大，社會上很自然地一致認定，**民國紀元以後生下的女兒，一概不裹腳**……總之，辛亥革命無數頭顱所換得來的，除推翻封建帝制外，廣大民眾的體格、品格相當提高了。"〔1〕

01
婦女革命從服飾開始

1911年爆發的辛亥革命,推翻了清朝政府,結束了統治中國幾千年的君主專制,同時也掀起了中國社會風俗與服飾上翻天覆地的革命。

1911年10月10日武昌起義,革命形勢一發不可收拾,南方各省義軍四起,紛紛宣佈獨立,建立臨時政府。1912年1月1日,獨立各省在南京成立中央臨時政府,跟着頒佈多項文告,包括禁賣人口、禁止鴉片、限期剪辮、勸禁纏足、改革禮儀等。這無疑是中國社會風俗演變的劃時代日子,但社會也出現了文化和精神上的錯亂局面,因為革命成功得太快速,守舊民智未能適應,國人處於"文化震撼"之中,顯得手足無措,尤其在看待服飾的層面上,更見混亂了。

社會革命從服飾開始

改朝換代，服飾是最顯著的變更。

其實，廢除闊袍大袖、褒衣博帶的滿族服式，早在清末已有所討論。1898 年康有為（1858 — 1927）戊戌奏稿《請斷髮易服改元摺》提出："今為機器之世，多機器則強，少機器則弱……且夫立國之得失，在乎治法，在乎人心，誠不在乎服制也。然以數千年一統儒緩之中國，褒衣博帶，長裾雅步，而施之萬國競爭之世……誠非所宜矣。"[2]

跟着，報章雜誌和民間組織都有所討論，付諸實行者亦大有人在，到光緒末，奇裝異服出現了。尤其"上海繁華甲於全國，一衣一服，莫不矜奇鬥巧，日出新裁。其間由樸素而趨於奢侈，固足證世風之日下，然亦有由繁瑣而趨於簡便者，亦足見文化之日進也。"[3]

改元民國，易服勢在必行，而廢除滿裝以後，可以着什麼？

有人認為全部西裝，有人提議復古，穿上《七俠五義》般的緊身武俠裝束。而浙江麗水光復之日，果真有人"頭帶方巾，身穿明代的古裝，腰佩龍泉寶劍，站在街頭歡迎"[4]。於是什麼服裝都着起來了，以致出現"中國人外國裝，外國人中國裝"，"男子裝飾像女，女子裝飾像男"，"妓女效女學生，女學生似妓女。"[5]

1911 年 11 月 19 日上海《申報》已道出易服的困惑："自古帝王易姓受命，必改朔易服，所以示革新之象也。今者大漢光復，髮辮之物，在所必去，衣服之制，亦宜定式。國人深於習慣，本其舊見，每謂吾儕漢民，應復漢式，束髮於頂，臥領長袍，是其固制。若斷其髮，短其衣，則變夷矣。"[6]在漢服（束髮寬袍）和夷服（斷髮短衣）之間難以抉擇，惟有提議暫仍舊制，保留滿清之服了。

甚至連剛成立的臨時政府亦難所決定，只好採取"民間服裝，暫時聽其自便"原則。結果當時的民間衣着，淪於亦古亦今，又中又西，不滿不漢，不洋不中，不倫不類，光怪陸離。可見新舊交替年代，舊的東西死而不僵，新的東西方興未艾，紛亂之極。

闊袍大袖、褒衣博帶的滿族服式。

服飾革命從婦女開始

但婦女們已急不及待,滿清封建皇朝倒下來,她們大翻身解放了,已不甘心傳統的笨拙服飾困圍着自我:

一、滿裝──旗袍為主,滿洲婦女穿着居多,上衣下裳合而為一,有時袍外加坎肩(後來通稱"背心"或"馬甲"),寬闊而層疊。為了取得美學上的平衡,頭上的髮髻就要誇張的高大,更有一種"兩把頭",梳成長方形從兩鬢向左右擴展,甚且要用到假髮,很是沉重,更限制了脖頸的扭動。再加上一雙旗鞋,鞋底中間是鑲着一塊高度約三寸至六寸不等的木台,雖行姿婀娜,但不勝負荷,走不多遠(後來滿族婦人亦有習染漢婦的纏腳陋習)。

二、漢裝──上衣下裳(裙及褲),服裝保留着顯著的明代遺風,"流行着極度寬大的衫袴,有一種四平八穩的沉着氣象"[7],還要在外面穿一件大襖。髮髻雖然不及滿族

詠新裝女郎

玉佩明璫壓鬢華,
春山頂上愛盤鴉,
兩灣秋水金絲鏡,
百袼湘裙外國紗,
蘭氣偏從檀口吐,
花枝低護領頭斜,
同儕相約張園去,
跨馬輕乘腳踏車。

(《民立報》1912.8.4)

誰是妓女
誰是學生

病雀

婦女的高大，但遵從封建傳統終生不剪髮，負擔非輕，再者裙下所纏小腳，"所謂三寸金蓮纖不盈握者，則非藉人扶，即須用杖，其苦萬狀"[8]，寸步難移。

封建時代的服制充滿階級性——服飾等級森嚴，當婦女從封建主義束縛下解放出來之後，出於反叛、好奇和趨時的心理，什麼服裝都拿來穿，尤其上海婦女變本加厲，奇裝異服，引起社會人士非議。例如，1912 年 2 月 3 日上海《民立報》敬告女同胞，勿浸淫於"奇裝異飾，以甘作他人之玩具，則前途黑暗"[9]，同年 8 月 11 日上海《申報》又指出："妓女效女學生妝飾，意在博歡新人物，而女學生效妓女妝飾，胡為者。"[10]

其實，稍後時期毛澤東（1893 — 1976）在《湘江評論》創刊號（1919 年 7 月 14 日）發表短文《女子革命軍》，已總結了婦女革命與服飾的關係，他寫道："或問女子的頭和男子的頭，實在是一樣。女子的腰和男子的腰實在是一樣。為什麼女子頭上偏要高豎那招搖畏風的髻？女子腰間偏要緊縛那拖泥帶水的裙？我道，女子本來是罪人，高髻長裙，是男子加於他們的刑具。還有那臉上的脂粉，就是黥文。手上的飾物，就是桎梏。穿耳包腳為肉刑。學校家庭為牢獄。痛之不敢聲。閉之不敢出。或問如何脫離這罪？我道，惟有女子革命軍。"[11]

所以，婦女的革命，是從服飾開始，而奇裝異服亦只是革命的其中一種手段。

　　"小腳婦，誰家女？裙底弓鞋三寸許。下輕上重怕風吹，一步
艱難如萬里。左靠嬤嬤右靠婢，偶然蹴之痛欲死。問君此腳
纏何時？奈何負痛無了期？婦言，儂不知。五歲六歲才勝
衣，阿娘做履命纏足，指兒尖尖腰兒曲；號天叫地娘不聞，
宵宵痛楚五更哭。"林琴南（1852—1924）《小腳婦詩》。〔12〕

02
服飾革命從放腳開始

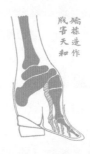

婦女的革命，是從服飾開始，婦女服飾的革命卻又從放腳開始。

封建婦女為什麼纏足？

清乾隆年間詩句已有答案："不知裹足從何起，起自人間賤丈夫。"

1924 年，賈仲在《史地學報》發表《中華婦女纏足考》，很獨到地分析了纏足發生的原因：一、人慾之要求；二、女性的約束；三、男女之區分；四、貞節之保持。

"人慾之要求"（男人慾望的要求）。"婦女自失掉經濟中心地位以後，漸漸變成男子的被征服者，更漸漸變成男子的唯一玩具"[13]，於是三寸金蓮，亦正如"楚宮之腰"、"漢宮之髻"等，皆為取悅男人，滿足其慾望的工具。所以李汝珍（約 1763 — 1830）在

《鏡花緣》裡早已指出纏足的發生，"況細推其由，與造淫具何異？" [14]

"女性的約束"（男性綁束女性）。纏足是男子有意摧殘女權，約束女子的恐怖手段，正如明代《女兒經》的說法："為什麼，裹了足？不是好看如弓曲，恐她輕走出房門，千纏萬裹來拘束！" [15] 說明白了，就是讓婦女行動艱難，防止她們不安於室，飛越大門，這是給婦女的腳戴上枷鎖。

"男女之區分"（男尊女卑之區分）。封建禮教最主張"男女有別"，所以對於女子於耳則穿環，於面則飾朱，於腳則纏足，務求與男子不同，亦符合東漢班昭（約 49—120）《女誡》的看法："陰陽殊性，男女異行。陽以剛為德，陰以柔為用；男以強為貴，女以弱為美。" [16]

"貞節之保持"（強迫婦女守節）。封建社會對女子貞節觀念看得很重，所謂"餓死事小，失節事大"，女子本來在社交上活躍的，但"自纏足風俗普遍以後，女子才甘心做閨閣中人" [17]，更不會做出失節之事，"故纏足乃所以弭淫" [18]。

纏足，不但束縛了女子的雙足，也束縛了女子的意志、思想和活力。

所以，婦女解放運動，首要和最基本的，就是解放小腳了。

解放小腳

亦正如整個政治革命大氣氛，解放小腳是先從南方掀起的，先是維新派康有為 1882 年（光緒八年）在廣東謀創"不纏足會"，未成。1883 年，康有為在南海故鄉倡辦"不裹足會"，以此為運動基地。1895 年，康有為與其弟康廣仁在廣州成立"不纏足會"；同年，教會西婦立德夫人在上海創辦"天足會"。1897 年，維新派的梁啟超和汪康年在上海組織全國性的"不纏足會"。

維新派對傳統服飾（尤其纏足）的批判，是受到其時的西方思想影響。十九世紀歐美知識界，肯定工業革命的成果，認為時裝變化亦是社會變遷的縮影，中國人永恆不變的"褒衣博帶，長裾雅步"服飾，尤其纏足陋習，只反映社會和經濟的停滯，無能趨向現代化。維新派特別視纏足為國家落後的象徵，力主解放小腳，顯示堅決邁向現代化的意慾。

纏足之年輕女子　　　　　秋瑾男裝照片

於是到了 1898 年，康有為上書光緒皇帝，建議禁天下纏足，而光緒奏准，佈告天下，規定十歲內幼女不得纏足。

短短十五年光景，能把悠悠一千年纏足惡習解除，小腳革命之所以成功快速，除婦女醒覺的緣故外，還是政治形勢使然。其一，晚清正處於內憂外患，兵荒馬亂，纏足婦女竟連避災逃難也無能為力，"一旦遇兵燹，遇災害，寸步難移，只有尋死一法，傷心慘目"[19]。其二，很多論者認為纏足婦女深閨弱質，多病且夭。母體弱，則先天微薄，而生子亦弱，"國非人不立，以弱孕弱，弱無已時，而國且隨之矣！"[20]

將國家和民族存亡與女人的身體扯上關係，就在這時期開始了，反纏足也象徵着反帝國主義。

所以，1912 年南京臨時政府成立，便立刻公佈《令內務部通飭各省勸禁纏足文》（3月 12 日），通令婦女放足。於是，廣州和上海婦女放足放得最快，到 1920 年，女界多屬天足了，而沿海其他城市的婦女也不甘落後。

小腳解放之後，婦女行動自如，不再困囿於家庭裡，開始胸懷大志，紛紛投身社會，服務人群，進學堂讀書。而那傳統的笨拙寬闊的旗袍或那"四平八穩、沉着氣象"的漢服衣裳，絕對妨礙行動，已不符合時代的需求了。

上海女作家張愛玲（1920 — 1995）在《更衣記》的文章裡回憶過去的女服："我們不大能夠想像過去的世界，這麼迂緩，安靜，齊整——在滿清三百年的統治下，女人竟沒有什麼時裝可言！一代又一代的人穿着同樣的衣服而不覺得厭煩……穿在外面的是'大襖'。在非正式的場合，寬了衣，便露出'中襖'。'中襖'裡面有緊窄合身的'小襖'，上牀也不脫去……削肩，細腰，平胸，薄而小的標準美女在這一層層衣衫的重壓下失蹤了。"[21]

女裝混亂期

如果完全背棄往日的服飾，現在應該怎樣穿着才好呢？這無疑是女裝的大混亂期。

甚而很多思想開放的女人，穿着上男裝長袍，再加馬褂背心，讓性別混淆，表表者如女革命家秋瑾（1875—1907），"當時身穿一件玄青色湖縐長袍（和男人一樣的長袍），頭梳辮子，加上玄青辮穗，放腳，穿黑緞靴。那年她三十二歲。光復會的青年會員們都稱呼她為'秋先生'"[22]。辛亥革命前後，不少婦女運動家都有這種男裝傾向。而上海的妓女和女伶也都愛男裝，"光、宣間，滬上衒衒中人競效男裝，且有翻穿千尖皮袍者"[23]，"又有戴西式之獵帽，披西式之大衣者，皆泰西男子所服者也。"[24]

再加上當時婦女普遍平胸，穿着男裝之後更是雌雄難分，這種姿勢顯然有意爭奪男人的政治和社會地位，更惹社會（當然是男性中心社會）之不滿，大加責難，認為是"妖裝"和"着妖"，傷風敗俗。

所以，萬眾期待着臨時政府公佈新中國服制，顯然能起撥亂反正的作用，給婦女作服裝指引，以禁止她們亂穿衣。

"自古帝王易姓受命，必改朔易服，所以示革新之象也。今者大漢光復，髮辮之物，在所必去，衣服之制，亦宜定式。"〔25〕

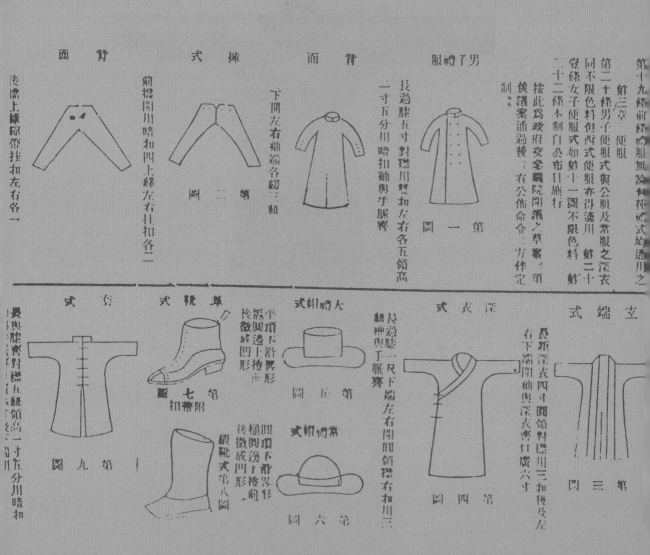

03
1912年婦女服制的決定

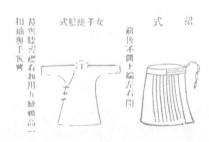

辛亥革命之後，有很多人主張改穿西服，認為是進化的必然過程，甚至誇大西服的作用，視之為西化精神的開端，可振工藝，可以強種，可以強國。但也有很多人感到憂慮，害怕失去傳統中國人的文化身份，寧願剪辮不易服。

《服制草案》

上海《申報》在 1911 年 11 月 19 日率先討論未來國民應該穿着什麼，發表《服式芻議》，除道出服裝將造成身份混亂——是否抱殘守缺，"應復漢式，束髮於頂，臥領長袍"，抑或 "斷其髮，短其衣，則變蠻夷矣"，更強調如果國家處理不當，服裝將會造成政治社會經濟上的混亂：

　　一、關於國家之利權，因傳統中國衣服向用絲綢，冠履皆用緞，如果改易西裝，衣帽用呢，靴鞋用革，則中國不及製造，國民必盡購外貨，結果利源外溢，極度損害國家利權。

　　二、關於社會之損害，因中國絲綢向為世界之冠，農工商數千萬人以此為業，倘改用西方呢料，定會破壞大量農工商之生計。

　　三、關於個人經濟及衛生，因華人向服絲綢，一旦改呢料和皮革，富者當然可另製，但貧者則難以負擔了，而且呢料皮革價昂，清潔又不易，有礙個人衛生。

　　如此則進退兩難，惟有考慮："不如暫仍舊制，雖係滿清之服，就各方之利害，而審察之，亦不無一長可以也。"[26]

　　上海《民立報》1912年2月6日發表《易服與國貨問題》，也都認為易服帶來恐慌："民國光復，易服問題決不能已，循進化之例推之，吾國禮服常服，必均趨向於大同，企合於衛生，其材料必取用呢羢，可以決定無疑，於是持國貨問題者，咸惕惕焉，為絲業前途憂憂之誠是也。蓋恐因易服一事惹起國民經濟上之恐慌。"[27]

　　但服制變革是勢在必行，萬眾期待，終於在1912年6月，臨時參議院提議《服制草案》，並說明理由："民國初建，亟應規定服制以期整齊劃一。今世界各國趨用西式，自以從同為宜。然使盡用西式，於習慣上一時尚未易通行，日本維新以來，洋服與和服並用，女子則用洋服者更少，亦職是之故，茲定禮服為公服常服兩種，而西式則同其並用，女子禮服純不採用西式料，均用綢緞或呢，所以寓維持國貨之意也。除深衣外，色俱用黑，亦以從各國所尚之同也。"[28]

　　草案基本肯定男子禮服應採西式，以黑色為主，因順應潮流，以從各國所尚；但女子禮服和衣料則無須西式，以維持用國貨原則。

　　草案又規定男子禮服分公服和常服，公服是採用西式（西裝），常服可採中式長袍（草案用古稱"深衣"）。至於女子禮服，規定為"套裙"——上衣下裙，周身加繡飾，質料為綢緞，而便服也都是衣裙。草議中的女服結構：

　　一、套式——女子禮服的上衣，"長與膝齊，對襟，五鈕，領高一寸五分，用暗扣，袖與手脈齊，口廣六寸，後下開端"[29]。

套式（左），裙式（中），便服式（右）。《香港華字日報》1912.6.29）

二、裙式——女子禮服的下裙，"前後不開，上端左右開"，"質色繡花與套同"〔30〕。

三、便服式——女子便服的上衣，"長與膝齊，襟右扣，用五鈕，領高一寸五分，用暗扣，袖與手脈齊"〔31〕。

女裝制式大局已定

《服制草案》公佈後，引起強烈反應，尤其工商界人士認為，如果規定西式禮服用呢料，令進口洋貨得益，實不利國貨發展。於是，7月臨時參議院把草案略作修改，列舊式長袍馬褂為男子禮服之一，再強調女子禮服採中式，"質用絲織品，色青天，周身得加繡飾。但裙得用紅色。"〔32〕

而關於女服制式，依然意見紛紜，反映婦女很關注未來應着什麼，卻又無所適從。8月臨時參議院二讀會服制案，到論及女服，各種意見紛陳：有指出女裙規定紅色是不恰當，"因現時女界多不喜着紅色"，所以應不規定顏色；更有反對女了奇裝異服，甚至提議政府立例"禁止女子服男子服"〔33〕。

1912年10月3日，民國臨時政府遷至北平不久，臨時大總統袁世凱向全國公佈參議院終於決議通過的《民國服制》，其內容基本上與 6 月的草案相去不遠。

雖然服制已定，但自由解放的婦女們仍在擾攘，繼續胡亂穿衣。1913 年 1 月 5 日，上海中華國貨維持會正副會長伍廷芳、王介安、呂葆元，邀請神州女界協濟社代表舒蕙楨、青樓進化團代表葛澤、葛志雲及徐曼仙、徐逸仙等出席會議，討論女界禮服和便服的圖樣及製成之衣服樣板，更由伍廷芳（1842 — 1922）報告會議理由：“今日女界所穿衣服，未能一致，殊不雅觀，故請諸君到會研究常服禮服應如何改良，務請從長議訂。”[34]

其實會議目的，只想落實已頒佈的民國服制罷了。但會議討論良久，仍未有取決，婦女代表認為：“咸以此事關於大眾，非少數人所能取決，應俟邀請各界女士再開大會，公決實行。”[35] 亦旋即散會。

未幾，1 月 12 日，中華國貨維持會舉行宣講會，並在會場上陳列新製女服，會長伍廷芳一再強調：“女子常禮服近來奇形怪狀，非但礙國貨銷路，更損國體，本會已邀集女界從事研究改良方法。”[36]

後來與女界代表磋商，經草議議決，“女禮服照公佈圖樣長過膝一寸，袖寬六寸，出手齊手腕，衣帶已出閣者用紫紅色，未出閣者不拘顏色。女便服齊膝，袖長手腕，袖寬四寸，腰前身稍寬，領高不過二寸。”[37]

這所謂“草議”亦沒改變過什麼，似乎只是婦女界在千呼萬喚中所作的妥協，而上衣下裙的結構亦只是清代漢族女裝的延續，並無驚喜，但畢竟“大局”已定。

對服制的反應，顯出男女不同的政治和社會地位，男服較穩定，無甚變化，這顯然與民國初年男性仍佔主導地位的因素有關。男性的地位導致男服相對地穩定，在兩方面表現出來：一是男性在政治舞台上是當權者，服飾要體現其權威性，不宜任意改動，較墨守成規；二是男性在社會上支配生產和勞動，服飾只注重實用和簡練。而女性初登上政治社會大舞台，對服飾變化是有所期待和要求，但在改朝換代之初，絕大多數的女性仍守家中，尚未擺脫“女為悅己者容”的歷史事實，仍是男性的觀賞對象，因此就無法廢除女服尚時髦、尚新穎、尚精美的意識，這亦解釋了為何其時婦女界對服制草議的遲疑未決，無一致的意見了。

註釋

〔1〕 黃炎培：〈我親身經歷的辛亥革命事實〉,《辛亥革命回憶錄》第一集（北京：中華書局，1961 年），68 頁。

〔2〕 康有為：《不忍雜誌彙編》初集（台北：華文圖書公司，1987 年），413 頁。

〔3〕 徐珂：《清稗類鈔》第十三冊（北京：中華書局，1986 年），6149 頁。

〔4〕 毛虎侯：〈辛亥革命在麗水〉,《辛亥革命回憶錄》第四集（北京：中華書局，1961 年），202 頁。

〔5〕 劣僧：〈改良〉（《申報》〔上海〕1912 年 3 月 20 日），8 版。

〔6〕 〈服式芻議〉（《申報》〔上海〕1911 年 11 月 19 日），1 張，6 版。

〔7〕 張愛玲：《流言》（香港：皇冠出版社〔香港〕有限公司，1994 年），68 頁。

〔8〕 〈恭祝天足會〉,《近代中國女權運動史料（1842—1911）》下冊，（台北：傳記文學社，1975 年），884 頁。

〔9〕 血兒：〈敬告女同胞〉（《民立報》〔上海〕1912 年 2 月 3 日），4 頁。

〔10〕 悲秋：〈揮扇閒談〉（《申報》〔上海〕1912 年 8 月 11 日），9 版。

〔11〕 徐日暉、李聲笑：《毛澤東早期文稿（1912・6—1920・11）》（長沙：湖南出版社，1990 年），335 頁。

〔12〕 陝西人民出版社：《守節・再嫁・纏足及其他——中國古代婦女生活面面觀》（西安：陝西人民出版社，1990 年），179 頁。

〔13〕 賈仲：〈中華婦女纏足考〉,《婦女風俗考》（上海：上海文藝出版社，1991 年），105 頁。

〔14〕 李汝珍：《鏡花緣》（香港：文化圖書公司，1985 年），76 頁。

〔15〕 張仲：《小腳與辮子》（北京：國際文化出版公司，1994 年），19 頁。

〔16〕 張仲：《小腳與辮子》，上揭，25 頁。

〔17〕 賈仲：〈中華婦女纏足考〉，上揭，106 頁。

〔18〕 賈仲：〈中華婦女纏足考〉，上揭，106 頁。

〔19〕 〈恭祝天足會〉,《近代中國女權運動史料》，上揭，884 頁。

〔20〕 〈記天足會演說事〉,《近代中國女權運動史料（1842—1911）》下冊，上揭，888 頁。

〔21〕 張愛玲：《流言》，上揭，68 頁。

〔22〕 周亞衛：〈光復會見聞雜憶〉,《辛亥革命回憶錄》第一集，上揭，627 頁。

〔23〕 徐珂：《清稗類鈔》第十三冊，上揭，6172 頁。

〔24〕 徐珂：《清稗類鈔》第十三冊，上揭，6166 頁。

〔25〕 〈服式芻議〉，上揭。

〔26〕 〈服式芻議〉，上揭。

〔27〕 洞垣：〈易服與國貨問題之解紛〉（《民立報》〔上海〕1912 年 2 月 6 日），1 頁。

〔28〕 〈服制草案理由〉（《香港華字日報》〔香港〕1912 年 6 月 29 日），3 頁。

〔29〕 〈新服制草案圖說〉（《民立報》〔上海〕1912 年 6 月 23 日），8 頁。

〔30〕 〈新服制草案圖說〉（《民立報》〔上海〕1912 年 6 月 23 日），8 頁。

〔31〕 〈新服制草案圖說〉（《民立報》〔上海〕1912 年 6 月 23 日），8 頁。

〔32〕 〈服制草案〉（《民立報》〔上海〕1912 年 7 月 17 日），12 頁。

〔33〕 〈參議院討論服制問題〉（《申報》〔上海〕1912 年 8 月 19 日），2 版。

〔34〕 〈會議女服式紀要〉（《申報》〔上海〕1913 年 1 月 7 日），7 版。

〔35〕 〈會議女服式紀要〉，上揭。

〔36〕 〈國貨維持會第二十五次宣講記〉（《申報》〔上海〕1913 年 1 月 14 日），7 版。

〔37〕 鄭永福、呂美頤：《近代中國婦女生活》引《神州女報》（河南人民出版社，1993 年），98 頁。

第二章
大都會婦女，時裝急先鋒

"鼎革初元，崇尚纖瘦，領作元寶形，鈕扣密佈，作種種式樣，緊縛芳肌，無稍餘地。有玉環軀胖者，則懷中雙峰，隱隱隆起，而後庭肥滿，又時覺春色撩人也。"[1]

01

上衣下裙，一縷詩魂

民初上衣下裙的婦女服裝，是清代漢族女裝的延續。

其實，在清末義和團之亂後（1900 年），女服已在求變，出現以窄瘦為時髦的風格，一反滿清王朝闊袍大袖之貌，"領高及頰，袖長露腕，而不露肘，袖寬只及二三寸"[2]，"窄幾纏身，長能覆足，袖僅容臂，形不掩臀，偶然一蹲，動至綻裂，或謂是慕西服而為此者"[3]。

上衣下裙的變革

"慕西風而為此者"，晚清的上層階級和貴族婦女都蠢蠢欲動，甚至連頑固不化的晚年的慈禧也試圖喜歡西服。光緒二十九年（1903 年）德菱、容菱兩位放洋回國的公主，

"荷葉" 新裝

時下女子新裝，領高四五寸，用荷葉邊鑲成喇叭口式，袖短僅及半臂，亦用荷葉邊鑲成喇叭口式，
其他衫之周圍，裙之底下皆用荷葉邊鑲成喇叭口式，吾不解女子身上何用如許喇叭口之多也。

（匹志，〈納涼閒談〉，《申報》1912.7.29）

認為出洋多年，穿慣西服，無合適滿服可穿，不敢見太后，怕她怪罪，豈料慶王轉達懿旨：“太后有旨，不必定穿旗服，甚願汝等着西衣入見，可以考究西俗也。”[4] 當然，統治者對於西服只限於好奇，敬而遠之，害怕因西服而引起連鎖的反清思想。但清朝統治者阻止不了當時上層階級婦女參照西裝觀念改良自己服飾，其特點：一、顯著地把衣服收窄和縮短；二、衣領誇張的高聳。

　　二十世紀初的西方社會，科技開始進步，交通速度也加快，人的活動多起來，服裝為配合行動而普遍收窄，便利行走。“社會吸納着轉變的加快速度，必然地影響在服裝上，使衣着風格趨於更實用，雖然初期的變革較慢。1907 年開始，基本輪廓上起着變化。線條收窄得多，而且比較挺直。”[5]“衣領高聳過耳，使到頸項顯得特別的長和纖細。”[6]

　　清末女服雖說是“慕西服而為此”，亦配合其時代需要：中國女子力求解放，穿窄瘦衣服使行動自如，能投身種種社會活動。

　　在革命改元之後，由 1912 至 1915 年，婦女解放的意慾更盛，女裝基本上是加以發揮

1912　　　1912-1913　　　1914　　　1915　　　1915

1912—1915 年女裝上衣下裙款式
（周錫保著《中國古代服飾史》）

清末的窄瘦的上衣下裙風格。

上衣有衫、襖和馬甲。襖和衫的分別在衣料，“從皮襖以至夾襖，都稱為襖。倘若是單的紗的，那就不稱為襖，而稱為衫了”[7]。襖和馬甲的分別在衣袖，馬甲又稱“背心”或“坎肩”或“馬夾”或“半臂”，是及袖的，穿在衫外，但民初時並不流行。

以襖為主的上衣，領子最初比革命前還要高，時人稱“元寶領”或“馬鞍領”，高可及頰，“高得與鼻尖平行的硬領，像緬甸的一層層疊至尺來高的金屬項圈一般，逼迫女人們伸長了脖子”[8]，1915年開始縮短至頸。衣身甚長，前垂及膝，後垂至股，未幾開始修短，以後幾年漸漸縮短及腰。式樣有對襟、琵琶襟、直襟、斜襟、一字襟等變化，至於下面衣襬是方形的，開衩和起直角。

顏色方面是起着最顯著的變化，在大清年代，女裝尚色彩鮮艷，例如大紅大綠及其他原色，而且配色拉雜，不重和諧，再加上滿身繡花和滾邊，看得人眼花繚亂。但清末開始，漸漸擺脫奇麗色彩，趨向灰和藍等沉色；而革命後則重複色，“且多鳶紫、灰青等淡色，極雅素之美”[9]。衣裙互相配色已不流行，更受西服影響，以衣裙同色為美，甚至所戴的帽子，所穿的鞋子，都要配合衣色一致為佳。

這時，服裝滿身鑲滾，遍體欄杆（花邊）的特色已不再了，過去襖子所炫耀奇工巧匠的“三鑲三滾”、“五鑲五滾”、“七鑲七滾”，甚至“十八鑲”等都不復存在。那些重重的闊欄杆，都被一條簡單的窄邊所取代。這窄邊，扁的是“韭菜邊”，圓的是“線香滾”或“燈果邊”，蓋因窄瘦的新衣不容闊大花邊破壞美學上的平衡。正是：“沒有那繡花邊子欄杆等等，滾縠兒韭菜遍兒沿那麼窄窄兒的一層。”[10]

還有，往昔鑲邊大紅大紫，與衣料皆異色，務求取得鮮艷奇麗的視覺效果，但革命之後趨於平淡，以衣料本色鑲邊為尚，取其雅潔。

至於裙子，在清朝制度嚴密，婦人家居生活都要穿裙子，平常穿的裙是黑色，遇到喜慶日子就要穿紅色，因時人皆視紅色為“福色”。穿裙乃有一定的規律；為人妻者（正室）可穿紅裙，為人妾者（偏室）穿粉紅，寡婦繫黑裙，老婦可改穿黃裙，身份相當分明。

裙長蓋足，裙身摺襇，以多為貴，稱“百摺裙”或“百襉裙”，前後有兩長方繡品，稱之為“馬面”，往往是極美的蘇繡。百摺裙形式繁多，什麼“魚鱗百摺裙”、“蜂窩百

民初婦女仍承襲清末的百摺裙制
（《圖註尺牘初步》1918．6）

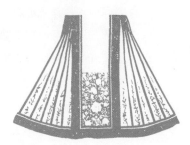

晚清水紅暗花綢刺繡蝴蝶牡丹紋欄杆裙
（黃英馥、陳娟娟編著《中國服裝史》）

民初婦女所着的百摺裙

摺裙"等，非常講究。例如魚鱗百摺裙，"上面打細襉，將其輕輕掰開，每道細襉當中，卻用絲線交叉串連，形似鯉魚鱗甲"[11]。

張愛玲在《更衣記》裡指出這樣的裙制對婦女是相當苛刻："裙上的細摺是女人的儀態最嚴格的試驗。家教好的姑娘，蓮步姍姍，百摺裙雖不至於紋絲不動，也只限於最輕微的搖顫。不慣穿裙的小家碧玉走起路來便予人以驚風駭浪的印象。更為苛刻的是新娘的紅裙，裙腰垂下一條條半寸來寬的飄帶，帶端繫着鈴。行動時只許有一點隱約的叮噹，像遠山寶塔上的風鈴。"[12]

革命之後，裙式變化亦大，百摺裙漸少人穿着，也由百摺改為大摺，過得幾年甚而不摺。紅色已不合時宜，最普遍則是黑裙了，由女學生和女教師流行起來，亦有寶藍色。而沿海都會之中，天津和北京婦女較保守，猶着紅裙出現於應酬場合。

衣裙之外的變化

因為天足運動，小腳解放，裙就縮短，故意微露天足了。傳統積習，婦女要在裙下穿着長褲，還要束綁褲腳；如今裙子繫高，褲腳露出，亦因勢而講究，褲腳解除束縛，滾上精巧花邊，甚而繫上響鈴，引人注意。而繡花鞋子也要特別美麗，"除繡花外，更鑲以水珠及五色燒料珠寶細物為邊，映燈耀彩，更覺精絕"。而大都會亦漸見鞋舖林立，女鞋（亦稱"坤鞋"）款式花多眼亂，"紅日一下，燈火上市，試向門窗間陳列處一望，則見層層上下，備極精巧"[13]。當舊中國婦女纏足之風盛時，弓鞋是在家中自製的，着時雙弓藏諸裙底，往往不使人見，"自提倡天足後，漸臻大方，無此羞澀之風，顧往往履不自製，購諸肆中，且有在廣眾中脫履露足，以試履之大小者，此亦矯枉過正之道歟"[14]。不過，中國婦女不再將自己的腳視為性禁忌，在當時已是邁向開明的一步了。未幾，西洋的尖頭高跟鞋也着起。

腳上穿的既講究，手上戴的也花樣百出，因為衣袖縮短了，尤其上海之大膽女子（如青樓妓女）甚至袖短露肘，一雙玉手就得有所點綴，除戒指金鐲外，還時興西洋腕錶。上海婦女更學習西洋時裝，流行着手套和手籠：

民國婦女穿着西洋高跟鞋

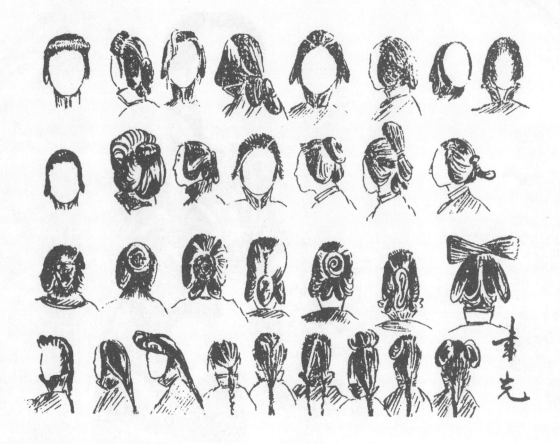

女子理髮店初現

民國成立，文明日進，無美麗之裝飾殊不足以壯觀瞻，男子剪辮後已有理髮之店，女子反無整容之所，誠為女界一大缺點，況現行時式新髻及背面斜髻鬆辮等妝，非請人代梳不可，故宜速於各省通都鬧市之中，開設女子理髮店，廣延著名女傭，專門研究改良髻式，並將最新發明各種特別髮髻模型陳列於玻璃櫥中，任人選用，洵莫大之便利也。

（劣僧，〈女子理髮店〉《民立報》1912.3.11）

年青婦女愛梳辮

　　"手套，加於手，有露指而僅掩手背者，有並十指而悉覆之者。以棉織品、絲織品為之，其精者則用皮。"

　　"光、宣間，滬之婦女盛行手籠，蓋以袖短而手暴露於外，又嫌手套着指之不能伸展自由也。既有手籠，則置兩手於中，風不侵矣。大率以皮為之，珍貴者為貂為狐。謂之曰籠者，狀其形也。或又謂之曰臂籠。"[15]

　　至於頂上秀髮，已擺脫前清的沉重髮髻，年青婦女愛梳辮，一條的垂在腦後，或者編成左右邊兩條，"辮子兒雖不鬆也不算緊，三岔繩是五穀豐登穗頭兒多，精細的窩圈擰兩道"[16]，再加以彩結。但梳髻的仍不少，"間有團成圓髻，眾形畢具，麻花、風涼、元寶、墜馬，推陳出新，式樣紛呈"[17]。

　　因為衣領高可觸頰，髮髻如垂腦後會玷污衣服，所以被迫向上束，時人認為"婦女束髮於頂，為東西洋通例，自較後垂者便利。朝前髻係法國巡警規定之妓女裝束，不謂今日盛行於滬上"[18]。

　　束髮於頂，時興"元寶頭"和"東洋髻"，"元寶頭似十二三姑娘之髻，施於婦人

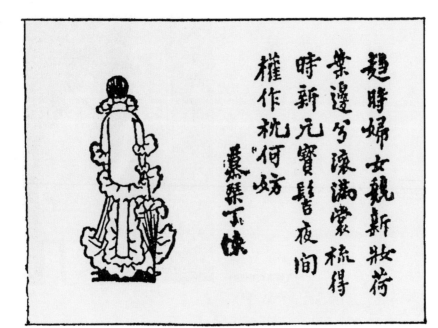

荷葉裝

趨時婦女競新妝，
荷葉邊兮滾滿裳，
梳得時新元寶髻，
夜間權作枕何妨。

（《申報》1912.8.4）

頭上，太覺妖冶"〔19〕，像一錠元寶般豎在頭頂，被認為妖媚。而女知識界多向日本婦女學習，堆髮於頭頂，梳成隆起形，稱"東洋髻"，視為大方得體，時人描寫得優雅："青絲數縷，鬆緩不櫛，如輕雲籠月，名曰'東洋髻'，蓋仿自扶桑也"〔20〕；"新髻蓮花號東洋，雙鏡金絲半面妝，剎海人歸風弄笛，滿身俱帶芰荷香"〔21〕。

梳辮也好，束髻也好，不分老少，皆以留額髮為尚，即是把前面一小束頭髮梳到額前，甚至遮近眉際，稱"劉海"，形式頗多，流行亦久。西洋的帽子，尤其草帽，都是當時婦女最歡迎的。

在這一時期，婦女不會有完全洋式服裝，她們偶然着上"番裝"，僅在照相館中攝影機前扮一下"番妹"，拍照耍樂而已，但西洋飾物如手錶、墨鏡、皮包、絹傘、草帽等則照單全收了。

一縷詩魂

　　其實，由 1900 年（義和團之亂）到 1915 年（袁世凱復辟），所經歷過辛亥革命、袁世凱奪權尊孔、北洋軍閥統治、第二次革命爆發、"二十一條" 喪權辱國等，中國都處於極度緊張的狀態，而人困囿於亂世的心緒和行為，都投影在身上的衣服。屈半農在三十年代撰《近數十年來中國各大都會男女裝飾之異同》，指出："時京津衣服，不論綢布，色尚奇麗，論者以為色彩異於尋常，即有義和團之禍，亦不可謂非見之兆……考清室之亡，本由於朝綱不正，賄賂公行，壓迫太重，爆發乃遽。論者以為色之灰者，隱隱彰國事之非，衣服之窄小者，正所以兆不自由之極，於是有辛亥之役。"〔22〕

　　此種服裝政治學，其後張愛玲《更衣記》抱持同樣的論據：

　　"在政治動亂與社會不靖的時期——譬如歐洲的文藝復興時代——時髦的衣服永遠是緊匝在身上……中國衣服在革命醞釀期間差一點就脹裂開來了。'小皇帝'登基的時候，襖子套在人身上像刀鞘。中國女人的緊身背心的功用實在奇妙——衣服再緊些，衣服底下的肉體也還不寫實派的作風，看上去不大像個女人而像一縷詩魂。"〔23〕

　　在政局混亂、朝不保夕的局面，人就緊緊的包裹在衣服裡，是出於一種 "自衛機能"（Defense Mechanism）了。

　　辛亥革命曾給婦女帶來希望，她們在風風雨雨中醒覺，經歷武裝鬥爭，參與革命，推翻滿清；在南京臨時政府成立時，她們組織女子參政會，更獲孫中山的支持，要求臨時參議院立憲訂明男女平等，均有選舉權及被選舉權，期望女子參政的日子到來。但當時南京政府魚龍混雜，男人政客只關注自己的官位和權力，早已將並肩戰鬥過的女同志置諸腦後，所訂的《臨時約法》並無男女平等，更無女子參政的規定。接着，袁世凱奪權尊孔，復辟封建主義，表彰 "貞婦烈女" 的封建觀念。當時婦女志士感到空前的挫敗，"在悲觀絕望情緒影響下，女志士黃扶庸和鄧慕芳相約到廣東肇慶鼎湖山上，攜手同沉於飛水潭，成為轟動一時的自殺悲劇。"〔24〕可見婦女處於黑暗政治底下，所受的精神壓迫極大，感到被深深的傷害，反映在衣服上，就是緊緊的把自己包裹着，張愛玲很浪漫的一句 "不大像個女人而像一縷詩魂"，道盡了那個時代的哀傷。

"‘時髦’一詞最初是上海人對喬裝打扮、穿着時新的妓女、優人的稱謂，如‘時髦倌人’、‘時髦小妹’等。後來喜着時新衣裝的人愈來愈多，時髦兩字就不再為妓優所專有了，時髦的詞意內涵也豐富起來。在晚清時期，用時髦兩字來形容上海人的消費性格是極為恰當的。因為上海人在消費方面不僅追求華貴，而且更重視款式的時效，他們天生喜歡標新立異，變幻花樣，華貴能引起社會的敬重，時髦也能招徠人們的艷羨。"〔25〕

02
上海 "時髦" 突破地域

除了服裝和政治的關係外，就是服裝和地域的關係了。

中國有遼闊的海岸線，由南到北沿海城市林立，衣着文化亦隨着氣候、民俗和區域特性
而有所分異，"如京津仍循寬博，滬上獨尚窄小，蘇杭守中庸，閩與浙類，漢效津妝，
粵則獨樹一幟，衣袖較短，褲管不束，便利於動作也，時人稱京式、廣式、蘇杭式"[26]，
此乃清末情況。不過，民初鐵路建設開始貫通南北，海上運輸頻密，交通發達，消息和
文化傳播迅速，男女衣着更互相影響，互相學習，再加上西方服飾文化東漸，融會成一
股超越地區界限的服裝主流了。

上海時髦

大都會，往往是服裝主流的發端。

通常，時裝的地域流向，其特點：（一）從首都向四周小城市輻射；（二）從大城市向四周鄉鎮輻射。因為首都乃國家之政治、經濟、文化的中心，皇族、貴族、官宦、富戶聚居，衣着也特別講究，但要顧全衣冠楚楚的“國體”問題，作風趨於保守，變化不大。大城市則有所不同，無須揹負正統文化的包袱，尤其沿海邊城，對外交流，所謂西方的奇裝異服自海路傳播，擴散快速，衣飾變化多端。再加上辛亥革命成功，大清皇朝首都北京的政治、經濟、文化影響力漸漸退減，開始被新興的大城市取替。

而“十里洋場，衣冠世界”之稱的上海，早在宣統年間（1909 年）已領導着中國服裝的新潮流了。在芸芸沿海城市之中，她脫穎而出，變成最時髦的大都會。“而上海裝飾已稍稍露頭角，且以上海扼全國之中心，並交通上之便利，其裝飾頗足以風靡全國，雖北之京津，西之川漢，南至閩粵，傍及蘇杭，亦莫不以為最及時之標準。”[27]

還有，“時髦”這詞彙，亦是在晚清上海叫起，最早見於 1897 年《申報》，到民國年間更愈叫愈響，初時只應用於服裝新潮流上，後來，“時髦二字之名詞，出自上海，不僅指服御而言，舉凡事物莫不有時髦”[28]，但凡標新立異，變幻花樣的事物和生活方式，上海人都喚為時髦了。

近代上海人之所以會執着地追求時髦，樂正著《近代上海人社會心態（1860 — 1910）》有所分析：“上海是一個五方雜處、中西並存的城市，社會開放，人員流動，生活節奏也較內地快，容易產生一種多元化的消費動感，這是其一；上海人打破了尊卑等級消費觀念，受傳統模式束縛較小，人們可以任意選擇自己的消費式樣，這是其二；上海商業發達，商人們以製造時髦款式、迎合時髦心理為推銷之術，不斷鼓動人們加入新的消費潮流，這是其三；上海人心靈手巧，製作精細，一件平常的東西經他們加工改造，就成為一件時新而精美的物品，這是其四。”[29]

況且海派精神在於“兼收並蓄”，上海自開埠（1843 年）以來，因為列強設立租界，享有治外法權，各據一隅，自成王國，一方面使上海的政治地位非常穩定，社會太平昌盛，另一方面，列強為其自身利益，各自大力宣揚本國文化，上海遂變成能容納多元文化的城市。其次，晚清內亂頻生，各省達官富戶紛逃而至，亦使各省文化匯集於此，而上海人例能一一接納，大量消化，兼收並蓄，尤其表現於服裝之上了。

從 "京式" 到 "海式"

上海女服在清末時吸納頗多的 "京式" 風格，"拳匪時，宮眷之南徙者，群寓於上海，時人民虛榮心傾向於帝制者猶眾，即時飾之事，亦都因觀念所趨，莫不以模仿京師" [30]。而當時天津與北京服飾相近，所以都稱為 "京式"，曾一度帶領着女服主流，其特色如下：

一、衣裙寬闊，顏色鮮艷

1924 年出版的《中華全國風俗志》仍然有述北京婦女 "衣必紅綠，北京廟會，旗裝婦女，面部則燕支如血，衣服則文繡斑斕，舉目皆是" [31]。

晚清時京師乃首善之區，達官顯宦之都，婦女承接旗俗，衣着較偏保守，甚為寬闊，

晚清婦女服飾

大紅大綠，重繡飾鑲，以為堂皇，亦影響各大都市，但宣統後政治破落，"人民虛榮觀念，較前為淡，所以不期然而咸棄京式笨大之服裝，惟窄小之是尚也。"〔32〕

　　而將女服改為窄小，亦是上海開創，更參考西衣料，改良顏色，"而現在則漸漸變為黑色、灰色（裙必黑色，衣服多帶灰色，如桃灰、青灰、水灰、黑灰）。或艷而淡者如粉紅、湖色。"〔33〕

　　二、外套與圍巾

　　李寓一著《近二十五年來中國南北各大都會之裝飾》，論清末京式服裝："更有外套與圍巾二種，為入時婦女所必具，姑行於北地，其後南方漸行之，外套之形式，有一口鐘、旗袍、大衣三種，先專為冬季禦寒之用，近則秋季亦用之，相習既久，遂流為妝飾，惟其中一口鐘多為妓女所着，上等婦女則穿旗袍與大衣。"〔34〕

圍巾

圍巾之佳者，多為絨繩所織，次者大都以駱駝絨
毯裁之，價亦需二元左右，至最廉者，每條五
角，則以價值一元之絨毯裁而為之，故價最廉，
而利最厚，此亦上海人不可不知也。

（阿大，〈嚼舌頭〉，《民國日報》1918.1.16）

頸巾甚為流行

（《婦女雜誌》第五卷十二號，1919.12.5）

　　三種形式的外套，在進入民國之後，旗袍被淘汰了，而一口鐘（就是斗篷，亦稱"披肩"或"大氅"）為上等婦女接受，用來配搭身上的禮服，而且用極艷麗之綢緞裁製。圍巾，西洋衣飾，以絲質為多，絲帶從脖子後面向前圍繞，右面的一端搭在前胸，左面的一端掩入衣服捻襟之內，學生界最為流行，後來更為婦女們普遍所接受。

　　三、面上塗胭脂

　　京裝婦女除抹濃粉外更喜胭脂，"粉略拍拍那眉略畫，胭脂少抹一星星"，"淡掃蛾眉微擦粉，朱唇上一點胭脂艷色濃"[35]，更有時塗得厚厚的，"燕支如血"[36]。

　　上海婦女亦深受影響，在面上大塗胭脂，"光緒時，滬妓喜施極濃之胭脂，因而大家閨秀紛紛效尤。"[37]

　　京式化妝似乎另有迷人之處，"所謂南朝金粉，北地胭脂，其塗脂抹粉之中，亦有分別，如粉中和以胭脂者，曰飛霞妝，粉上罩以胭脂者，曰桃花妝，濃妝淡抹，隨意所施。光復前，南北盛行淡粉，而時下，飛霞妝又從京津而偏於蘇滬矣。"[38]

　　四、妓女着男裝

　　天津妓女和優伶帶起着男裝的潮流，據 1904 年《中國日報》，"自五年前天津賽月樓，有妓女以男裝受罰，而此風為之一戢，近來則星加坡、羊城等，尚不少衰，而上海等處之唱髦兒戲者，則更僕難數矣。"[39]

　　所謂"髦兒戲"，就是用少女穿着男裝唱戲，曾流行一時。而女革命家秋瑾亦愛穿男裝，風氣傳開，連知識婦女以及豪放女子皆學習。

　　改朝換代之後，本來舉足輕重的京式（派）服裝漸漸隨着北京政治地位結束，而失去影響力。當國民政府在南京成立，惠及鄰近上海，達官顯貴南移，貴婦名媛都嚮往滬上繁華，衣着也無不爭妍鬥麗，海派服飾已踞主流了。

　　海式的受婦女歡迎，其一是因為兼收並蓄，取各派所長，正如龍庵在《近二十五年來之中國各派裝飾》所說："實則上海向海隅一角，無所名其宗，以納眾流，斯樹名幟，言上海正所以兼併眾長，且上海為繁華造端之地，凡所流行，郡邑響應，即以北京廣州之雄邑，亦往往奉上海為圭臬。"[40]

　　其二是因為海式潮流變異得快，滿足婦女對裝飾求新的心理，正如景庶鵬在《近數十年來中國男女裝飾變遷大勢》指出："隨社會之好，時時變遷，日新月異，循循不窮，

楚楚衣冠劇艷裝，臨行友儂儆儂中量。
昨宵微醺歸來晚，阿母相逢曆認郎——雪泥畫病崔題

着起男裝，雌雄莫辨
（《民國日報》1917.5.19）

使各大都會喜作時妝之婦女，甫製新妝又稱失時，更令其羨慕不置，而全國婦女永以上海妝飾為馬首是瞻者，良由此也。"〔41〕

　　既然上海已成婦女時裝之都，於是各地新出品的衣物裝飾都開始以上海消費市場為觀察站和試驗場。"滬上婦女一時之風尚，恆為內地之先導，故無論杭貨蘇貨新花一出，必以上海為試驗場，上海能銷，則內地之暢銷自無待言，綢緞時行之潮流，大概先滬次津斷以北京，然後至漢口，而閩粵出此例外。"〔42〕

　　上海的地位就更重要，在進入二十年代，她已經是全國婦女的服裝櫥窗了。"過去所謂'京裝'、'蘇式'，已跟着衰落了。而南方的'粵裝'、'港裝'，也可說是上海的一支。近百年來，上海乃是操縱中國婦女裝飾的大本營。"〔43〕

"從前衣服暗分等級，非真貴家豪族，鮮有通身裘帛者。今
上海龜奴鴇子無不以裘帛為常服，而一般學生更非舶來品不
御。做上海人安得不窮。"〔44〕

03
婦女服飾突破社會階級

除地域特徵豐富了民國女性服飾外，婦女在社會階級上的突破和把持漸多的職業崗位，
更增加了女性服飾的變化。

在過去的封建社會，衣冠服飾都有一定的制度，代表一定的身份和地位，不能隨意變動，
而且階級分明，不可胡亂越界，具有恆久不變的穩定性──服飾不變，社會也不變。民國
建立之後，西方文化如潮水湧入，西方衣着的時髦觀念衝擊着沿海的都會男女，傳統服
裝墨守成規的作風早已消失，大都會一切事物都在急劇地變，尤其"上海風氣，時時變
更，三數年間，往往有如隔代"〔45〕。

服飾從不變到變，其流向的規律基本上是兩種的："橫向"和"縱向"。"橫向"是地
域性的，由大城市向四周輻射，上一節已論過；"縱向"就是階級性的，由上層階級影
響至下層階級。在封建時代，這種服飾的"垂直運動"尤其顯著。因皇族和貴族婦女才
擁有豐厚的物力、財力和人力，為服飾設計而窮盡心智，身上所穿成為被矚目的對象，
令到中下層階級婦女羨慕之極。而中下層階級婦女礙於封建制階級分明，和欠缺財富，
就算學習，只是一鱗半爪，東施效顰了。

女裝潮流領導者──青樓妓女

　　民國之後社會急劇變遷，封建貴族沒落，領導女裝潮流者，不再是昔日那些王公貴婦，而是社會上的婦女活躍者，最活躍就最為矚目了，於是青樓妓女和女學生所穿所着，整個社會都以她們為女性服裝模特兒，其他階層的女性亦紛紛向她們看齊。這可以說是女服階級性的大逆轉，也是中國婦女服飾 "民主化" 的開始。

　　先談青樓妓女。上海妓院林立，在沿海大城市中最是赫赫有名，煙花女子之多，簡直是 "洋場十里，粉黛三千"，盛極一時。這些風流女子雖階級低微，但勇於求變，努力爭取恩客歡心，務要嫁進豪門作妾，得享榮華富貴，於是最愛奇裝異服，衣着艷麗，作風大膽，一來想惹人注目，二來表達反叛意志，所以就成為時髦服飾的急先鋒了。

　　她們所設計的服裝很是古靈精怪，例如把一些小響鈴縫在褲腳下，走起路來叮噹作響，"彼輩着其新妝出遊市上，人驚以為奇艷，於是大家婦女，亦爭效尤，夏日彼輩撐綵傘以蔽日，大家婦女亦爭效之。自是中國婦女無論何大都會，全取標準於妓院中人矣。"[46]

　　她們愛穿褲子，少着裙子。她們愛在衣襟上插手絹，或掛一朵絹花，甚至流行過絹花裡藏小燈泡，在衣服裡附有電池。燈泡一閃一滅，確實叫人大開眼界，竟連城中少女都爭相學習，其時的《婦女時報》有記此趣事："我妹年僅十五亦喜購洋貨，前日見有內裝電燈之絹花，乃往買三朵，每朵價二元。購定後，付銀甫畢，忽失手弄壞一朵，及出門又破一朵，抵家第三花之電池又損矣。頃刻之間，六元不翼而飛矣，所剩者無一值錢之物，此即所謂洋貨之好處也。"[47]

　　她們喜愛戴到滿頭都是真假鑽石，有時又會把自己扮到斯文的女學生一樣，形象百變，迷離撲朔，"青樓姊妹，真偽鑽石咸閃爍滿頭，而邂逅之間，都半似含羞，半露淫佚，蓋此派分子，半有以假愛情為交易，所以有此含露，亦有略仿學生妝者，反覺婢學夫人，不大自然也。"[48]

　　總之，她們穿了時髦衣服，便立即要上街招搖過市，炫耀一番。尤其上海跑馬的日子，簡直成時裝表演了，只見 "妓女的衣飾，個個炫異矜奇；闊少的馬車，人人爭強賭

妓女在清末民初愛穿上衣下褲，
竟開一時之風氣。
《小說新報》1916.3）

着褲裝的上海妓女

帽子

我們中國女界的帽兒，前幾年只有一種剪刀口口形的緞帽和呢帽，只配老年人戴，年輕的女郎簡直沒有帽好戴，一年到底過他的"禿頭生活"。近年來有一種荷葉帽——有人稱做燒賣帽——發現；但仍舊是一種不雅觀的帽兒，沒有助美的功能，到今天才有一種白色紫色的像方巾形帽兒，只有上海很風行，人稱他叫廣東帽，說是從廣東傳來，年輕的姑娘戴了，也很雅致，不過稍大些就不興了。這樣看來，比英國相差還很遠。那麼，希望諸姑娘姊妹有空的時候，起來研究研究，製出幾種雅觀合式的帽兒，倒是美容術的一種：比專在那短袖露臂和高吊褲管裡用功夫要好得多咧！

（冰巖，〈帽和美容的關係〉，《婦女雜誌》第六卷第四號，1920.1.5）

勝。外國人在那一邊賽馬，中國人在這一邊賽怪現狀"〔49〕。

　　除了青樓中人，還有歌舞伎藝，職業所需，有必要取悅於人或交際應酬，也就必然地衣着時髦和新奇華麗了。

時髦服飾急先鋒──女學生

　　另一批時髦服飾的急先鋒就是女學生了。自從晚清政府開辦女學之後，民國更加鼓吹女子受教育，於是女學生為數極多，成為社會上的一股新興實力，她們接受新思想，新文化，主張男女平等平權，標榜自由，不拘舊俗，時人就稱她們為"自由女"了（亦有文人戲言為"自由花"）。

　　其時女學生的組織成分是頗為複雜。有留學歸國者，帶來東西洋女子的衣着特色，有少奶奶不甘家中寂寞者，進學堂讀書消遣時間，甚至有妓院裡的雛妓到來求學者，例如上海美國教會所辦的中西女學，"它的校址在漢口路，四周圍都是妓院，它那裡附設的慕爾堂，辦了一個婦女補習學校，妓院裡的雛妓，在那裡補習的不知其數"〔50〕。當然，最大部分的女學生，都是為求知識充實自己的青少年女子。

　　她們廣為流行的是東洋髮式和西式圍巾，愛着西式皮鞋，至於金絲眼鏡、手錶、懷錶、洋傘、手提包等，式式俱備。她們衣着雖不及青樓女子奢侈，但另有艷麗處，例如很重視髮型和點綴髮髻的蝴蝶花，有詩為證："當頭新髻巧堆鴉，一掃從前珠翠奢，五色迷離飄緞蝶，真成民國自由花。"尤其在粉頸上繫一條圍巾，"兩肩一幅白綾拖，體態何人像最多，搖曳風前來緩緩，太真返自馬嵬坡"〔51〕。把繫圍巾女子比喻為大美人楊貴妃（給絲巾絞斃於馬嵬坡），當然是騷人墨客的幽默，但也反映現象。而女學生繫圍巾風氣一開，各界女子亦爭相學習了。

　　有時又會着得奇形怪狀，例如李伯元（1867 — 1906）著《文明小史》描寫一位進過學堂的少奶奶："穿雙外國皮靴，套件外國呢子的對襟褂子，一條油鬆辮子拖在背上，男不男，女不女的，滿街上跑了去。"〔52〕

　　有時又會着得像青樓中人，招搖過市，引起非議，當時各城市已有輿論強調衣服與

男女學生時髦裝
（《民呼日報》1909.6.4）

社會身份關係的重要性：〝近年來大家都不肯往這點上講究，也有女扮男裝的，也有仿妓女戲子裝飾的，也有學生仿流氓打扮的，鬧得糊裡糊塗。〞〔53〕

1913年7月10日的《教育雜誌》刊登〝取締女學生之服裝〞的消息：

〝粵省自光復後，風俗日淪，一般女子無日不以出外遊行為事，而其服式亦日變古怪，女學生亦紛紛效法，教育司以此等服式，令人鄙視，殊非女學生所應為，昨特佈告略云：近來有一種女子，舉止佻達，長襪猩紅，袴不掩脛，此在無知識者為之，尚不足責，不謂人格尊貴之學生，身佩襟章，亦有尤而效之者，殊非自重之道。本司為維持風化起見，為此特申告戒，酌示範圍，查部令女學生，自中等學校以上着裙……裙用黑色，絲織布製，均無不可，總須貧富能辦，全堂一致，以肅容止，以正風尚。"[54]

　　文中提及"近來有一種女子，舉止佻達，長襪猩紅，袴不掩脛"，似乎是指青樓中人，因為當時妓女皆以着褲為時尚。當教育司重申黑裙為學生裝之後，各省紛紛執行，便有所謂"文明新裝"出現了。其特點是服飾簡樸，上穿素色衣襖，下着不帶繡文的黑長裙，放棄簪、釧、耳環、戒指等首飾，以淡素取勝，成為當時女裝的一股清流。連帶那些高級妓女也跟風學習，"出局而貂狐金繡，仍為庸妓，自負時髦者，必作學生裝。"[55]

　　而直至五四時期，白布衫、黑布裙和白運動帽，依然是女學界的流行服裝。

註釋

〔1〕 李家瑞：《北平風俗類徵》（上海：上海文藝出版社），246頁。

〔2〕 景庶鵬：〈近數十年來中國男女裝飾變遷大勢〉，《清末民初中國各大都會男女裝飾論集》（台北：中國政經研究所，1972年），20頁。

〔3〕 李家瑞：《北平風俗類徵》，上揭，235頁。

〔4〕 華梅：《人類服飾文化學》（天津：天津人民出版社，1995年），135頁。

〔5〕 David Bond: *The Guinness Guide To Twentieth Century Fashion* (Middlesex: Guinness Publishing Ltd) P.19.

〔6〕 David Bond, Ibid., P.8.

〔7〕 屠詩聘：《上海春秋》下（香港：中國圖書編譯館，1968年），18頁。

〔8〕 張愛玲：《流言》，上揭，71頁。

〔9〕 李寓一：〈近二十五年來中國南北各大都會之裝飾〉，《清末民初中國各大都會男女裝飾論集》，上揭，8頁。

〔10〕 〈闊大奶奶要逛西頂〉，《北平風俗類徵》，上揭，243頁。

〔11〕 李廷芝：《中國服飾大辭典》（太原：山西人民出版社，1992年），136頁。

〔12〕 張愛玲：《流言》，上揭，68頁。

〔13〕 景庶鵬：〈近數十年來中國男女裝飾變遷大勢〉，上揭，28頁。

〔14〕 〈上海婦女之新妝束〉《婦女時報》〔北京〕第一期，1911年5月），54頁。

〔15〕 徐珂：《清稗類鈔》第十三冊，上揭，6202頁。

〔16〕 〈風流公子〉，《北平風俗類徵》，上揭，243頁。

〔17〕 李家瑞：《北平風俗類徵》，上揭，247頁。

〔18〕 失名：〈東西南北〉《民立報》〔上海〕1912年1月15日），7頁。

〔19〕 李家瑞：《北平風俗類徵》，上揭，235頁。

〔20〕 李家瑞：《北平風俗類徵》，上揭，247頁。

〔21〕 〈時尚新談遊臨時營業場〉，《北平風俗類徵》，上揭，248頁。

〔22〕 屈半農：〈近數十年來中國各大都會男女裝飾之異同〉，《清末民初中國各大都會男女裝飾論集》，上揭，37—38頁。

〔23〕 張愛玲：《流言》，上揭，71頁。

〔24〕 馬庚存：《中國近代婦女史》（青島：青島出版社，1995），261頁。

〔25〕 樂正：《近代上海人社會心態（1860—1910）》（上海：上海人民出版社，1991年），111—112頁。

〔26〕 屈半農：〈近數十年來中國各大都會男女裝飾之異同〉，上揭，38頁。

〔27〕 屈半農：〈近數十年來中國各大都會男女裝飾之異同〉，上揭，38頁。

〔28〕 小隱：〈戲之時髦〉《民國日報》〔上海〕1918年1月19日），2張8版。

〔29〕 樂正：《近代上海人社會心態（1860—1910）》，上揭，112—113頁。

〔30〕 屈半農：〈近數十年來中國各大都會男女裝飾之異同〉，上揭，38頁。

〔31〕 胡樸安：《中華全國風俗志》下篇（台北：啟新書局，1968年），1頁。

〔32〕 屈半農：〈近數十年來中國各大都會男女裝飾之異同〉，上揭，38頁。

〔33〕 顧頡剛：〈侍養錄〉，《顧頡剛讀書筆記》第一卷（台北：聯經出版事業公司，1990年），230頁。

〔34〕 李寓一：〈近二十五年來中國南北各大都會之裝飾〉，《清末民初中國各大都會男女裝飾論集》，上揭，9頁。

〔35〕 李家瑞：《北平風俗類徵》，上揭，241頁。

〔36〕 胡樸安：《中華全國風俗志》下篇，上揭，1頁。

〔37〕 徐珂：《清稗類鈔》第十三冊，上揭，6149頁。

〔38〕 屈半農：〈近數十年來中國各大都會男女裝飾之異同〉，上揭，42頁。

〔39〕〈妓女男裝之當禁〉（《中國日報》〔香港〕1904 年 3 月 12 日），4 頁。

〔40〕龍庵：〈近二十五年來之中國各派裝飾〉，《清末民初中國各大都會男女裝飾論集》，上揭，24 頁。

〔41〕景庶鵬：〈近數十年來中國男女裝飾變遷大勢〉，上揭，29 頁。

〔42〕宗朱：〈上海之綢緞業〉（《申報》〔上海〕1916 年 1 月 5 日），3 張 10 版。

〔43〕屠詩聘：《上海春秋》下，上揭，19 頁。

〔44〕虎癡：〈做上海人安得不窮〉（《申報》〔上海〕1912 年 8 月 9 日），3 張 9 版。

〔45〕吳趼人：〈上海三十年艷跡〉，《我佛山人短篇小說集》（廣州：花城出版社，1984 年），358 頁。

〔46〕景庶鵬：〈近數十年來中國男女裝飾變遷大勢〉，上揭，31 頁。

〔47〕頑固女子：《紡綢衫之話》（《婦女時報》〔北京〕第一號，1911 年 5 月），81 頁。

〔48〕屈半農：〈近數十年來中國各大都會男女裝飾之異同〉，《清末民初各大都會男女裝飾論集》，上揭，42 頁。

〔49〕吳趼人：〈近十年之怪現狀〉，《晚清文學叢鈔》小說二卷下冊（北京：中華書局，1982 年），298 頁。

〔50〕包天笑：《釧影樓回憶錄》（香港：大華出版社，1971 年），343 頁。

〔51〕谷夫：〈詠滬上女界新裝束四記〉（《申報》〔上海〕1912 年 3 月 30 日），2 張 8 版。

〔52〕李伯元：《文明小史》（香港：今代圖書公司，1958 年），258 頁。

〔53〕鄭永福、呂美頤：《近代中國婦女生活》引《新女界雜誌》第六期，上揭，95 頁。

〔54〕〈取締女學生之服裝〉（《教育雜誌》〔上海〕第五卷第四號，1913 年 7 月 10 日），30 頁。

〔55〕李家瑞：《北平風俗類徵》，上揭，242 頁。

第三章
五四運動醞釀婦女服飾劇變

"二窈窕女郎珊珊，一年可十六七，衣濃綠之衣，穿炭色之褲，梳蝴蝶之髻，穿繡鳳之履，其一年近二九，長裙委地，金鏈懸胸，衣閃緞之短襖，臂出袖外，而膚色晶瑩，風致翩翩，攜手同行，意甚得也。"[1]

01
上衣下褲，再起革命

女裝上衣下裙的變奏：上衣下褲。

在五四運動（1919年）前一兩年，婦女開始流行着褲，蔚然成為當時女性服裝潮流最特別的變化。

褲子革命

要知道，中國傳統習俗，凡是婦女下身所穿的衣裳，都視為褻物，婦女只把長褲着在長裙的裡面，作為內褲。"如果有一個男人到他們家裡，而見到這位主婦只穿褲子，沒穿裙子，那是大不敬。"[2]

婦女把長褲着在外面，是清末"粵式"女裝開風氣之先。其實，粵省村婦在田間工

"五四"前後婦女盛行上衣下褲

作，都穿着褲子以便於勞動。居水上的蜑家婦人，"衣黑綢之衣，長可及膝，着黑綢之褲，短及於脛"[3]。可能因為行動方便，省城婦女也都着褲，尤其頗多女性為革命奔跑。廣州起義亦造就了"褲子革命"。

1909年，康有為女兒康同璧（1889 — 1969）在香港發起"中國復古女服會"，她在章程及序裡對粵女着褲大為非議：

"中外古今之女服無不長裙翩翩者，圖畫器物皆可具考，從未有短衣無裙者。而吾粵人之富而且文，不意女服變流奇詭至此。前數年，吾所見粵中女裝，短衣及腰袖長過手，兩袴露股，且色尚緇黑，尤為樸野，良家少女尤有然者。歐美人來遊吾粵者，驚而怪詫，乃謂：彼女子也，何着歐洲之男裝？豈止不文，幾近服妖矣！即近者，去廣袖以為窄袖，窄腰，其制蓋仿自上海也。然上海人皆有裙。吾過蘇杭，耕田之婦上雖袒服，下亦長裙。今吾粵取其窄袖，去其長裙，吾歸自歐美，驟然見之，幾以為人皆褻服者，甚怪訝其無禮而不知通俗以為禮服也……凡物莫不優勝而劣敗，今舟車交通賽會漸多，置身於粵裝、漢裝、旗裝中，粵裝最為不文而劣，則無有不自慚其形穢。然則粵裝之必不可存明矣！"[4]

粵女之褲

粵女裝束，寬衣博袖，下沿甚長；其袴亦大而長；赤雙跣，或着木屐。湘綺老人謂："蛾髻廣袖，赤跣曳屐"，形容逼真。

（《粵東風俗談》，《民國日報》1925.9.7）

　　康同璧在這段文字裡講出粵女着褲的一些文化現象：一、粵女把褲子着在外，在其他省女裝所無，因女褲只屬褻服，殊不雅觀；二、如此着法，簡直是歐洲男裝所為；三、衣短及腰，兩袴露股，幾近着妖，非常不文而劣；四、在中國女服上，此現象從未出現過，所以注定活不多久的。

　　豈料這褲子竟活過民國，更為上海時裝所吸納，此非保守主義的康同璧所能預料吧。

　　粵式女服尚短，與氣候有關，"廣州至今男女通行短裝，袴腿始終極寬大，原因是天氣長熱"；"幾身短衫袴，一雙木屐，男女人們幾乎可以整年穿着"；"襪子好像可以不必穿，帽子除白色外，其餘時候不帶也行。"[5]

　　最初，上海和沿海大都會的妓女開始學習穿褲子上街，漸漸地，"妓院中人，更不着裙，惟褲與衣一色，亦須對花，或於褲腳上，定水珠邊，或滾大花邊亦有"[6]。而且褲短過脛，特意暴露腳下顏色艷麗的絲襪。

　　其實，着褲風氣，女子學堂亦開先例。雖然 1911 年 9 月 3 日教育部公佈《學校制服規程令》，規定"女學生即以常服為制服"，"女學生自中等學校以上着裙，裙用黑色"[7]，但各地的女校因應需要，都考慮女生着褲，例如《武昌女生服裝之取締》，"女生褂袴，俱用竹青洋布，褂與膝齊，袴須沒脛"[8]，因當時不少女學堂都設體操課，規定有統一的"操衣"（即今之運動衣），上裝為短襖，襖外束腰帶，下穿褲子，褲腳以帶綁束，取體操時走動便利。

　　漸漸地，有些男女學生認為操衣美觀，不但在課堂上有穿着，甚至還當便服穿上街去了。"操衣式樣十分漂亮，領、袖、袴管上均飾有紅鑲邊的寬黑條，穿上十分威武"，"學員有終日穿操衣上課者，甚至有出外亦不換便衣者"[9]。

民初女學堂着長褲為操衣，後來成為校服。

（《女子禮儀法》1917）

　　校方亦不反對女生穿着褲子作為校服，但限制女生腳下襪子的顏色，例如武昌的女校規定"女生鞋用青色，襪用白色，不准着紅。"[10]，而湖北女校更嚴厲，"不准帶花飾，女生鞋用青色，襪用白色，不准着紅"，如有犯規，"或將開除，或永遠驅逐學界外"[11]。大概因為襟頭掛花，褲下紅襪屬妓女裝，校方便要禁止。

　　當褲子在女界普遍流行，款式也就多起來，"有一時，在褲的兩旁，做着插袋，插袋下面，又有排鬚纓絡，遠遠望去，彷彿'老學究'腰間所掛着的眼鏡袋"[12]。到1917年，

民初女學堂着長褲為操衣
《民國日報》1917.4.12）

女褲愈來愈短，"一褲不如一褲，今夏尤甚，時見女郎有雙管過膝，高與簪齊者。"[13]

源自女子北伐隊

在五四運動之前，粵式女裝對其他都會的影響性又似乎可以理解的。1914 年 9 月 28 日，袁世凱至孔廟，身穿古代大禮服，頭戴平天冠，行三跪九叩禮，演出了民國以來第一齣復古醜劇，為其復辟帝制而鋪路。好些地方官吏和學校都恢復前清祭孔傳統，"每逢朔望，總辦率全體師生排隊至禮堂，用三跪九叩禮謁聖"[14]。

袁世凱在復辟過程中，極力摧殘婦女運動，剝奪婦女的自由權利，勒令停辦女子法政學校，1914 年 3 月 2 日頒佈《治安警察條例》，規定女子不得加入政治結社和政談集會，三月十一日公佈《褒揚條例》，要求婦女節烈守貞操，贈予貞烈婦女匾額與褒章，甚至立傳。這種種倒行逆施政策，使得婦女運動陷於死寂，把婦女壓迫得痛苦呻吟。

袁世凱的皇帝夢雖然做了很短時間，但政治保守氣氛瀰漫開去，1916 年 3 月上海的地方官員更聯同教育界發起大規模的"仲春祀孔"活動。1916 年 6 月袁世凱逝世，黎元洪任代理大總統，北洋軍閥弄權。1917 年 2 月，一部分國會議員向審議會紛紛提案，爭定孔教為國教，但不獲通過為憲法。1917 年 6 月，康有為秘密入京，策劃復辟；7 月 1 日，軍閥張勳等在北京擁戴清廢帝溥儀復辟。

在整個倒退的政治過程中，廣東省（1916 年 4 月 6 日宣佈獨立）扮演"第二次革命"的大本營，1917 年 10 月 9 日孫中山主持軍事會議，討論出師北伐，女子北伐隊重組，婦女多穿着上衣下褲，武氣赳赳的上陣。所以，政治的新希望是由南向北伸展的，文化的影響亦隨之北上。對於一個民族的文化，服飾是文化心理的表層特徵，它率先反映政治和社會的變動，北部城市的婦女觸覺敏銳，感染新裝的氣氛，穿着上衣下褲，顯示立場，與保守勢力對抗。

這是一個保守主義和新思潮對壘的年代，保守主義捲土重來，可以理解成某些人在急劇的社會變遷面前失去平衡，惟有倒退往傳統的價值觀念找尋心理需要。而新思潮在對方的頑強抵抗下，就會越變得激勵前進以建立新的平衡。當男人的當權政治披上古裝，復辟封建時，從未獲得政治均勢的女人發現可做的不多，畢竟參與北伐的女將為數有限，她們只能激進地改變身上所穿，甚至背棄《民國服制》的上衣下裙，創新地穿着褲子，以顯示其反叛心態。

女生組織娘子軍

九江教會設有儒勵女書院，自前清迄今三十餘年，成績優美，遠近各埠就學者日眾，學生之多已達六百有奇，該校女生尤以師範班之張醒儂程度最為優美，尤富於愛國之心，現因南北紛爭大局岌岌，以為男子既有國家興亡之責，女子亦為國民之一分子，不應卸仔肩，特號召同學女生百餘人，組織娘子軍，內容分二部：一、抱尚武宗旨，學則有操法，功課分體操、槍操及種種戰術；二、抱慈善宗旨，學習戰地救護功課，分醫藥、看護等科。刻正在積極進行之中，張女士並於課餘召集同學演說，慷慨激昂，聞者皆為之動容，誠一時之英雌也。

《民國日報》1918.3.7）

大東襪廠

BEE HOSIERY
商標　蜜蜂

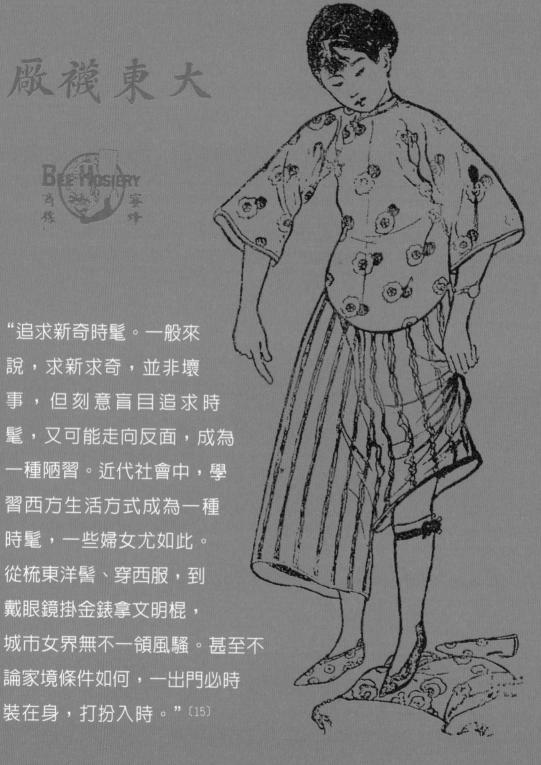

"追求新奇時髦。一般來說，求新求奇，並非壞事，但刻意盲目追求時髦，又可能走向反面，成為一種陋習。近代社會中，學習西方生活方式成為一種時髦，一些婦女尤如此。從梳東洋髻、穿西服，到戴眼鏡掛金錶拿文明棍，城市女界無不一領風騷。甚至不論家境條件如何，一出門必時裝在身，打扮入時。"〔15〕

02
服裝縮短，武氣赳赳

五四運動前後，以上海為首的中國大都會，服裝業發展蓬勃，百貨店服裝店林立，而婦
女時裝更受特別重視。上海的公司投其所好，首次出現專賣婦女服飾的"女色部"，婦
女應用物品一應俱全，精緻時式，女鞋多至二三百種，而且廣告經常標榜泰西名廠新出
品或泰西名師製作。其他大城市亦爭相發展女裝消費市場，"據說，巴黎的時裝服飾，
三四個月後就會流行到上海。各地多以上海為馬首是瞻，亦步亦趨。上海的一衣一扣、
一鞋一襪，只要式樣新穎，都足以影響全國。"〔16〕

歐美百貨店的嶄新觀念，對當時中國的傳統衣飾和日用品消費市場衝擊極大，其經營特
色無不使人耳目一新：一、建築物佔地龐大，幾面入口，包容貨物極多，與中式傳統小
店地窄、物品稀少，有天淵之別；二、玻璃窗櫥擺設新穎，經常變化多端，櫃台陳列各
色環球商品，琳琅滿目，任君選擇，而中國傳統百貨業欠靈活變化，品種也不多，陳列

不夠吸引；三、貨品列明價錢，而且是不二價，避免中式傳統買賣雙方講價還價所起之爭議和失誤時間，增加商業效率。1913年，南京路上最先開設了號稱經營環球百貨的惠羅公司，1917年和1918年出現了先施和永安，從而開啓上海百貨業的新天地，自此大小百貨公司遍佈南京路一帶，而全國各城市也紛紛仿效。於是，"逛公司"就成為大都會最重要的新文化和生活現象了，百貨店的龐大建築物，同時容納各階層的市民消費，多窗櫥、多入口和多層面的吸納，容許大眾自由參與，自己選擇，正好與五四前夕新文化運動所標榜的民主精神是不謀而合的。

上衣下裙，變幻莫測

百貨公司大行其道，直接影響女子服飾變化的節奏加快，每年都變，甚或一年數變。連帶民初定下來的女子服制上衣下裙，在短短幾年間，已變化莫測。

上衣襖子的領，由很高的領竟變到無領，"到了民國三四年的時候，一般婦女，大有高領的盛行，高度四五寸不等，愈高愈美觀，形態是不平衡的，兩端高而中較低，我們廣東人叫他做馬鞍領，後來不到三年，這盛行的馬鞍領已成為過時貨了。自五四學潮以後，一般女子，確實覺悟了不少，她們知道衣服加領，有妨礙頸的轉動，高領更為不行，所以那時她們的思想很積極，不論高低領，一概取消，很慷慨的提倡穿沒領衣服了，那時女學生們得到這個消息，就立刻趕着把她們的衣領除去，而且還在報紙上刊物上發表很多廢領運動的文章，鼓吹得風雲皆變。"[17]

有說無領款式是參照西洋女服改造而成，領口挖空，其方圓曲折，窮極變化，計有"鑽石領"、"葫蘆領"、"心形領"、"四方領"、"圓形領"不一，時人認為殊不美觀："無領的衫好笑，在婦女們的思想，以為仿效歐西婦女，殊不知伊們係白種人，'領如蝤蠐'本自可觀，如屬皮膚黃色，實使人觀之不雅，若係頸長，更覺形同鶬鶴，倘再曬頸皮，則更難堪。"[18]

時興了一陣子之後，在1921年又開始恢復有領，但"領則矮至四五分"[19]。

而衫身則由民初的窄長變成短闊，還愈縮愈短，"似參以西洋女服之樣式，衣短只

方形領口上衫（《民國日報》1920.11.9）

圓形領口上衫（《上海時裝圖詠》）

祥昇廣

上海裝：上衣短窄，下襬大圓角，長裙。

（《圖畫時報》1925.6.28）

結合西式裙款，裙面以洋鈕為點綴。

二尺二三，身矮者尚不需此，袖口又大，在七寸之間，過身仍以腰為度"[20]，"今則有僅及腹下者，雖為新式，但不雅觀矣。"[21]

闊而短的袖，露出半條玉臂，愈縮愈短的衫身，下襬的形式由直角方角，演變為圓角或半圓弧形，隱若暴露小腹。

女子短衫是合乎時代需要的，因為婦女解放，女子都出來活動和做事，太長的衫殊不便利，"短衫在精神上、衛生上，都比長衫好得多，在工作上又很便當。不過現在的短衫，形式上不甚好看。一定要改革，到完全無缺的辦法。"[22]

影響之下，裙子和褲子都起着相應的變化，1921年，"舉凡袖口褲腳，無一不闊"，"均闊約八九寸有奇"[23]。1924年，"下身的褲子，長不掩膝"[24]，"女學生

西洋少女裙款

除稚者外，都穿裙，裙尚短，然不過短，有只及腿彎者，則覺武氣矣。"[25]

沒錯，用 "武氣" 形容其時的女學生，認為女孩子雄赳赳，有男同學的氣概，因為五四運動正標示着 "真正婦解"。北京五四運動最初是男同學上街抗議，被軍警毆打拘捕射殺，終於激發起女學生突破封建女學堂的封鎖，聯群結隊走上街頭，站在鬥爭的最前線。短衣短裙（褲）的好處，正配合着步伐雄壯，振聲吶喊的豪情。

這一時期的裙子早已放棄了中式的百摺裙制，"裙之底邊，習尚張開，近喜攏合，亦係西風"[26]。崇尚西服已成一面倒的風尚，古老而笨拙的中式腰帶廢除，裙頭皆改用西式的鈕扣。1917 年上海的《民國日報》刊登頗多美女時裝圖，可見西式裙子亦紛紛登場，更時興着一種巴黎裙款，"裙身以鈕孔和布包鈕為扣，或作點綴裝飾，風格雖然頗為造作，但相當簡單，而且青春可喜。"[27]

西洋皮鞋

當裙子和褲子都縮短，腳下那雙襪子就很重要了。務求講究，務求美觀，傳統中國服裝是布襪的，都被時髦男女捨棄，改穿外國絲襪。包天笑（1876 — 1973）在《衣食住行的百年變遷》回憶道："外國的絲襪，侵襲到中國來，大概在二十世紀之初。最初不過是中國幾個通商口岸的外國商店，有得購買，後來中國人創辦專銷外國貨的百貨公司也有了。我的由布襪而改穿絲襪，便是向上海的先施、永安公司購買的。最初我們也穿白色的，因為我們還是穿的中國鞋子呀！黑鞋白襪，相映有趣，但容易受污，那時卻來了一種黑色的，於是我與許多朋友都改穿了黑絲襪，一時黑絲襪大為流行。"[28]

而女子絲襪更是彩色繽紛，有紅色的，淺湖色的，淺紫色等，甚至有透明絲質，乍看去像赤裸雙腳，引起北京保守的軍閥政府極為不滿，曾頒令《取締女生服飾》："學務局以近日各校女學生所著之單絲洋襪，透露皮膚，殊於外觀不雅，昨特通知各女學校，務須禁止，以重觀瞻。"[29]

中國傳統布鞋被認為不夠 "文明" 了，大城市的婦女紛紛改着西洋皮鞋。解放纏足之後，對鞋的審美觀念起着相當大的變化，"迨天足會起，六寸膚圓，不須迫抹，婦女皆

用皮鞋，履聲橐橐"〔30〕。過去，着布鞋走路，靜悄悄，無聲無息，更加感覺地位卑微，
"昔日女子多柔順之氣，今日女子多英爽之氣，昔日女子謹守閨中羞不見客，今日女子靴
聲橐橐馬路中疾行如飛"〔31〕。似乎這皮鞋的響聲，象徵着婦女在社會地位上的轉變。

　　皮鞋的款式很多，什麼"尖頭高底上等皮鞋一雙"〔32〕，什麼"足踏黑白老虎鞋，昂
首挺胸，邁步前進"〔33〕，而最時髦婦女則穿高跟鞋，不過，直到1924年後，高跟鞋才比
較流行。

　　在五四運動之前，民族自覺意識仍弱，婦女服飾爭相以西化為時尚，而西化又促使
奢風日盛。那些大戶人家的姨太太，"頭上白的珠子，腕上黃的金子，指上光華奪目的鑽
石，身上燦爛新式的外國緞，越顯得姿容絕代，艷麗如仙"〔34〕。尤其，"金鋼鑽勃興，

國產絲襪廣告

時髦女子，絲襪高跟鞋。
（《民國日報》1917.3.15）

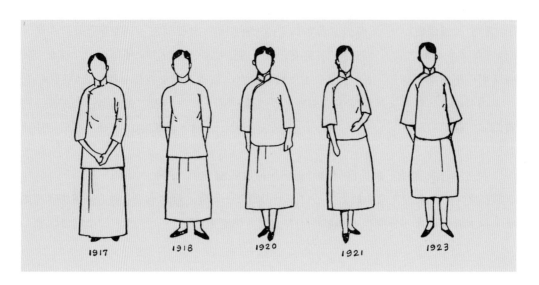

1917—1923 年女裝上衣下裙款式
（周錫保著《中國古代服飾史》）

其值至鉅，一戒一環所需，耗金逾千，甚者且及累萬"[35]。百貨店是她們最愛流連的地方，逛公司也是她們重要的生活部分。

　　上海各階層市民的闔家老小，閒來都愛逛公司，在充滿商品誘惑的窗櫥前面"溜玻璃眼"，進百貨店消磨上數小時，即使不買（或無足夠錢買），飽飽眼福，也能盡興。所以，除了推銷東西洋或環球商品外，這些大百貨店也是大眾的"夢工場"，提供短暫的逃避主義。但其最主要的"夢幻性"在於：商品有助個人標榜自我、誇耀身份，令消費主義等同社會地位及身份象徵。百貨公司在歐美社會所掀起的波動，也開始在中國的大城市出現，百貨店的消費模式"提高大家對社會地位的醒覺，使社會上所有階層人士產生強烈的意欲炫耀剛獲得的財富。透過'商品世界'非常明顯地標榜個人向較上層社會地位攀爬的抱負，而時尚趨潮流的概念成為最主要的對個人社會身份的量度。"[36]最低限度，這是五四前夕的迷夢。

皮鞋廣告
《申報》1916.1.12

翠袖亦黄風忍耐延
亭亭小立嫩寒天露華
艷似湘妃淚十萬珠
珠顆。圖翠姍題

"有知識開通時代，纏足的風俗，總算掃除了。但是又盛行
束乳的惡習慣，使女性曲線美的平均及調和，受重大的打
擊。"〔37〕

03
小馬甲束胸秘史

解放小腳與加緊束胸,一個新的矛盾出現,亦反映民國之後婦女思想的異常混亂,對處理自己的身體和性都把持不定。

平胸美學

傳統對女性的審美觀念未因解放小腳而有所改變,依然以女子身段輕巧嬌小為貴,瘦腰病態為美,正如曹雪芹(約 1715 — 1763)在《紅樓夢》第三回的描寫:"兩彎似蹙非蹙籠煙眉,一雙似喜非喜含情目。態生兩靨之愁,嬌襲一身之病,淚光點點,嬌喘微微。閒靜似嬌花照水,行動如弱柳扶風。"[38]。而大乳闊臀者被譏為粗俗村婦,難登大雅,甚至往昔廣東有此俗語:"男人胸大為丞相,女人胸大潑婦娘。"

民初女子的平胸美學
《週刊報》1923

婦女平胸美學
《民國日報》1917

　　沿海都會的婦女雖已解放纏足，但不準備解放胸脯，堅持信奉平胸美學，而且變本加厲，把胸束得更緊。李寓一在《近二十五年來中國南北各大都會之裝飾》描寫當時婦女的束胸情況：「近日婦女不纏足而纏胸，此亦陋習，青年女子，用一種背心（名半臂帶），將胸部緊束，其意蓋恐乳部露出，不大雅觀。其實乳為人體美（註八）之主要部分，西洋婦女，有特將乳部加塞棉絮，使隆起者，我們獨與相反。」[39]

　　文中的「註八」指出，「人體美為古代希臘人之妍，以為乳部曲線最美」，作者顯然視束胸為落後現象了。而當時的開明人士已主張婦女解放胸脯，例如1920年上海的《婦女雜誌》已力陳束胸之害：「婦女因為生理的不同，胸部比較的發達，一般婦女，因為外觀上的關係，就用帶束住它，或穿緊小的衣服，使胸部不致突出。這一來，於生理上，就起了危害，妨礙血液的流通，阻滯胸部的發達，因此致病的很多。這種習慣，實在和往昔的纏足差不多，人類都有自然的美，為什麼要矯揉造作呢？胸部發達，正是婦女自然美的特徵，為什麼要束住它呢？諸姊妹呀！應明瞭這一層，立即解除它。"[40]

但婦女界笑罵由人，繼續緊緊的束胸，雖然上海是當時最接受西方文化的大都會，而仿效西洋婦女 "天乳" 者是絕無僅有。當時束胸，被認為是時髦，乃 "新女子" 所為，"縛乳這事，在娼妓、姨太太、小姐和女學生中間都很流行，不過她們都是好新奇，加一個 '新' 字也不為過"[41]。最諷刺者，這些 "新女子" 卻做着最不文明的行為。

在二十年代，"平胸美學" 已成濫觴，女子簡直將胸脯列為禁忌，"小姑居處，待字深閨，非但手不能觸，亦且目不能視"[42]。青年女子，在發育期間，把胸部束縛得緊緊的，不能任其高聳，"最可笑的有些妙齡女子，身體日見豐腴，乳房當然飽滿，於是特裝名為 '小馬甲' 的，胸前密密扣住，誰知略一用力透氣，而所有鈕扣，畢立剝落都解體了。"[43]

女子纏胸，使自己的身體看來猶如未發育的小孩，完全抹掉性別的差異，亦銷除了肉體的誘惑，傳達的女性形象是：無慾、貞潔、純真。這是作為中國傳統端莊淑女的條件，在大男人主義社會體制下，排除去因肉體成熟引發的慾望，達至精神上的單純化，塑造出賢妻良母的理想典型。所以，五四婦女就算怎樣的自命 "解放"，但對自己的身體仍是保守而傳統的。

胸衣的沿革

民國以來婦女胸衣的變化，資料絕無僅有，要知道二十年代前後社會守舊之風仍盛，"非禮勿言"、"非禮勿視"，性禁忌瀰漫，女性的內衣是不能公開的，後來直到 1927 年沿海都市掀起婦女 "天乳運動" 議論，天津的《北洋畫報》刊登縮香閣主幾篇關於中國婦女 "小衫" 的考據論著，其中尤以《中國小衫沿革圖說》（麗君作圖）最重要，才圖文並茂地使婦女胸衣露出端倪。

傳統胸衣大致分兩種：

一、兜肚——只掩胸腹，露出肩背，古名甚多，如 "襪腹"、"腰綵"、"抹胸"、

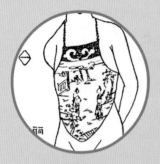

兜肚
《北洋畫報》1927.6.8）

抹胸（老式）
《北洋畫報》1927.6.8）

抹胸（新式）
《北洋畫報》1927.6.25）

半截馬甲
《北洋畫報》1927.6.25）

小馬甲
《北洋畫報》1927.6.29）

抹胸（最新式）
《北洋畫報》1927.6.29）

"襴裙" 等。

二、背褡——短衣無袖，掩蔽胸背，又名"兩當"，"兩當者，其一當胸，其一當背也。吾鄉又謂之背心，言一面有背，一面在心，猶兩當也。吳中謂之馬甲。"[44]

二十年代婦女胸衣新舊並用，款式各異，更無一致名稱，其沿革變化如下：

一、兜肚

婦女胸衣最古之一種，亦名"襪肚"、"襪腹"或"襪胸"。"單夾不一，其形像盾，只一幅，背後以帶結束之。其製之精者，並加刺繡，舊繡貨店中尚可購得之。現尚流行中國南北。男子亦有用為防寒之具者。"[45]，對胸乳之縛束較為鬆弛。

二、抹胸（老式）

此種"抹胸"（襪胸），其形如方巾，長及腰際，圍繞周身，以帶結束於胸前，肩上以雙帶承之。"可稱為胸圍或腰圍，古書所稱奶闌及襴裙者，當指此，現通行於北方。與兜肚同屬婦女小衫之老式者。"[46]，開始把胸脯壓得平坦。

三、抹胸（新式）

長巾一條圍繞胸部，前有鈕扣一排（或用西洋小鐵扣），因無帶懸於項部之故，把胸脯縛束甚緊。"此種抹胸，在粵東最為盛行，今則代以小馬甲矣。"[47]

四、半截馬甲

由抹胸演化而成的半截馬甲，實為抹胸與小馬甲二物間之過渡產品，綰香閣主認為"用者不多見"。說錯了，其實直到五十年代廣東婦女仍有穿着。

五、小馬甲

後來在二十年代末引起最大的議論風波，上海江浙等地稱"小馬甲"，在北方稱"小坎肩"或"小半臂"，粵人則稱"背心仔"。"蓋此類束乳之小馬甲，發明不過廿餘年已。其始用之者，僅屬一般上流婦女，今則上行下效，幾已普及全國婦女之各階級矣。此物製法與普通背心同，只胸前鈕扣甚密，俾能緊束胸部。"[48]，"今之少婦，有緊身馬甲，嚴扣其胸，逼乳不聳，妨發育，礙呼吸，其甚弊於西婦之束腰。"[49]

六、抹胸（最新式）

亦有時髦女子改良最老式抹胸，對當時保守的小馬甲作回應，而且不蔽乳上各部位，比小馬甲為風涼，鈕扣開於旁邊取其外觀清爽，復加掛兩條帶，以防其下墮。因較為開

放，"御之者只僅於時髦女流，尚不十分普及，視為中國未來派之小衫可也。"〔50〕

面貌雖好，全身殘缺

再回到小馬甲的問題上，在當時這小小的胸衣已成大都會婦女服裝潮流的重要環節。正如李家瑞（1895 — 1975）編著的《北平風俗類徵》指出："肚兜今已鮮見，惟盛行小半臂。背作月牙形，緊貼香懷，寒暑不廢，或紗或縐，製作絕工。其色則純白、鵝黃、蘋綠、竹青，隨心所欲，而通行則以粉紅為多。暑日添妝，輕羅薄殼中，徐映春色一櫊，雪膚絳襦，交映生色，正不必滅燭留髻，羅襦偷解，而雞頭新剝，始稱消魂也。"〔51〕。可見這時期的男性中心社會依然視之為性感銷魂，而較豪放的女子更穿着輕薄外衫，隱若暴露裡面的小馬甲作為引誘。

不過，有識之士亦開始質疑，文明婦女既整天嚷着解放，尤其五四運動以後婦解風起雲湧，但偏偏在處理自己身體上顯得極之落後，百思不得其解：

> "撥厥原因，殆以乳房膨脹，有礙眼瞼，故不憚忍痛耐煩，矯揉造作，以為掩耳盜鈴之計。彼窮鄉僻壤之黃臉婆，脅肩諂笑之醜業婦，吾無責焉。獨怪乎通都大邑，飽受文明教育，提倡解放主義，開通之女學生，時髦之新婦女，亦相習成風，不知改革。豈習俗移人，賢者不免乎，真解人難索也。"〔52〕

> "還有一個感觸，就是我看見一個剪髮、進學校、脫離家庭、並實行自由戀愛的朋友的衣服中，還有一件八寸長的背心，兩肩不過四寸寬，上面綻着十幾個扣子。我不知道這是作什麼用的？……我總希望這個問題提出之後，那些身受痛苦的人，有些感觸。我也很希望那些有生理上專門知識的人，更加痛痛快快對於一切違反生理原則的事，指摘指摘。"〔53〕

五四帶來的新文化運動亦使到一部分的知識分子和藝術家對人體 "美" 的反思，認為古希臘人強調肉體的回歸自然才是真正的美，而重重衣服包裹着身體就是虛偽，例如1921 年 1 月 16 日上海《民國日報》覺悟版發表的評論，鳴田著《衣服和身體》指出："從前希臘人，僅把一幅布，圍在身上，遇着風底時候，全肉體都能浴着白晝底光。他們要誇

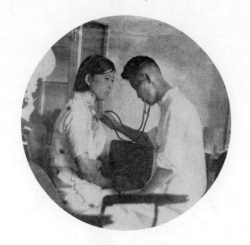

秘密的胸乳

第二，中國女子的胸乳。又是一件希奇的秘密；解開示人，固然是莫大的羞恥，就是隔着衣服高起來，都引為大辱。一般婦女，用些排門密扣的小背心子，將胸口緊緊縛定。送命的肺癆，因為伊胸部不舒，紛紛的侵入，伊的生命不保了，伊也不曉得悔悟。所以當醫生替伊看病的時候，不幸病在心肺，非詳細的打診聽診，不能明白。如果醫生要求伊把懷解開，伊抵死也不能答應。若是上下肺葉全檢查，要伊將上衣全脫去，真比殺伊還難過，決計做不到的了。試問打診聽診，兩件要事，一件未做，從哪裡去診斷？也從哪裡去療治？只有束手無策，看着伊的病朝下壞了。所以第二步要求解放的，就是解放伊的懷。是有心肺的病，該打診聽診的，看見醫生的聽筒，不等醫生說，就先自己將懷解開。

（彭天性，〈醫學上婦女解放問題〉，《民國日報》1920.7.8）

示自己底美，就裸着體；男的露出悲壯的威嚇的筋肉，女的露出神秘的蠱惑的肉體。遇着祭日，男女底肉體，都浴着日光，在街上巡行。這等光景，我想是人間底極致！一幅布隨時可以脫掉的希臘人，和現在重重包裹重重縛束的人類，我想希臘人是有幸福！"[54]

在當時仍普遍保守的社會氣氛，以上純屬烏托邦言論，不切實際了。

也有人開始無情的抨擊中國女子毫無體格美，她們所認識的 "美"，只限於一張面孔，和裝飾的奢侈而已。本敬著《中國女子的體格美與模特兒問題》認為理想女子的美，"全部筋肉平均發達，如頸、臂、手、背、胸、乳、腹、臀、股、足各部分的發育，都是充足圓滿。"[55]，但中國女子在身體上加着種種的束縛，"遺傳復遺傳，以致現在的女子的體格，不是荏弱瘦小，即是拳曲臃腫，真可浩歎"[56]，"又如腿長是體格上的優點，反因此舉作駝背的狀態"[57]。結果，中國女子，"體質荏弱，肌肉鬆懈，身材短小，乳部低平，足指扁側等，難以計數，面貌雖好，如何能掩全身殘缺？"[58]。簡直體無完膚，真是女性的悲哀。

"婦女們因慕虛榮而考究奇怪的服飾，就鄙見所及，計有五種的不好處：一、賣掉中國婦女的人格；二、解放前途的障礙；三、加重男子的性慾；四、破壞自然的美，阻礙身體上的發育；五、虛擲寶貴的金錢，成為社會的罪人……。以上所指摘的，不過就淺而易見者言，其中弊陋也許不只此數。"[59]

04
廢除裝飾，新女性觀

辛亥革命失敗，復辟勢力高漲下的中國，舊制舊習依然如故，僵而復甦，令到知識界和學生們從思想文化的深層進行反思，尤其婦女認識到自身受到嚴重封建壓迫而又身不由己，無力反抗。但反觀第一次世界大戰的西方婦女，她們積極參加前後方各種工作，甚至投身工業生產，幹得有聲有色，成為一股社會力量。而俄國十月革命成功，乃得助於婦女大軍，婦女之地位大為提高，更震動了全世界，影響了世界各國的婦女運動。而這種影響也開始傳到中國的思想界與婦女界。

其實，當時資本主義已在中國抬頭，紡織工業和其他輕工業，吸收大批婦女突破家庭束縛，投入生產，自謀生計，打破幾千年"女主內"的封建成規。只是女工們受教育不多，知識有限，無法創造婦解運動條件，唯有等待着大時代的召喚。

五四運動中的女性

　　終於，"反帝反封建的五四運動起來的時候，民主思想，'博愛'、'平等'、'自由'的口號，給與被奴役了幾千年婦女特別深的啟示；科學思想，'打破迷信'、'打倒禮教'的口號，對在禮教踐踏下的婦女，也來得更親切，婦女運動也就用着英勇的姿態出現了。"〔60〕"當時在北京以及全國各地，無論哪一個示威運動中，女學生從不後人。在軍閥的逮捕威迫之下，軍警的鞭笞之下，她們和男青年一樣地英勇鬥爭。"〔61〕，"她們也和男學生一樣的成群結隊到民間去喚醒民眾，使五四運動的種子，如燎原之火，蔓延全國。"〔62〕

　　五四婦解，是翻天覆地鬥爭所得來的。

　　1919 年 5 月 4 日北京的示威遊行，是由三千餘青年男學生所引發的，他們遭受到軍警武力鎮壓和拘捕，全國震撼。初時，"一般女學生亦聞風奮起，惟各校校長壓制甚力，故未見轟轟烈烈之舉"〔63〕。當年的女校是極度封建主義，嚴禁女生外出和社交，檢查女生信件，限制親友到訪，校規之嚴與監獄無異。北京女子師範學生率先支援男生學運，在 5 月 6 日 "邀齊全體同學，開會討論。當時議決散佈傳單，集合北京各女校為一致行動，自本日起一律罷課籌款"〔64〕。但遭到學校方面阻止行動，軟硬兼施，甚至關上校門，不容外出。

　　革命洪流是不能抵擋的，學生紛紛罷課響應，而保守派政府繼續高壓，5 月 30 日限令學生在三日內一律復課，翌日更頒佈命令戒嚴和禁止集會。豈料 6 月 1 日北京學生聯會再度上街露天演講，跟着遭到軍警毆打和拘捕，而 6 月 3 日，被譽為 "中國女子解放第一聲" 的歷史性時刻終於來臨，北京女子師範學校及附屬中學的女生，再也不理會學校的禁制，突圍而出了。

　　據陳端志著《五四運動之史的評價》："（女同學們）打破後門出外加入演講，且有集款接濟被捕學生的舉動。這是北京女校學生參加五四運動的破題兒第一朝，因為在過去幾次召集，各女校也很活躍，每次都給學校當局阻止着，當二三兩日被捕大批學生的新聞在報上發表後，該校女生就商量援助的方法。不料事為該校校長所探知，就一面囑咐工人把校門緊閉，一面召集學生訓話，加以嚴厲的斥責。這樣的辦法，似乎使得該校女生再也

直撝黃龍漾
起飛青聊天
師頭筆效馳
拔驅迅知忱
登高旗脫先
玉色五懸
余時畫病
崔題

救國聲中之女學生

本埠各校，今日一律罷課，男女學生，皆至公共體育場行宣誓禮，其中女生數百人，最有精神，遊行時，繞上海城一周，再入南門而回原地。各女生勇往直前，隊伍整齊，自始至終，一絲不亂，誰謂救國不讓巾幗歟，敬佩之餘，敢揚出之，以愧世之不愛國者。

《民國日報》1919.5.28）

沒有活動的餘地了，但是她們的憤氣卻因此更盛，就將後門打開，一齊向外出發，沿路講演。"〔65〕，更發起捐款，接濟被捕的男同學，"這種熱情俠舉，不僅增加了男同學不少的勇氣，而且可以說，這就是中國女子自己解放，自己取得平權的第一聲。女子師範領導女界首先發難後，繼着就有京中十五女校聯合呈請政府釋放被捕學生，而各地學生會中亦多有女校的學生代表參加。"〔66〕

　　時代的召喚終於來了，各地工廠女工也都站起來，加入罷工罷市，遊行示威。

　　一向柔弱的婦女如今變得剛強武勇，站在最前線上，與男人們並肩作戰，為自由民主慷慨灑血，這是其時男性社會所萬料不及的。就以"五四三大劇烈鬥爭"之一的天津大示威做例子，那年 10 月 10 日，天津各界救國聯合會召開全市市民大會，抵制日貨，更遊行示威，"會場的佈置和隊伍的排列是把市民們站在主席台的周圍，然後把有組織的學生站在市民的外圍，又把女學生站在最前列，準備被武裝包圍時先由女學生衝出重圍。"〔67〕。果然面目猙獰的軍警橫着上有明晃晃刺刀的大槍，把示威隊伍重重圍困，"女學生向東衝，他們向東圍，女學生向西衝，他們向西攔，接着竟動起武來，用槍托毆打學生。女學生決不示弱，用旗竿反擊，男學生也緊跟上來，進行搏鬥。"〔68〕可見五四婦女那股勇於犧牲、在所不計的革命精神。

新女性的服飾

　　隨着五四愛國運動的發展，同時掀起了婦女解放運動，思想激烈的女知識界提出了"男女平權"、"反對包辦婚姻"、要求"社交公開"、"大學開女禁"、"各機關開放任用女職員"等。"當時到處上演《娜拉》，高叫着'不做玩物'、'要人格'、'要自由'的呼聲。她們起事宣傳鼓動；許多前進的婦女，並以行動，勇敢地衝破了舊有的藩籬。"〔69〕

　　五四運動一開始就接觸到婦女問題，由民權、民主、男女平等思想出發，到馬克思主義的傳播，宣傳無產階級婦女解放觀點，婦解理念臻向全面化了。

　　在口號叫得震天之際，這些"新女性"卻又面臨新的困惑，既然堅稱"女子做男子

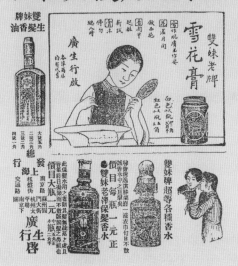

化妝品廣告（《民國日報》1921.3.1）

的玩物是不合人道＂，但為何不放棄美衣華服，廢除裝飾呢？因為當時普遍流行的說法，傳統婦女要裝飾，是討男人及丈夫的歡喜。

一個新女性在服飾上應該是怎樣的？

1920年胡懷琛（1886—1938）在《婦女雜誌》發表議論《女子當除裝飾》，主張廢除化妝品和時髦衣服，她首先力陳裝飾的害處：

一、耗費

＂譬如就一個尋常的女子說，假定她每一月用一瓶生髮油，合價洋三角；又每一個月用兩瓶雪花粉，合價洋三角；又每一個月用一塊上等肥皂，合價洋五角；又每一個月用一瓶好香水，合價洋一元。將這四件共計起來，每月便是二元一角，每年便是二十三元二角。從十一歲至四十歲，共三十年之間，統計耗費六百九十六元，差不多可說七百元。諸君試思：這七百元任使什麼事好做，何必要用在這無用的地方？＂[70]

二、耗時

"便拿梳頭一件事說，每天梳一個頭，假定耗半點鐘，一年三百六十天，便是一百八十點鐘，便是三十天（以每天六點鐘計算）。一年裡頭耗費三十天，十二年裡頭便耗費一年。一年的工夫，任使研究什麼學問，做什麼事情，都可以的，何必要為着梳頭上耗費了？"〔71〕

三、有害衛生

"譬如油搽在頭上，能膠住外面飛來的灰塵；粉搽在面上，能塞住汗管，阻止排泄，這都是有害身體的。便是衣服過窄，妨礙身體的發育。"〔72〕

四、埋沒了自然的美

"自然美的，本來用不着裝飾，如加上裝飾，反將他天然的美埋沒了，這又何苦呢？"〔73〕

五、引起他人的輕視

"這個習慣還是根據女子裝飾是供男子賞玩而來的。所以好裝飾的女子，人家都當她是賣俏，種種男子輕視女子之心，都從裡頭生出來了。便說不如此，也是表明自己的學問、藝術不如人，不得已拿裝飾來掩蓋，或者在人前出風頭。這種辦法，愈是裝飾，愈是見得她的學藝都不如人，雖然引得無知識的人說好，其實早已被知識高的人看不起了。"〔74〕

胡懷琛認為女子廢除裝飾，不等如蓬首垢面才算時髦，她提醒婦女要注意三件事情：

一、注意清潔

"滿身塵垢，固然是不清潔；便是舊時候塗粉抹脂，也是不清潔；身上着得衣裳花花綠綠，也算是不清潔。如今廢了裝飾，塗粉抹脂和花花綠綠的衣裳是沒有了，但是也要極不使灰塵堆積在身上，洗刷的乾乾淨淨，才是道理。"〔75〕

二、注意整齊

"清潔是不要使灰塵堆積在身上；整齊是一衣一服，都是舒舒齊齊的，並不是亂頭粗服，便算大方。"〔76〕

三、極力保持天然的美

"天然的美是什麼？便是不假修飾自然的美麗。這種美是應該保存的。保存的法子也

很簡便,便是一舉一動,一言一語,都任其自然,切不可
有一毫勉強的態度,這便是保存天然的美。"[77]

　　至於新女性服裝取材,胡懷琛主張,要有天然感,
顏色樸素,質地耐久,衣服的標準要注意三方面,"第
一是要合衛生,所以不可過於緊逼。第二是要便於操
作,所以也不可過於寬大。第三要樸實,不可只顧好
看,不能經久;也不可為着動人的目的,做成奇奇怪怪
的樣子。"[78]。而頭髮問題,胡懷琛認為,可挽髻、打
辮,只要不耗費、耗時,妨礙衛生便是了,但最理想是把
頭髮剪短——對女子來說,這是反傳統革命性行動,"照
事實說,比較的難辦一點,所以一時做不到也不妨。"[79]

新女性服飾要樸素

女裝愛國

　　簡單的說,胡懷琛的新女性服裝就是走向反璞歸真,節儉救國,正好是對五四口號
"抵制日貨,提倡國貨"的回響。因為日本和西方國家工業發達,進口之女性衣物較國貨
為精美華麗,深得中國婦女歡心,汲取去大量錢財,越使國家經濟困頓,所以有必要"易
服救國":摒棄日貨洋貨之華美,回歸國貨土貨之儉樸。

　　"洋布洋襪雖較細緻美觀,女同學是愛美的,但為了愛國,同學們都自動脫去身上的
洋布衣服和洋襪,換上了土布衣襪。"[80]

　　"但一時婦女所用的零星物品很缺乏(如手帕之類),因此由各女校同學用愛國紗作
各種手帕等到街上去賣,很受歡迎。"[81]

　　還有自製的"愛國白帽",女同學上街示威,呼籲抵制日貨時必戴在頭上,一來在
行動作為標記,二來表示決心不用日本進口的帽子。國貨草帽也都暢銷,例如"聞南京路
大東製帽公司,每日售出國貨草帽,不下數百頂,晚間往購者多有向隅之歎。"[82]

　　不過,要求女裝徹底的排除外國貨,未必可能,例如上海等大都會的婦女都流行披

絨線巾，而這絨線巾也正是日本貨，瞿愛棠在 1919 年 12 月 16 日上海《民國日報》的《覺悟》版，發表《敬告女學生女教員們》，認為這些女知識界 "聰明一世" "懵懂一時" ："你想，絨線巾是什麼地方來的呢？那不是一般女學生女教員們勸別人要抵制的地方來的嗎？咳！女學生！女教員們！你們既勸別人抵制，為什麼自己倒用着呢？" [83]，"你們是中國的新女子新靈魂。你們做的事，是給舊社會做模範的。換句話說，你們的好壞，就是社會的好壞。你們好了，社會也好了。你們壞了，黑沉沉的社會那裡會不壞呢？如今你們披的絨線巾，明明算不得好。那舊社會裡的婦女們，也不知不覺的學起樣來。你也買來披，我也買來披了。" [84]

《覺悟》版的主編力子作回應，他指出一般青年男子也都流行在領項上圍着一條外國貨的頸巾："前次公共體育場的各界大會，有一個代表，在台上發出許多激昂慷慨的話，可是他頸項正圍着這麼一件東西，總覺得和 '提倡國貨' 的意思，不大相合。" [85]，所以，有 "請一般青年的男子也快些覺悟！" [86]

非但 "提倡國貨" 出現問題，就算 "廢除裝飾" 也不容易，綺羅的衣服仍是都會婦女所追求的，"穿妖冶服裝的女子，豈止上海？難道京津間一個都沒有嗎？" [87]，"許多自命為新婦女的，滿身珠光寶氣，一味淡妝濃抹，我們很希望她們覺悟。" [88]

1921 年上海《民國日報》評論《衣服和身體》，道盡城市人對時髦衣服之愛："元旦日早起，走出街頭，第一看見的，就是男女老少，都穿着新的衣裳，有些女人和小孩子，一面走着，一面低下頭，看着自己衣服下半截，不覺微笑起來，露出得意的樣子。也有些女人，因為衣服不合時，在電車上，羞澀不堪，幾乎手足無措。" [89]，好像衣服不時髦，心神便覺不妥了。

到 1924 年，五四的新女性服裝觀念已遭遺忘，"現在社會上流行的婦女的服飾，奇形異狀，光怪陸離，窮奢極侈，力趨艷麗，簡直是失了本來面目，女德墮落的表徵。" [90]。梁仙洲在廣州《民國日報》發表《婦女服飾的評論》，重申美衣華服是 "冶容誨淫" 的罪過，乃妓女為獻媚男子，所以對於服飾上做出種種奇異來，但上流婦女和知識女子卻競尚時髦，似被娼妓 "軟化"，她再度強調物質主義乃虛榮心作祟，非屬文明表現：

"唉！可敬愛的女同胞！你們誤會錯了，你們不是反對把女子作玩器的男子們麼？你們為什麼再踩入專制的圈套？再加重男子輕侮女子的心理？"

"處於今日新文化運動的當中，婦女們還不覺悟，終日去講究時髦服飾，簡直不肯脫離男子的威權下，還未造夠男子奴隸。對於社會上的新事業，便是很大一個阻礙，女子職業運動的聲浪，可是瀰漫海內，但現在豈不是有些失敗嗎？"

"總之，我試問女同胞們！肯不肯做社會裡的廢物？肯不肯受專制底永遠監禁，肯不肯接受 '娼妓化' 的招牌？如果能夠細意一想，便知道時髦的服飾，有百害而無一利了！"[91]

塗脂抹粉

項巾（俗稱圍脖兒）本是禦寒用的，為什麼節交立夏，還圍在脖子上？
傅粉會妨礙毛細孔的排泄作用，凡是研究過生理學的，全都知道；如今不但女人傅粉，就是自命嬝美潘安的男學生，也有些抹雪花膏的。
（益公，〈時髦派的三不解〉，《晨報》1925.5.8）

"長衫在工作上最不便利，
又是惰性的表示。
拆穿了說，
和現在女子穿的裙，
絲毫沒有兩樣。
難道女子去了裙，
又要穿上變形的裙子麼？"[92]

05
身穿長衫，斷髮男服

男女服飾之別，西方理論家認為是"統治原理"（HIERARCHY PRINCIPLE）與"誘惑原理"（SEDUCTIVE PRINCIPLE）之最大分野。在傳統男性支配的政治社會體制之下，"男人被社化以身體直截表達態度：控制、搶掠、統治；而女人則學習以她們的身體表達嬌俏、可愛的感覺：撫愛人和物。""在'統治原理'支配下的男裝：男人服裝階級意識強烈，反映其在廣大社交界的位置。但'誘惑原理'下的女裝：女為悅己者容，用來吸引男人，因此重要性不高。"〔93〕所以，每當婦解如火如荼之際，必視"誘惑原理"罪大惡極，盡量刪除衣飾上的性徵，例如平胸、短髮、穿男服等。

向男性身份靠攏

五四運動的婦解精神，強調 "男人能辦到的女人也能辦到" 。

男人上街示威鬥爭，女人也能上街示威鬥爭；男人上大學唸書，女人也能上大學唸書；甚至男人從軍北伐，女人也組織自願軍北伐。在當時波瀾壯闊的社會革命洪流中，婦女們的視野，是把男性當做自己行動的模式，以男性的標準衡量自身的價值，做到男人能做的，巾幗不讓鬚眉，尚未認識到女性自身精神存在的特殊性，顯然婦女是要急切投身於大時代，身體的細節已無暇兼顧了。

好些女知識界把自己視作男性一樣，可在名號上管窺一二，例如女作家盧隱（1898 — 1934），五四時她是北京國立女子高等師範學校女生，積極地投身到社會運動中，並與當時的三個女同學——學生自治會主席王世瑛、文藝會幹事陳定秀、程俊英，以春秋戰國時代的 "四公子" 自命，"盧隱被封為孟嘗君，這個綽號迅速地傳遍了全校"〔94〕。又例如長沙周南女校的三名活躍女生魏璧、周敦祥和勞啟榮，人稱 "周南三傑"，敢作敢為，更與她們的女老師陶毅加入新民學會，而新民學會有女會員是從她們四人開始的。"當時女學生不敢講社交，不敢多和男子見面，風氣是十分閉塞的。她們都願意加入以男子為基本隊伍的新民學會，就充分表現了她們求解放、求改造的勇氣。所以在吸收她們入會時，毛主席提議全體會員齊集周南女校開一次大會歡迎她們入會，並照全體相以留紀念。"〔95〕

一些激進的青年組織表現得更為極端，竟蓄意地刪除掉男女性別的特殊性，例如1919 年 9 月天津成立的 "覺悟社"，會員包括周恩來、鄧穎超、諶志篤、鄧文淑等，男女性別人數各半，便於選舉及決議公平，社員更用抽籤辦法決定代表個人的號數，以抹掉個人的姓名。抽籤的方法是用五十個號碼，各人抽一個，再用這個號碼的諧音取一個別名，用以通信或作筆名。周恩來抽的是五號，別名 "伍豪" 了；諶志篤是五十號，別名 "武陵"；鄧穎超是一號，別名 "逸豪" 了。有說，"在當時，所以這樣做，是想到在往後進行革命活動時作掩護用的"〔96〕，另一個原因，相信是破除男女名字上的性別分異。

對於名字稱號，女知識界是相當敏感，覺悟社出版的刊物《覺悟》是極具影響性，甚至 "有幾位女社員曾長期反對把女性第三人稱寫成 '她' 字，他們主張用 '伊' 來代替。"〔97〕，而影響所及，1923年在天津出版的《覺郵》、《女星》旬刊和1924年的《婦女日報》上，一律用"伊"字代表女性第三人稱，其後各地的報刊都陸續見到"伊"字了。

當女子愈向男子地位認同，她特殊的性別身份就愈顯模糊不清，而五四之後很多進步的言論都要抹煞女人的性徵。1920年2月沈雁冰（1896—1981）在《婦女雜誌》發表《男女社交公開問題管見》，他主張："社會上引人發展獸慾本能的娛樂品，和侮辱女子人格的惡習惡制，都該先行去淨。""一切舊俗關於男女的區分，如講演會中之男女分座，大旅館的女子會客室等等都須去掉；女子服裝也要改得和男女差不多。"〔98〕

新兩性關係

女子服裝要着得像男子差不多，象徵着新的兩性關係出現，在1920年知識界中是廣泛地討論着的。

1920年1月許地山（1893—1941）在北京《新社會》發表了很重要的《女子底服飾》一文（上海《民國日報》立刻轉載於《覺悟》版），他從歷史學和人類學觀念去肯定女子服飾應改變到男子一樣，其推論：

一、古時男女服飾是一樣的，後來男女有了分工，服飾才有所分異。

二、男子在外的工作和事業愈多，服飾愈複雜，而且改換得快。

三、女子在家中工作，所做的事與服飾並無直接關係，改換很慢，但現時女子的事業比往時寬廣得多，如果還不改換她們的服飾，就恐怕不能和事業適應了。

四、歐洲在大戰以前，女子的服飾差不多沒有什麼改變。到戰爭發生後，好些男子的事業都要女子幫忙。她們對於某種事業必定不能穿裙去做的，就換穿褲子了；對於某種事業必定不能束長頭髮去做的，也就剪短了。

五、所以，在現在的世界，男女的服飾是應當一樣的。

許地山指出，當今中國婦女服飾已經很落伍，"和原人差不多"，其落伍之面貌可從三方面得見：

一、穿裙

女服不宜運動

現今女子流行的衣服，很不適宜於運動的，褂肩寬狹不中度，上肢的運動很不便。衣服偏在右襟，睡眠的呼吸很不利。裙帶加緊束縛，血脈的運行很妨礙。裙幅散漫下垂，腳步的運行很艱苦。近來有些女學生，盛行着褲的風氣，衣服已逐漸矯正些。然而學校之外，大家就要指摘笑罵，唉！衣服原是保護身體的，如今反成了身體的障害物，我們可不亟亟改良麼？

（貪鎏，〈女子的體育〉，《晨報》1921.3.29）

古時男女都穿裙，原因有二：其一，古時未有想出縫褲方法，惟有用樹葉或獸皮往身上一圍；其二，出於祭祀禮儀的舉動。"女子平日穿褲子是服裝進步底一個現象。偏偏在禮節上就要加上一條裙，那豈不是很無謂嗎？"〔99〕

二、飾品

女子所用的手鐲腳釧指環耳環等飾物，"現在底人都想那是美術的安置；其實從歷史上看來，這些東西都是以女子當奴隸底大記號，是新女子應當棄絕底。"〔100〕

三、留髮

如果沒有長頭髮，頭上的飾物自然不必要了。"裝飾頭髮底模樣非常之多，都是女子被男子征服以後，女子在家裡沒事做底時節，就多在身體底裝飾上用工夫。那些形形色色的髻子辮子都是女子在無聊生活中所結下來底果子。現在有好些愛裝飾底女子，梳一個頭就要費了大半天底工夫。"[101]

許地山認為，女子要在新社會活動，就要改換身上的服飾，而改換的過程需要選定三種要素：

一、要合乎生理

纏腳束腰結胸都不合乎生理，然而傳統留長髮也不合生理，因容易積垢，變成"微菌客棧"，百病傳播。

二、要便於操作

女子穿裙和留髮是很不便於操作，而人愈忙時間愈短少，"現在底女子忙底時候快到了，如果還是一天用了半天底工夫去裝飾身體，那麼女子底工作可就不能和男子平等了。這又是給反對婦女社會活動底人做口實了。"[102]

三、要不誘起肉慾

"現在女子底服飾常常和色情有直接的關係，有些女子故意把他們底裝束弄得非常妖冶，那還離不開當自己做玩具底傾向。最好就是廢除等等有害底文飾，教凡在身上底一絲一毫都有真美底價值，絕不是一種'賣淫性底美'就可以咧。"[103]

要合乎以上的三種要素，許地山主張婦女要放棄華而不實的服飾，更要着上男裝，他說："非得先和男子底服裝一樣不可，男子底服飾因為職業底緣故，自然是很複雜。若是女子能夠做某種事業，就當和做那事業底男子底服飾一樣。平常底女子也就可以和平常底男子一樣。這種益處：一來可以泯滅性的區別；二來可以除掉等級服從底記號；三來可以節省許多無益的費用；回來可以得着許多有用的光陰。"[104]

當女子"斷髮男服"，失去"斯文"（或美態），失去性徵時，還可在兩性交往產生愛情，而最終可達成男女婚姻嗎？許地山的結論是流於詭辯："若是說女子'斷髮男服'起來就不斯文，請問個個男子都不斯文嗎？若說在男子就斯文，在女子就不斯文，那是武斷底話，可以不必辯了。至於結婚底問題是很容易解決底。從前鼓勵放腳底時候，也是有

閨中理長髮，甚為耗時
（《民國日報》1923.9.24）

許多人懷着'大腳就沒人要'底鬼胎，現在又怎麼啦？若是個個人都要娶改裝底女子，那就不怕女子不改裝；若是女子都改裝，也不怕沒人要。"[105] 言下之意暗示只要個個女人都着得像男人一樣，男人就沒得選擇了，還是要娶個"男人婆"做妻子也。

　　不過，努力地以男性形象和觀念去界定女子，這是當時知識界所普遍流行的言論。

女子着長衫的好處

　　既然女子被認為要"斷髮男服"，她究竟應穿着什麼樣的男服才合乎時代的要求？其實，在五四的戰鬥陣線上已出現答案，男學生和教師們以表示愛國和不用外國貨的決心，穿起灰色或藍色的簡樸的傳統長衫（或稱長袍），上街遊行。後來，女學生突破高壓的女校封鎖，加入戰線，也有礙於裙子行動不便，開始學習男生，身穿長衫（袍）上街響應，風氣亦傳到各大城市的婦女界，例如上海大罷市，女伶們"如占春及新民慶、月貞等，現均服女學生裝，戴白帽，着長袍，並聞日內將親至市間散佈傳單。"[106]

1920 年，時裝之都上海開始討論女子着長衫（袍）的問題，3 月 30 日滬江大學的朱榮泉在《民國日報》發表《女子着長衫的好處》，列舉四大優點：

一、便利

女子上面着了外衣，下面着了裙子，太不便當，倘使着長衫，只一件便夠，可省時省力。

二、衛生

女子着短衣裳，容易受寒，但着了長衫，上下都暖，而且夏天，比着裙風涼。

三、美觀

女子着長衫，比衣裙好看得多。

四、省錢

上下兩件衣裳用料較多，但如果只着一件長衫，可節省布料和金錢。

作者最後更指出："還有一層，女子剪了髮，着了長衫，便與男子沒有什麼分別，男子看不出是女子，就不起種種壞心思了。或者女子在社會上的位置，更高得多呢。"[107]

言論一出，引來頗多爭議，4 月 1 日便有曹靖華（1897 — 1987）的《男子去長衫女子去裙》之說，他認為女子着長衫和着裙一樣，毫不便利，毫不衛生，毫不省錢，也毫不美觀。"我以為女子的衣服美觀與否，只要自然、舒服、便利、幽雅、潔淨、不阻礙身體的發育，那就是天然的美觀。"[108]。他還偏激地指出："我認定着長衫的人，都是敗類的分子。（也有好些的，只是佔最少數罷了），不是政客官僚，就是騙子闊少爺。王怡柯君也說過：'中國的事都叫穿長衫的鬧壞了！' ——參觀《心聲》第五期——簡單說來：'穿長衫就是表明他有一種惰性！'"[109]

要知道，民初服制將傳統的長衫馬褂列為男性禮服，有一定的階級意義和權力象徵，但隨着軍閥亂政，政府官僚機構破落，"中國的事"給長衫客鬧壞了，有人就開始批判起服裝（代表權力腐敗）來了。曹靖華的結論："平素我最欽佩的，就是那頭腦簡單、人格高尚、着短衣的勞動界。並且世界文明國的人，着的盡是短服。那麼，我們着了長衫，差不多就是掛了一個野蠻人的招牌！我所主張的，簡單說來，就是：‘男子去長衫，女子去裙’。"〔110〕

4月8日，瀋谷發表《服裝問題》，反對女子着長衫："長衫在工作上最不便利，又是惰性的表示。拆穿了說，和現在女子穿的裙，絲毫沒有兩樣。難道女子去了裙，又要穿上變形的裙子嗎？"〔111〕

瀋谷比較支持女子着短衫："短衫在精神上，衛生上，都比長衫好得多，在工作上又很便當。不過現在的短衫，形式上不甚好看。一定要改革，到完全無缺的辦法。"〔112〕。她認為女子服裝，第一應改革"複襟"，因有礙右邊肺部的發達，妨礙身體發育；第二，女子不可以束胸。理想的短衫，"應當長與膝齊，並要對襟的，寬膊的，腰間打幾個淺淺的襉；下邊蓬蓬鬆鬆寬落落的圍起來。（好似歐美的女孩子穿的差不多）。那麼，對於工作、形式、衛生上，種種都適宜，而且有益。"〔113〕

民國元年之後，婦女已放棄了又長又闊的袍服，但五四運動婦解，竟有主張婦女要易服改穿男裝長衫，雖然象徵男女平權的政治社會理想，但似乎又兜兜轉轉地走回傳統（清朝）婦女袍服形式的舊路，再讓闊袍大袖規限身體的行動，對於其時很多女性都是老大不願意的。所以，爭議是頗多的，結果引出很多的講法，例如主張女子去裙，改為穿褲子作便服；又提議短衫始終較長衫方便，只需要適當地妥善地加以改良。但議論的普遍共通點：女裝要簡樸，要洗淨華麗之氣，要不能引起慾望。這是新保守主義的抬頭，剛好與五四運動標榜的自由主義和激進主義相反，充分反映大時代衝擊之下女性個體的紛亂思緒。

張愛玲在《更衣記》裡指出，女人穿上了長袍，"不是為了效忠於滿清，提倡復辟運動，而是因為女子蓄意要模仿男子。在中國，自古以來女人的代名詞是‘三綹梳頭，兩截穿衣’。一截穿衣與兩截穿衣是很細微的區別，似乎沒有什麼不公平之處，可是1920年的女人很容易地就多了心。她們初受西方文化的薰陶，醉心於男女平權之說，可是四周的實際情形與理想相差太遠了，羞憤之下，她們排斥女性化的一切，恨不得將女人的根性斬盡殺絕。因此初興的旗袍是嚴冷方正的，具有清教徒的風格。"〔114〕

婦女旗袍的捲土重來，是先由一些婦女改穿男性長衫（袍）開始，表現得很拘謹尷尬（非男非女），發展緩慢，直到 1926 年加以改良，才成為女界時尚。

　　1920 年的"斷髮男服"，是相當反常的現象，令到女子男裝化的風氣甚盛，亦加強婦女束胸的行為——使自己更似男性，分不開究竟是保守，還是激進。也許，五四開展的時代正充滿着矛盾，"保守主義、自由主義、激進主義往往存在於同一框架，它們之間的張力和搏擊正是推動歷史前進的重要契機。"〔115〕

註釋

〔1〕〈西大街兩美並頭〉《民國日報》〔上海〕1917 年 2 月 9 日），2 張，8 版。

〔2〕包天笑：《衣食住行的百年變遷》（香港：大華出版社，1974 年），38 頁。

〔3〕胡樸安：《中華全國風俗志》，上揭，13 頁。

〔4〕康同璧：〈中國復古女服會章程及序〉，《近代中國女權運動史料》，上揭，958 頁。

〔5〕亦英：〈羊城瑣話〉《申報月刊》〔上海〕第四卷第九號，1935 年 5 月 15 日），78 頁。

〔6〕景庶鵬：〈近數十年來中國男女裝飾變遷大勢〉，上揭，32 頁。

〔7〕〈取締女學生之服裝〉，上揭。

〔8〕〈取締女學生之服裝〉，上揭。

〔9〕俞子夷：〈蔡元培與光復會革創時期〉，《辛亥革命回憶錄》第七集（北京：中華書局，1961 年），510 頁。

〔10〕〈取締女學生之服裝〉，上揭。

〔11〕〈取締女學生之服裝〉，上揭。

〔12〕屠詩聘：《上海春秋》下，上揭，19 頁。

〔13〕佪庵：〈滑稽畫〉《民國日報》〔上海〕1917 年 7 月 29 日），2 張，5 版。

〔14〕俞子夷：〈蔡元培與光復會革創時期〉，《辛亥革命回憶錄》第七集，上揭，505 頁。

〔15〕鄭永福、呂美頤：《近代中國婦女生活》，上揭，293 頁。

〔16〕鄭永福、呂美頤：《近代中國婦女生活》，上揭，104 頁。

〔17〕少金：〈近代婦女的流行病〉《民國日報》〔廣州〕1920 年 5 月 5 日），12 頁。

〔18〕一庵：〈婦女應改良的〉《民國日報》〔廣州〕1925 年 10 月 7 日），9 頁。

〔19〕凌伯元：〈婦女服裝之經過〉《民國日報》〔廣州〕1928 年 1 月 4 日），8 頁。

〔20〕景庶鵬：〈近數十年來中國男女裝飾變遷大勢〉，上揭，32 頁。

〔21〕李寓一：〈近二十五年來中國南北各大都會之裝飾〉，上揭，8 頁。

〔22〕瀟谷：〈服裝問題〉《民國日報》〔上海〕1920 年 4 月 11 日），4 張，14 版。

〔23〕凌伯元：〈婦女服裝之經過〉，上揭。

〔24〕梁仙洲：〈婦女服飾的評論〉《民國日報》〔廣州〕1924 年 8 月 9 日），11 頁。

〔25〕黃轉陶：〈夏令婦女裝束談〉《民國日報》〔廣州〕1924 年 7 月 29 日），4 頁。

〔26〕李寓一：〈近二十五年來中國南北各大都會之裝飾〉，上揭，8 頁。

〔27〕David Bond: *The Guinness Guide To Twentieth Century Fashion* (Middlesex: Guinness Publishing Ltd. 1992), P.41.

〔28〕包天笑：《衣食住行的百年變遷》，上揭，34 頁。

〔29〕〈取締女學生之服裝〉《晨報》〔北京〕1920 年 10 月 31 日），6 版。

〔30〕徐珂：《清稗類鈔》第十三冊，上揭，6212 頁。

〔31〕匹志：〈今昔女子觀〉《申報》〔上海〕1912 年 2 月 1 日），2 張，8 版。

〔32〕〈時髦派〉《申報》〔上海〕1912 年 11 月 18 日），2 張，2 版。

〔33〕小白臉：〈廣州婦女面面觀〉《民國日報》〔上海〕1925 年 5 月 30 日），4 頁。

〔34〕江薩香：《中國福爾摩斯》（上海：廣文書局，1918 年），112 頁。

〔35〕李家瑞：《北平風俗類徵》，上揭，247 頁。

〔36〕Richard Maltby: *Popular Culture In The Twentieth Century* (London: grange Books, 1988), P.25.

〔37〕本敬：〈中國女子的體格美與模特兒問題〉《民國日報》〔上海〕附刊〈藝術評論〉第二十號，1923 年 9 月 3 日），4 頁。

〔38〕曹雪芹：《紅樓夢》第一冊（香港：世界書局），18 頁。

〔39〕李寓一：〈近二十五年來中國南北各大都會之裝飾〉，上揭，12 頁。

〔40〕徐世衡：〈今後婦女應有的精神〉《婦女雜誌》〔上海〕第六卷第八號，1920年8月5日），12頁—18頁。

〔41〕吳明：〈為什麼要縛乳？〉《民國日報》〔上海〕1920年4月15日），4張，14版。

〔42〕包天笑：《衣食住行的百年變遷》，上揭，37頁。

〔43〕包天笑：《衣食住行的百年變遷》，上揭，37頁。

〔44〕綰香閣主：〈關於小衫的考據〉《北洋畫報》〔天津〕第九十期，1927年5月25日），4頁。

〔45〕綰香閣主：〈中國小衫沿革圖說〉上《北洋畫報》〔天津〕第九十三期，1927年6月8日），4頁。

〔46〕綰香閣主：〈中國小衫沿革圖說〉上《北洋畫報》〔天津〕第九十三期，1927年6月8日），4頁。

〔47〕綰香閣主：〈中國小衫沿革圖說〉中《北洋畫報》〔天津〕第九十八期，1927年6月25日），4頁。

〔48〕綰香閣主：〈中國小衫沿革圖說〉下《北洋畫報》〔天津〕第九十九期，1927年6月29日），4頁。

〔49〕綰香閣主：〈關於小衫的考據〉，上揭。

〔50〕綰香閣主：《中國小衫沿革圖說》下，上揭。

〔51〕李家瑞：《北平風俗類徵》，上揭，247頁。

〔52〕伍自培：〈我之婦女解放談〉《婦女雜誌》〔上海〕第六卷第九號，1920年9月5日）12—15頁。

〔53〕吳明：〈為什麼要縛乳？〉，上揭。

〔54〕鳴田：〈衣服和身體〉《民國日報》〔上海〕1921年1月16日），4張，1頁。

〔55〕本敬：〈中國女子的體格美與模特兒問題〉，上揭。

〔56〕本敬：〈中國女子的體格美與模特兒問題〉，上揭。

〔57〕本敬：〈中國女子的體格美與模特兒問題〉，上揭。

〔58〕本敬：〈中國女子的體格美與模特兒問題〉，上揭。

〔59〕梁仙洲：〈婦女服飾的評論〉，上揭。

〔60〕陳素：〈五四與婦女解放運動〉，《五四運動回憶錄》下冊（中國社會科學出版社，1979年），1019頁。

〔61〕陳素：〈五四與婦女解放運動〉，《五四運動回憶錄》下冊（中國社會科學出版社，1979年），1019頁。

〔62〕陳素：〈五四與婦女解放運動〉，《五四運動回憶錄》下冊（中國社會科學出版社，1979年），1019頁。

〔63〕〈北京學生愛國運動〉《民國日報》〔上海〕1919年5月11日），1張，2版。

〔64〕〈北京學生愛國運動〉《民國日報》〔上海〕1919年5月11日），1張，2版。

〔65〕陳端志：〈五四運動之史的評論〉，《民國叢書》第三編第三十九冊（上海：上海書店），253頁。

〔66〕陳端志：〈五四運動之史的評論〉，《民國叢書》第三編第三十九冊（上海：上海書店），253頁。

〔67〕鄧穎超：〈五四運動的回憶〉，《五四運動回憶錄》上冊（中國社會科學出版社，1979年），72頁。

〔68〕王貞儒：〈五四運動中三個劇烈的鬥爭〉，《五四運動回憶錄》下冊，上揭，613頁。

〔69〕陳素：〈五四與婦女解放運動〉，《五四運動回憶錄》下冊，上揭，1020頁。

〔70〕胡懷琛：〈女子當廢除裝飾〉《婦女雜誌》〔上海〕第六卷第四號，1920年1月5日），1—7頁。

〔71〕胡懷琛：〈女子當廢除裝飾〉《婦女雜誌》〔上海〕第六卷第四號，1920年1月5日），1—7頁。

〔72〕胡懷琛：〈女子當廢除裝飾〉《婦女雜誌》〔上海〕第六卷第四號，1920年1月5日），1—7頁。

〔73〕胡懷琛：〈女子當廢除裝飾〉《婦女雜誌》〔上海〕第六卷第四號，1920年1月5日），1—7頁。

〔74〕胡懷琛：〈女子當廢除裝飾〉《婦女雜誌》〔上海〕第六卷第四號，1920年1月5日），1—7頁。

〔75〕胡懷琛：〈女子當廢除裝飾〉《婦女雜誌》〔上海〕第六卷第四號，1920年1月5日），1—7頁。

〔76〕胡懷琛：〈女子當廢除裝飾〉《婦女雜誌》〔上海〕第六卷第四號，1920年1月5日），1—7頁。

〔77〕胡懷琛：〈女子當廢除裝飾〉《婦女雜誌》〔上海〕第六卷第四號，1920年1月5日），1—7頁。

〔78〕胡懷琛：〈女子當廢除裝飾〉《婦女雜誌》〔上海〕第六卷第四號，1920年1月5日），1—7頁。

〔79〕胡懷琛：〈女子當廢除裝飾〉《婦女雜誌》〔上海〕第六卷第四號，1920年1月5日），1—7頁。

〔80〕隋靈璧：〈五四時期濟南女師學生運動片斷〉，《五四運動回憶錄》下冊，上揭，684頁。

〔81〕 王貞儒：〈對女界愛國同志會的幾點回憶〉，《五四運動回憶錄》下冊，上揭，610頁。

〔82〕 〈國貨草帽之暢銷〉(《民國日報》〔上海〕1919年5月27日)，1張，8版。

〔83〕 瞿愛棠：〈敬告女學生教員們〉(《民國日報》〔上海〕1919年12月16日)，2張，8版。

〔84〕 瞿愛棠：〈敬告女學生教員們〉(《民國日報》〔上海〕1919年12月16日)，2張，8版。

〔85〕 力子：〈對於《新婦女冶容》的憤激〉(《民國日報》〔上海〕1920年5月7日)，4張，14版。

〔86〕 力子：〈對於《新婦女冶容》的憤激〉(《民國日報》〔上海〕1920年5月7日)，4張，14版。

〔87〕 力子：〈對於《新婦女冶容》的憤激〉(《民國日報》〔上海〕1920年5月7日)，4張，14版。

〔88〕 力子：〈對於《新婦女冶容》的憤激〉(《民國日報》〔上海〕1920年5月7日)，4張，14版。

〔89〕 鳴田：〈衣服和身體〉，上揭。

〔90〕 梁仙洲：〈婦女服飾的評論〉，上揭。

〔91〕 梁仙洲：〈婦女服飾的評論〉，上揭。

〔92〕 瀟谷：〈服裝問題〉(《民國日報》〔上海〕1920年4月12日)，4張，14版。

〔93〕 Ruth P. Rubinstein: *Dress Codes, Meanings and Messages In American Culture* (Oxford: Westview Press, 1995), P.83.

〔94〕 蕭風：《廬隱傳》(北京：北京師範大學出版社，1982年)，23頁。

〔95〕 周世釗：〈湘江的怒吼——五四前後毛主席在湖南〉，《五四運動回憶錄》上冊，上揭，436頁。

〔96〕 諶小岑：〈五四運動中產生的天津覺悟社〉，《五四運動回憶錄》下冊，上揭，587—591頁。

〔97〕 諶小岑：〈五四運動中產生的天津覺悟社〉，《五四運動回憶錄》下冊，上揭，587—591頁。

〔98〕 沈雁冰：〈男女社交公開問題管見〉(《婦女雜誌》〔上海〕第六卷第二號，1920年2月5日)，1—4頁。

〔99〕 許地山：〈女子底服飾〉(《新社會》〔北京〕第八號，1920年1月11日)，5—8頁。

〔100〕 許地山：〈女子底服飾〉(《新社會》〔北京〕第八號，1920年1月11日)，5—8頁。

〔101〕 許地山：〈女子底服飾〉(《新社會》〔北京〕第八號，1920年1月11日)，5—8頁。

〔102〕 許地山：〈女子底服飾〉(《新社會》〔北京〕第八號，1920年1月11日)，5—8頁。

〔103〕 許地山：〈女子底服飾〉(《新社會》〔北京〕第八號，1920年1月11日)，5—8頁。

〔104〕 許地山：〈女子底服飾〉(《新社會》〔北京〕第八號，1920年1月11日)，5—8頁。

〔105〕 許地山：〈女子底服飾〉(《新社會》〔北京〕第八號，1920年1月11日)，5—8頁。

〔106〕 海人閒人：〈上海罷市實錄〉，《民國叢書》第三編第六十五冊（上海：上海書局），31頁。

〔107〕 朱榮泉：〈女子着長衫的好處〉(《民國日報》〔上海〕1920年3月30日)，4張，14版。

〔108〕 曹靖華：〈男子去長衫女子去裙〉(《民國日報》〔上海〕1920年4月1日)4張，13版。

〔109〕 曹靖華：〈男子去長衫女子去裙〉(《民國日報》〔上海〕1920年4月1日)4張，13版。

〔110〕 曹靖華：〈男子去長衫女子去裙〉(《民國日報》〔上海〕1920年4月1日)4張，13版。

〔111〕 瀟谷：〈服裝問題〉，上揭。

〔112〕 瀟谷：〈服裝問題〉，上揭。

〔113〕 瀟谷：〈服裝問題〉，上揭。

〔114〕 張愛玲：《流言》，上揭，73頁。

〔115〕 樂黛雲：〈重估《學衡》——兼論現代保守主義〉，《論傳統與反傳統》（台北：聯經出版事業公司，1989年），416頁。

第四章

北伐前後的婦解與時裝

"髮在我頭上，剪在我手裡，

鼓着氣，忍着力，

爽爽快快的把他割棄！

父母罵我也不管；

朋友笑我也不管；

舊社會的冷嘲熱諷，

我也不管……

我有‘毅力’，

我有‘主張’。

不要徘徊，不要觀望，

要脫開歐美，要小視東洋；

邀合全國的姊妹們，

做一個世界上剪髮的新提倡。"〔1〕

——她倆說

01
挽髻與截髮

△嚴禁中▽

Bob now under prohibition
in Tientsin

1925年開始，婦女截髮之風大盛，正好刻畫着二十年代婦女服飾再一次大變革的開端。
中國婦女能夠把心一橫，操刀剪短頭髮，絕對是轟轟烈烈的事情。

挽髻生涯

　　中國自古以來，先哲訓示：身體髮膚，受之父母，不敢毀傷。垂教後世，奉為圭臬，
傳統男女皆束"總髮"。總髮就是不剃不剪，全部留着，再挽到頭頂上打個結，稱之為
髻，是傳統漢族的基本髮式。後來還有一種做法，不挽髻的，卻編成辮子，是蒙古族、滿
洲族的基本髮式。清朝時候，男人一定要束辮，女人則容許挽髻，古風依然。到推翻滿

清，民國政府頒佈命令，男子一律截髮剪辮，以掃除前朝的政治高壓，而女子在這方面不存在着政治問題，也就依然故我，繼續她的挽髻束辮生涯了。

傳統的婦女髮髻是有着明顯的身份象徵和社會區分，而且根據其高度可分為四類：

一、高髻——端端正正高高地紮在頭頂，古有"四起大髻"之稱，高一至三尺不一，要動用假髮才能把髻墊得特別高，髻上或鬢間綴插花鈿、釵簪、金玉花枝，裝飾華貴，表現高雅，初為皇后、妃嬪等貴族婦女髮式，名堂甚多，如鳳凰髻、凌雲髻、二把頭、大拉翅等，因插滿都是寶物，俗稱"寶髻"，後來流行於娼家，元微之（779 — 831）《李娃行》："髻鬟峨峨高一尺，門前立地看春風。"將高髻形象化過來了。

二、矮髻——或稱"低髻"，把髻挽於腦後，地位較為低卑，無需假髮支撐，可以是

民初中國婦女愛束東洋髻

一般的圓髻，例如鮑魚髻，或圍一圈鮮花的盤花髻，又可以挽成橢圓形，歪斜的墮在頸後，表現出風流浪漫，賣弄妖姿媚態，乃大家姬妾及青樓妓女最愛，以墮馬髻最為典型，正如漢樂府《陌上桑》云：「頭上倭墮髻，耳中明月珠。」

三、椎髻——因貌似椎子得名，將全部頭髮攏到頭頂或腦後挽個大鬆，用帶子拴成椎形，不設鬢飾，樸素大方，乃一般平民婦女髮式（甚至古代男人亦束之），後來亦起過一些變化，例如縈成螺狀，稱「螺髻」，或者讓後髻翹起，稱「蘇州撅」等。

四、鬟髻——髻是把全部頭髮挽在一起（所謂「一把抓」）繫住，但鬟結則有所不同，將總髮分成若干綹，每綹繞成一個環圈然後結成鬟，有一齊拴在頭頂上的，如五雲鬟，亦有挽在鬢邊或腦後，如雙圓頭，舊時的婢女愛梳左右兩邊各一個鬟的髮髻，後來，小女孩和少女都甚流行繫這種丫鬟髻了。

女子剪髮？

當推翻滿清，改朝換代，中國婦女曾出現新希望，就是把頭髮剪短，因為在革命期間，一些婦女曾加入戰鬥，表現得和男子一樣，既然革命成功男子剪辮，婦女也應截髮吧。

「各省光復後，女同胞請願北伐，娘子軍為國捐軀，有為十字會會員的，有為籌餉社社員的，有為社會黨黨員的，更有那捨身助餉的，種種事業，懷抱非凡，他們一班姊妹們，對於剪髮也是極贊成的。」[2]

畢竟，開明進步之婦女不多，亦孤掌難鳴。1913年3月間，杭州產科女醫生朱維新曾發起「女子剪髮會」，旋即引起社會非議，3月21日《民立報》載《新女界之新頭顱》，加以責難：「查民國女子服裝，雖經典禮院規定，民間尚未有人遵從，今忽發起剪髮，豈不貽畫虎之誚，且入會者係中下等社會居多，有識者咸以為非，民國初期怪象雜陳，吾願維持禮教者以整頓挽之也。」[3]

女子剪髮被視為有違禮教，再加上民國服制頒佈未幾，男女衣着混亂，如果女子也

共和頭
（CHINA JOURNAL VOL XI, NO. 3, 1929.7）

東洋髻
（《申報》1915 年 2 月 3 日廣告）

剪髮，就會"雌雄莫辨"，政府有必要搬出法律條例干預，且看 3 月 23 日《民立報》消息《安能辨我是雌雄》：

"近自杭州產科女醫朱維新等發起女子剪髮會後，上海一般無識女子亦好異爭奇，而效女子男裝之醜態，昨巡警局接省長令開內務司，案呈按照違警律第三十六條第二款，奇裝異服有礙風化者，其施行辦法，以男用女裝，女用男裝最為礙風俗。近查有剪髮女子改穿男裝，撲朔迷離，尤難辨認，關係風化，尚何忍言，合丞訓令該局長督飭崗警，注意稽查，如見有前項裝束者，立即拘究，有男服女裝者，亦應一體辦理，仰即遵照此令。"[4]

從以上兩則新聞看，女子剪髮行動，被指責為中下等社會階層無識女子"好異爭奇"，而有識女子"咸以其非"，剪髮已跨越婦女性別界限，屬女用男裝，"有礙風俗"，"關係風化"，維持禮教者有必要加以整頓。

保留髮髻

在社會壓力之下，民初婦女剪髮不成，只好保留頭上的髮髻，但大多數都放棄高髻（和那些繁重飾物），使行動方便自如，所梳的髻亦日趨簡潔，盡量減輕髮髻的重壓感。這時期的婦女髮式已打破社會階級和身份的分野，亦擺除年齡的縛束，例如

梳辮者初為少女及妓女所愛，如今中年婦人照做，
"絡髮成辮，光可鑒人，北里嬌娃，行之者十居八
九，徐娘老去，尚詡少艾。"[5]

　　初時因為衣領高抵面頰，髻式多挽在頭頂，
"近見青年婦女將後辮盡改為前髻，既去胡習，尤
且雅觀"[6]，"維新女子束髮於頂，頗近漢裝，是
亦可喜之現象也。"[7]這種"漢裝"髮髻是稱作"共
和頭"，如此得名，"乃共和國成立之際流行，挽
髮於頂，捲成兩小鬟一大鬟。"[8]

　　未幾，上海婦女引領潮流，髻式變化多端。
"上海為吾國繁榮之地，光復以後，婦女頭髻，日
新月異，予所知者，共有八式，一曰堆雲拖月、二
曰綠雲鎮鳳、三曰東南鬟影、四曰綠鬟堆雲、五曰
樣翻墮馬、六曰雙鴛戲影、七曰雲鬟倭墮、八曰舞
鳳堆鴉。"[9]

　　其時最流行的要算東洋髻和元寶頭，形式上頗
為相似，都把頭髮全部挽上頭頂。東洋髻，又稱
"日本頭"或"大和髻"，"這一髮式同日本女子穿
和服時所梳髮式大體相同，而和中國的平頭圓髻大
相逕庭"[10]，起自青樓，繼傳之社會，因似花球般
崛起前額以上，時人形容"如輕雲籠月"或"新髻
蓮花號東洋"。而元寶頭不同之處，在於腦後紮髻
凸起成元寶狀，初認為"頭梳致太妖，元寶頭似十
二三姑娘之髻，施於婦人頭上，太覺妖冶"[11]，
"又見烏雲黑髻，忽又變成元寶形狀，凸出小腦後，
何其不雅觀"[12]，時人譏之："或者夜間睡時可以
不用枕頭，將此元寶權作枕頭，倒也便利。"[13]

古時的墮馬髻
（CHINA JOURNAL VOL XI NO. 1, 1929.7）

民國簡化的墮馬髻
（袁傑英編《中國歷代服飾史》）

圓髻
（袁傑英編《中國歷代服飾史》）

雙環髻
（袁傑英編《中國歷代服飾史》）

捲簾式劉海
（袁傑英編《中國歷代服飾史》）

燕尾式劉海
（袁傑英編《中國歷代服飾史》）

一字式劉海
（袁傑英編《中國歷代服飾史》）

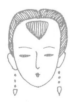

弧月式劉海
（袁傑英編《中國歷代服飾史》）

　　源自古漢代的墮馬髻，歪斜地垂在腦後，得到改良和簡化，又再捲土重來，"近日婦人所梳之髻，謂之墮馬髻，常在上海者固已司空見慣，而內地人士之偶來上海者，見之無不詫怪，且此種髻尤足污衣，於經濟上更無益也。"〔14〕

　　而簡單的圓髻開始受到年輕女子的歡迎，"雛姬年未及笄，團髮作雙環髻，或垂腦尾，或懸耳端，左右各分。"〔15〕尤其是通商口岸，工廠一開，大批婦女進入工廠工作，生活節奏加快，髮式從繁複變為簡潔，易於打理。

劉海嫵媚

　　髮髻的變化其實並無驚喜，只是減去滿頭的珠寶飾物，卻多用了絲帶、絹花、蝴蝶等，較傳統輕鬆活躍得多，正如當時的《詠滬上女界新裝束四絕》所頌："當頭新髻巧堆鴉，一掃從前珠翠奢，五色迷離飄緞蝶，真成民國自由花。"〔16〕

　　另一活潑現象，留額髮款式變化多端，令笨拙的髮髻大為生色。留額髮，別名頗多，又稱"海髮"、"齊眉穗"等，但以"劉海"俗稱最著名，因這一小撮的頭髮留在額前，頗像神話中仙童劉海的髮型。早在光緒庚子以後，婦女不分老少，皆以留額髮為尚，甚至女學堂都規定教師和女學生的髮式，額前一定剪有劉海，宣統二年二月二十九日《順天時報》載《女學堂注重海髮》："本埠各女學

堂，凡赴學女生，除一律放足外，其頭前尚須剪有
海髮（俗名齊眉穗），以重形式（尚不一律）。現
東南城隅草廠菴官立第九女學，開學伊始，所有赴
學各生，均奉有該堂教習命令，一律剪留海髮。並
聞該教習當眾宣示，如我身當教員，尚多如此，爾
輩各生，尤須一律仿效，不得稍有歧異云。"[17]

　　大都會的婦女都認為額前劉海能增添嫵媚，
"而額次鬖鬖，短鬘壓黛，初尚燕尾式，今行平
形，謂之'前留海'，鬢棗徐撥，亦自楚楚有
致"[18]。"婦人之妝束，最足翻新花樣者，莫如頭
髮，即劉海髮一種，亦有種種之不同，有尖者，有
圓者，有高者，有平者，今則一律掠起，大似雲霧
掃盡，乃見清光。"[19] 劉海的變化頗多，最早流行
"一字式"，長達二寸，剪得齊整，蓋在眉間，也
有的遮蓋兩眼。未幾發展有"垂簾式"（或"垂絲
式"），將額前髮剪成圓角，呈垂絲狀；還有"燕尾
式"，將劉海剪成兩綹，修剪出尖角，像燕子尾。
後來又風行一種極短的劉海，遠遠看去若有若無，
叫"滿天星"。

髻鬟後移

　　1918年之間，婦女衣領已大為改低，而五四
運動之後，曾一度變得無領，髮髻亦從頂上移到腦
後，流行的髻式頗多，例如：
　　一、麻花頭

麻花頭
（CHINA JOURNAL VOL XI, NO. 3, 1929.9）

圓頭
（CHINA JOURNAL VOL XI, NO.2, 1929.8）

雙圓頭
（CHINA JOURNAL VOL XI, NO.2, 1929.8）

風涼頭
（CHINA JOURNAL VOL XI, NO.2, 1929.8）

亂麻頭
（李寓一編《近二十五年來中國
南北各大都會之裝飾》）

覆額裝
（李寓一編《近二十五年來中國
南北各大都會之裝飾》）

鮑魚髻
（CHINA JOURNAL VOL XI, NO.2, 1929.8）

直愛司髻
（CHINA JOURNAL VOL XI, NO. 3, 1929.9）

橫愛司髻
（CHINA JOURNAL VOL XI, NO.3, 1929.9）

挽髮於腦後，將髻編成脆麻花形。

二、圓頭和雙圓頭

圓頭，把頭髮撥向兩邊遮過耳朵，結單髻於腦後；雙圓頭，挽雙鬢髻，每邊耳朵一個。

三、蘇州風涼頭

腦後挽簡單的鬆髻，以光滑清爽為尚。

四、亂麻髮

"將前額面之髮，用火鉗燙成細曲之形式，使於亂中見理，頗自然，但梳刷費時間。"[20]

五、覆額妝

"將前面劉海箍加長，至於眉際，使額部全為頭髮所遮，少女多喜之，取其嫵媚也。"[21]

六、鮑魚髻和盤花髻

"髮型取圓式，以象牙為簪或不用簪插，在圓圓的大髻外緣一圈鮮花包圍起來，油光烏黑的髮髻配上花環，樸實俊美，濃郁清香。"[22]

七、愛司髻（或"S"字髻）

上海婦女學習自日本，視為最時髦之髮髻，很快便流行到各大都會的婦女頭上了。愛司（"S"音譯），就是挽髮於腦後扭成"S"字形的髻，亦分直"S"和橫"S"兩種，花樣變化亦甚多。

女學生界還流行梳辮，多數梳一條辮子於腦後，有不同花式，如鬆辮子、緊辮子、光辮子等，因當時女生上學都要寄宿，早晨起牀要行動迅速，梳辮比梳髻快捷得多。影響所及，少女們都愛梳辮。而且，紮辮的辮穗非常考究，多用紅色藍色絲綢質料為之，有編成小蝴蝶和小花朵，把辮子點綴得更為生色。

提倡剪髮

五四使婦解運動進步深入，不僅工、商、學各界婦女大聯盟，連歌女，妓女也投入運動，聲勢浩大，勇氣百倍，思想界挑戰舊俗，提倡婦女剪髮，引起廣泛的討論。

最早是 1919 年 12 月 5 日，北京《晨報》論壇刊登《論婦女們應該剪頭髮》，劈頭問一句："女人比男人不自由的地方——因為女人受了頭髮的束縛，但是我們為什麼要用頭髮來束縛我們呢？"[23] 跟着指出長頭髮是現代女性的負累，"因為長頭髮洗時頂麻煩，洗了還要等它乾，乾了，還要梳，不但洗頭費我們的時間太多，就是梳頭也費我們不少的時間"[24]，而男人剪短頭髮，快捷了當，令婦女相比之下大為吃虧。現在，男女平權，剪髮不應是男人特有的權柄，"古時候的人男女都有長頭髮的，後來男人覺得長頭髮於他們很不便，所以他們都把他們的頭髮剪短了，當時的女人沒有覺得長頭髮的不便，因為她們那時候的境況同男人大有分別，所以沒有改良，但是現在女人的地位是同男人一樣的，

□剪髮禁令與女學生

女子剪髮，形式上大別有二：一為低頸及剪之最新式往後梳法，往往并於耳，宜夏天，宜公筆。一則與西洋男子最時髦之流，多為最時髦之流，往往梳

△嚴禁中▽

Bob now under prohibition in Tientsin

贋假髮於腦後，或加帽垂辮，以為掩飾，用假髮之偽，如南開女中校所見女學生，蓋不復有剪髮之形跡矣。

女學生居多，不以其早恐以為，因其早恐利，本省當局也禁近。今均禁界令。以外，就學者在以，女學生居多，雄真辮樣朱，衣底尖頭路朝為獎，賦望衣鞋，穿束然而使平胸而襲真雄樣，辮樣迷獎鞋，復。髮大髮，宜於夏天，而御長長袍，公

▲新式女子之新式短髮▽

A new bobbed-hair.

□天津女明星剪髮熱

上海女明星剪髮者，已有黎明暉、宜景琳、嚴月閑、顧寶蓮、陸麗明、王漢倫等八星，雖不及春申江上之多，而剪髮者亦已有其五天津，即津女主亦有張新人姓名（按此星係新人中美者，故該星明，未見新入姓距，以黃春梅之對髮亦最晚，今美麗，高麗影，黃春梅等。五星之中，以李麗麗（俗即蘇，約可見其一種特殊之樣，維嬈如，剪，此可稱為藝術之樓誌，恰纏如，剪。

飲，上海女明星剪髮者，已有黎明暉、嚴月閑等，而今尚崇于長于不辮影之界中于妓一女以便利，亦方則也非禁于長于未久二旬影勃勃，大而髮禁特熱于不辮中之明星，一種方法亦過止剪令使剪，未始非

剪髮禁令（《北洋畫報》1926.10.30）

理髮館（《北洋畫報》1928.5.9）

男人所能做的事女人沒有不能的"[25]，所以剪髮象徵女權高漲。

五四運動反日情緒澎湃，有識之婦女都力圖擺脫流行一時的東洋髻和愛司髻，於是把心一橫，引刀乘一快，剪掉長髮，例如上海"寧屬某女學堂校長某，因鑒於外交失敗，特組織一遊行演講會，冀以喚醒國民，前日出發時，詎以倉猝失檢，仍挽東洋髻，經人指摘，校長頓悟，立引刀自斷其髮，以謝眾人，眾為感動，共歎該校長之勇決不止云。"[26]由此得見，婦女剪髮，也象徵着與日本文化決裂。力主婦女剪髮的倡導者毛飛，在上海《民國日報》（1920 年 1 月 4 日）的評論《女子宜廢除妝飾的商榷》，大聲疾呼地說："最可厭了，是那日本的婦人，把頭髮分做許多種類的梳法，有專門研究的梳頭娘，甚至開一爿商店，做梳頭的生意。真是吃了飯沒事做了！"[27]

1920 年 1 月 5 日上海《婦女雜誌》登載毛子震的《女子剪髮問題的意見》，痛陳長髮之害處：

一、蓄髮失體位的平衡而生疾病

婦女梳頭打髻，不良於睡眠，"一到睡時，後頭都旋轉，就有點不自由，而且不能平貼於枕上，沒有法子，只得頭向左右側臥，頭已側向，身也隨之，少有仰臥的機會，以調節其偏勞，久而久之，兩側或一側全膊的神經、筋肉、關節和血管等，因為壓迫的緣故，便起了各種的疾病，例如橈骨神經麻痺，上膊內轉及外轉筋麻痺和胸鎖乳頭筋麻痺等。"[28]

二、梳頭易得害病的機會

"天寒多衣，對於梳頭是很不方便的，所以當着梳頭的時候，不是脫去衣服，便是伸出兩隻膀子，因此，動作雖見輕便，風寒卻易感受，假如有流行病的時候，就不免多得一個感染的機會。"[29]

三、梳頭妨礙精神的休息

婦女每日梳頭耗時半點鐘以上，好多時"須提前起牀，從事梳粧，設或設日所任的事務，又非常勞苦，或次日又接續早起，小則因減縮睡眠時間的緣故，做事的精神，就有些減色。大則因精神不夠，身體的倦乏，得病的機會也就加多了。"[30]

四、蓄髮不便洗濯有礙衛生

"頭髮是一種藏污的地方，想來大家都知道的。因為洗濯的不便，大家便不常洗濯，

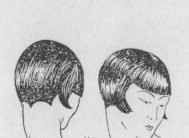

短髮樣式（《北洋畫報》1926.8.4）

截髮與頭飾

首飾業，因年來女子提倡剪髮，頭上裝飾品已不適用，解放女子，更不樂穿戴金飾。且社會經濟困難，欲以百數十金而置一首飾，殊不容易。故該行虧本者為多，獲利甚少。

（《民國十六年——廣州商業衰落不堪》，《晨報》1928.2.20）

日子多了，自己覺得頭部瘙癢，別人覺得頭有臭氣，甚至便害起了寄生性毛瘡和采爾西氏禿髮病來，這也是常見的事情。"[31]

五、蓄髮的人因為要增進美觀便發生各種的弊害

傳統認為髮多髻大為美觀，於是有些婦女胡亂地用無益的生髮膏，又或者買來不明來歷的頭髮（如死人或性病者），雜湊於自己頭上，結果感染了疾病。

"有人統計上海的頭式有三百多種，這種應有盡有的樣式，可說盡美術上的能事了。不過一面要好看，一面便要受痛苦，因為頭髮有一定的質性，而講究美觀的人，只求其美觀，什麼東西都不管……有些愛時髦的人，看見西洋女人的縐髮，居然也用火燙頭髮的法子，去效仿她們。我想她們達到自炫美觀目的的時候，便是她們方嘗痛苦的時候。"[32]

還有，為使髮髻光澤，便濫用什麼生髮膏、生髮油和潤髮水等，"髮上塗擦這些東西，更容易黏着埃塵，並且不易洗滌，倘若物品惡劣，本質已有腐敗或刺激的弊病，應用久了，豈不另害了別種的毛病嗎？"[33]

毛子震的"意見"簡直洋洋大觀，甚而危言聳聽。不過，有關婦女剪髮，亦於斯時引起廣泛的注意和討論了。

缺少動力

意見是相當分歧，反對者認為頭髮使女性保持美觀，不可剪去，又認為如果剪髮代表社會進步，那麼尼

截髮之後，髮腳修得齊整垂於腦後，時人戲言為「鴨尾巴」或「鴨屁股」。《北洋畫報》1929.3.28）

1927 年女學生大多數剪短頭髮（《圖畫時報》1927.8.28）

理髮業之今夕（《生活》週刊第三卷第十四期，1928.2.19）

姑就不再是社會蛀蟲嗎？亦有男人提倡婦女剪髮，但其妻卻反對，"請你原諒，贊成女子剪髮這句話是我說的，還沒有剪髮的是我的妻"[34]，非常無可奈何。

而主張剪髮的婦女也都身體力行，率先剪髮，但總感覺到少了一份驅使剪髮的策動力量，"我們要知這次女子剪髮，比辛亥年男子的情形不同。因為那一次是政治上的壓力，強迫剪的。然而預先也有許多革新的男子，自願剪掉它。一則惱恨辮子是滿清的特產；二則惱恨辮子是個贅疣，全世界人都沒有的。所以他們看清了利害，早爽爽快快的剪棄了。這一回女子剪髮，有三個難處：一、無政治的壓迫；二、無滿清的刺激；三、歐美的婦女沒有剪髮。"[35]

特別"歐美的婦女沒有剪髮"，要中國婦女在毫無參照的情況下開創潮流，"引起各國婦女注意及取法"，"提高中國婦女，在世界的位置及自覺的決心"[36]，簡直談何容易。

於是，有人主張剪髮應該是女子自動自覺的事情，不能強迫，男子更不應干預，"因為他們剪髮，不是男子強他們剪去的，是他們自己情願剪去的，並且剪髮是女子本身的問題，當然不是男子應管的事了。我們再看看婦女解放問題，要靠男子來解放她們，你看成功嗎？女子剪髮和大學開女禁，都是女子發動的，當時男子不過在報紙上鼓吹，做她們的一個嚮導罷了。"[37]

在這種情形之下，女子像辛亥革命期間男子一起剪髮的可能性是沒有了，再加上五四運動已經過去，舊學（包括精神道德）又在回潮的年月，婦女又要面對家庭的傳統縛束和軍閥時期的封建逆流，很多時都是身不由己的。

笑芷在《剪髮是自己的事》，強調婦女應當仁不讓，有權決定自己的身體："我知道剪髮是很多人都贊成的，為什麼不去實行？就是因為其中有種種的亂力。我們有心剪髮的同胞！你若能認定自己是一個人，本來是有權處決自己切身的事，那麼，自然就會生出一個決心來，那阻力必不能發生效力的。"[38]

楚傖在《我底婦女剪髮界說》，呼叫着："婦女剪髮底目的，不單在婦女底頭，而在婦女全體精神上。"[39]

一些開明的女校也曾發起過女生集體剪髮，例如北京的孔德學校，早在 1919 年底實行男女生同班，在 1920 年 1 月 29 日號召女學生實行剪髮："以女子欲要求社會解放必須

從個人自己解放做起，因而一切不自然的裝飾先要革除，現在世界各國男女既已剪髮，而
女子尚梳辮子網髮髻，於作事底便利上及衛生上都很有妨礙，雖然頭髮可以作女子的美
飾，不一定剪底同男子一樣，但是可以剪短了更可以發揮自然的美。"[40]

　　於是，亦有論者希望上海女學生能組織剪髮運動，帶起潮流，思安在《上海的女學
生注意》裡指出："研究女子實行剪髮，當從哪裡做起？就地方而論，不用說一定是從上
海做起。第一上海是中國最大的商埠，在上海的婦女，多而且開通；第二內地各處，無論
何事，多以上海為標準。換一句話說，就是內地的人，大半愛學上海人，上海的婦女愛裝
飾，內地的婦女也愛裝飾；若是上海的婦女剪了髮，廢止一切裝飾，到社會上去做事，內
地的婦女一定也會跟着學。所以女子剪髮，一定要上海的女子先實行。但上海的婦女之
中，又從哪一類婦女先實行呢？一定是女學生了。我們知道女學生是婦女中最有學識，最
有人格，最開通的一類。別的婦女也多尊重她們，什麼事多愛學她們（就是裝飾一端，愛
學女學生的也很多）。若是女學生多剪了髮，其餘的婦女一定多會聞風響應。"[41]

香煙廣告上的短髮女郎
（《民國畫報》1929.3.28）

理髮館廣告
（《北洋畫報》1929.7.18）

遇到阻力

　　但事情並不是想像中的容易，其時的女校普遍上是極端保守的，特別五四運動女生衝擊女校制度過後，管理層的封建勢力又再故態復萌了，都紛紛採取高壓手段對付女生剪髮。鬧得最轟動的反女生剪髮事件，發生於 1921 年 3 月的浙江女子第一師範學院，校方因為五名女學生剪髮和與不相識的男子通信談話，而開除其學籍，大受社會上的攻擊，但該校竟全無答覆與解釋。於是，有不值其所為者投函上海《民國日報》，揭露該校如何用極專制的手段對待女學生，包括：學生在校，不准隨便外出；家人到訪，要經核對身份；女生與到訪者談話，校方派人在旁聽錄，報告校長；學生書信，一律受到檢查……凡此等等，與坐監無疑，更遑論女生享有剪髮自由了。而當時像浙江女一師的專橫女校正多着哩，儘管輿論怎樣口誅筆伐，校方仍是閉門不理會。

　　到了 1920 年 10 月，社會上關於剪髮的討論畢竟沉寂下來，很多婦女依然故我，並無剪髮跡象，惠權在 10 月 12 日《民國日報》上發表《再論女子剪髮問題》，檢討婦女們為何不剪髮，大概有下面的原因：

　　一、家庭阻撓

　　"舊家庭底父母，只管養成女兒底奴隸性，不願女兒做空前的事情，對於剪髮，自然要反對。他們以為剪了髮，便成了不男不女的怪現象，又和尼姑沒有分別。一般奴隸生成的女子，以為父母之命，萬尊不可侵犯，也就不敢說什麼。"[42]

　　二、社會譏笑

　　"大都人底心理，總怕別人罵我笑我，所以不論逢到那一種事，總不敢爽爽快快去做。女子剪髮，在舊社會裡，自然要指為離奇的了"[43]，也令到那些守舊婦女不敢去做。

　　三、習慣因襲

　　"許多人以為習慣上女子都不剪髮；剪了，總有許多不方便的地方。"[44]

　　四、外人未剪

　　"許多甘願落人後的人，每拿外人做標準，以為外國女子這樣文明，頭髮也沒有剪去，所以我們更不必剪。"[45]

五、男女無別

"女子們以為剪了髮,男女便沒有分別,所以不肯剪去,以表示我們是個女子。"[46]

六、有礙衛生

保守者認為,長頭髮是保護腦筋的東西,不能剪短。

七、不美觀

"上述幾條,我想還不是女子們不肯實行底真理由;論到不美觀,或者才是他們不肯剪底真意罷。"[47]

揮刀截髮

但事情並不悲觀,因為從 1921 至 1925 年政局風起雲湧,婦女再次奮勇地投身大時代洪流。期間共產黨成立,吸納女革命志士,而國民黨亦都標榜婦女參政和從軍。 1925 年,上海學生運動在公共租界遭到帝國主義者開槍鎮壓,造成"五卅"慘案。沿海都會紛紛爆發大罷工大學運,婦女們於是再一次聯合起來,上街示威,而很多人此時斷髮,以顯示其戰鬥到底的決心。

1926 年,國共合作,誓師北伐,婦女剪髮從軍或支援後方,與軍閥作戰。"學生軍中,女子也可加入隊中,着同樣制服;革命軍中的黨政人員,女子武裝也和男子一樣;因為三民主義是主張男女地位平等的。"[48]

呼喚"女子服兵"的口號更此起彼落:

"有作為的女界呵,

快快的效班定遠的投筆從戎,

莫盡坐着呻吟痛苦吧!"[49]

謝冰瑩（1907 — 2000）在《女兵自傳》回憶服兵經歷,她在 1926 年 11 月搬進中央軍事政治學校的女生隊,而男軍長認為最緊要的事情:"你們要把臉上的胭脂粉洗得乾乾淨淨,不要留一絲痕跡在上面,頭髮一律剪短,最好是剃光像我們的一樣。"[50]

所以,有人說:"辛亥革命去了男子的辮子。 1925 到 1927 年的革命革去了女子的髻子。"[51]

當然，還有一個因素，"外人也剪"了。1925年，歐洲婦女剪髮之風大盛，髮式也愈剪愈短，"露出耳朵，露出頭型，露出頸部，短得和男人一樣"[52]，"女界斷髮之流行，以巴黎為根據地，風靡歐洲，今將及於全世界"[53]。於是，中國婦女有所參照了。

所以，曙山在《女人截髮考》指出："現代中國的女人截髮之為普遍化，縱不是受歐戰之後的'西風東漸'的影響，亦必是自民國十四年以來的北伐高潮的產物；或許還是由於這兩種潮流之相激相蕩，捲起波瀾，終於才有這麼四處氾濫的猛勢，也未可知。"[54]

短髮先流行於歐洲婦女，主要因素是第一次世界大戰（1914 — 1918），在戰爭中婦女紛紛走向社會，從事工廠生產，受訓擔任護士或替軍隊做後援，對自身修飾盡量簡單化，也就把長髮剪短，而這樣似更能發展自身的才能和個性。所以，髮式對於婦女及其社會常帶有很多啟示。在1920年代，當婦女把她們的長髮截短，這是解放的表現，但即時惹起宗教團體和社會建制的震怒。

在人的整個身體結構，頭髮是最令人注目的一部分，所以它是最獨特的語言，表達個人對外界（政治社會）的感覺與反應。"在科學並不發達的過去，人們一直深信人的精神和靈魂藏於頭髮中，頭髮也是自由和獨立的象徵，所以在執行死刑前往往要首先剃去囚犯的頭髮，以奪去他的力量，破壞他的意志和人格。"[55]不難想像中國婦女在1925年親手揮刀截髮，果真是下定決心與封建傳統割裂，由自己真正當家作主，自由獨立，孤身走命途。

"中國女子生活，很可研究。社會惡習，更以上海為最。早晨要睡到十二點鐘，起來要梳頭裝飾，要費一二小時，吃了點心，再出去逛逛，晚間到三四點鐘，遊興未退，簡直是個玩物，終日終夜，不做一點正經事。中國女子教育不興，人格未進，所以女子虛榮心最甚。"〔56〕

02
舞衣與高跟鞋

北伐前夕的上海大都會享有空前的繁榮，因為內陸的地主富戶逃避軍閥暴政和兵亂，暫時舉家移居到此，整日無所事事，惟有紙醉金迷，過着糜爛的生活。

大上海舞台

軍閥麾下暴兵走卒實在很可怕，正如當時一位來自南京的避難者描寫其目睹的事情："東也發現軍隊，西也發現軍隊，他們第一着便是拉夫，初則拉男子，繼則拉女，女子拉去分兩種用處，老者令伊燒飯，壯者便去作兵臨時的公妻。"[57]

逃難者未必全屬富戶，他們發現物價高企的上海生活不易，很快便牀頭金盡，於是那些略有姿色的婦女，為了求生，很多投身夜生活行業（如夜總會、舞廳、賭場、妓院等），穿着妖艷，亦越使人慨歎上海社會就是一個大染缸、婦女的墮落場了。

這時代的中國女性因為階級、身份、職業有別，在思想和生活上都自相矛盾，充滿分異。"中國的都會，通商之埠，如上海、北京、廣州、杭州、漢口、天津、香港、南京，有的那有知識的，有思想的新女子，自不必說，但大部分，成千成萬的，一字不識的那些小腳女子，或蟄伏在家庭中，過着那種打牌吸煙的豬圈生活的，或那貧民窟中的婦女，那被捲入於工廠中的苦工人，她們被生活的重擔所克服"〔58〕，更不懂爭取政治和社會上的地位。

甚至在女學界亦無一致的目標，因為大學開女禁，令到男女同校風氣開展，兩性交誼趨向於自由化，鄭振鐸（1898 — 1958）在《對於青年的一個忠告》指出，男女約會已成濫觴，"總之，中國現在的青年，似乎都犯着些'社交迷'。不惟男的願意找幾個女朋友，女的也願意有幾個男朋友談談。他們都以此為榮耀，時常在他（或她）的朋友面前誇耀着。"他認為過多的社交，"恐怕還要引起意外的危害，使青年日沉迷於性慾中，把社會改造的一線光明也中斷了，那真是不值得呀！"〔59〕

特別是上海的女孩子，為着男女社交公開，總愛打扮入時，裝飾美麗，在 1928 年的上海報章上便出現 "漂亮小姐" 這名詞了。蘇鳳在《漂亮小姐》的專題上，界定所謂的 "漂亮"："漂亮也者，就是十分體面，十分時髦，十分美麗，十分聰明。"〔60〕

而漂亮小姐們又視大飯店的舞池和各式跳舞會為最佳社交場合。男女跳社交舞之風乃西方傳入，盛行於 1924 年間的上海，未幾更流行於沿海的大都會。"海上舞會，於斯為盛。考諸西俗，舞固有舞台與交際（Stage Dance and Social Dance）之分……我國黎錦暉等，亦以歌舞劇風靡一時，亦蓋為舞台舞之變相，今已勢稍衰矣。獨交際之舞，始終稱盛；海上少年，殆都以不能舞為恥，故舞場之設日益增多；惟囂雜之氣，或不盡為舞侶所樂；而奢靡之習，尤足令窮措大駭詫。"〔61〕

其時舞台上的歌舞表演大行其道，最初 "惟日本魔術天勝娘劇團，及日俄之流亡者，間有少女歌舞之演出，紗籠隱約，觀者若狂。錦暉得風氣之先，乃創作：《葡萄仙子》、《可憐的秋香》、《毛毛雨》等歌譜，辭句俚鄙，音樂簡單，漚人以其演者皆中國少女，故風靡一時。"〔62〕黎錦暉（1891 — 1967），本是兒童文學作者，苦於環境壓迫，組織明月歌舞團，親撰艷曲，編排艷舞，開創 "時代曲" 和歌舞團的先河，而仿效者爭相學習，

在畸形發展中的中國歌舞影片"人間仙子"公映時頗受一般觀眾之歡迎。

讓娓娓之音，暴露女體的表演，氾濫着社會，這亦反映着上海偏安之局，人的思想沒有出路，心靈只好找尋麻醉。

風氣影響，連學校的遊藝會都要表演那些新派歌舞，"舞者身御薄蟬翼之紗衣，褲短齊膝，此等女生年齡均在十四五歲之間"[63]，都大受歡迎，亦有女校投機取巧，以舉辦遊藝晚會而大刮錢財。據當時社會觀察家的分析："觀察一般人心理，頗喜看女學生跳舞，女子跳舞固然有'美'的表現，但現在的人歡迎跳舞，便是因跳舞者為'女子'，並不注重藝術上的美不美。換一句話說：就是把女子當作點綴娛樂的一種，這是很不好的現象。"[64]女學生竟公然地淪為觀淫對象了。

不過，遊藝會和歌舞表演，總不及跳舞場熱鬧，青年男女在此結交、傾慕、定情，"凡來舞者必挾舞侶以俱，然不能禁舞侶之與他人舞，蓋亦循西俗也。舞時，樂至簡，啟語匣"[65]，男女相擁，細語綿綿，"年來跳舞場日盛一日，青年子弟，沉酣其中，不知自拔"[66]。人竟流連到深夜，也不打算回家。跳舞場，這亦是歐美傳來的風氣，由上海租界掀起舞風，吹遍十里洋場。在歐美，這些活躍於社交界的新女性，是叫做 FLAPPERS

舞會（《申報圖畫特刊》1932.1.1）

（"摩登女郎"），衣着卻又是"最時髦"（CHIC）。

情迷高跟鞋

跳舞會絕對帶起了時裝文化，艷麗的舞衣（尤其西式）和漂亮的舞鞋是必然的了，於是上海婦女的衣飾每天都在變，至於縱橫舞池上的高跟鞋更是不能缺少。

高跟鞋，1925年普遍地在女界流行開來。

不過，在民國初年，婦女都着平底鞋，只有一小撮極時髦的名媛貴婦才會着上價錢不菲的西洋高跟鞋。最初的平底鞋是圓頭和方頭的，多用布造，亦有仿西款用皮革造鞋，後來更仿照高跟鞋的尖頭細跟式樣所製平底鞋，甚受女界歡迎。鑄冰女士1927年著《婦女裝飾之變化》，指出："最流行的要算是仿高跟式的平底鞋，用軟質的花緞做面子，也

舞會（《北洋畫報》1928.9.26）

是只有一個鞋尖和後跟，中間用搭攀扣住，穿在腳上既舒服，式樣也極好看。其餘像那些圓頭搭帶式的，只有普通女學生才穿，尖口便鞋的勢力，卻大半被高跟鞋搶得所餘無幾了。"[67]

　　婦女為什麼愛着高跟鞋？

　　答案大都如此：

　　"高跟鞋的好處，就在可以使走路的時候，增添出不少的嫋嫋姿態來，因此大家都喜歡着它。"（鑴冰女士《婦女裝飾之變化》)[68]

　　"有人說，穿了高跟鞋，走起路來似乎姿態格外的娉婷婀娜！"（蘇鳳《漂亮小姐》)[69]

　　"夏令穿高跟鞋，有翩翩臨風之態，於形式上自稱美觀……"（黃轉陶《夏令婦女裝束談》)[70]

　　"他們以為着了高跟鞋，便可以'搖擺其臀'、'婀娜其身'，表示其曲線美……"（林永福《為天乳運動說到擦粉留髮着高跟鞋》)[71]

　　"鞋跟高聳，行路時有婀娜之姿態，彷彿風擺楊柳，以取男子之愛憐。"（一庵《婦女應改良的》）[72]

　　還有一個特別而有趣的理由，亦反映其時男女關係趨於開放："泰西婦女，多穿高跟皮鞋，查其用意，是婦女身軀，或者過於矮小，與男子行接吻禮時頗行不便，故用此種高跟鞋增加高度。"[73]

　　強調跳舞和接吻的美妙，在1929年上海的報章屢見不鮮，例如火雪明的《血洗少女的脂唇》："兩人兩人，緊緊緊緊，啊緊，再緊再緊，抱着女人的腰身，看着女人的眼睛，嗅着女人的粉香，吻着女人的紅唇；電一般的黏沾，風一般的輕倩……"[74]

　　再看酒時的《現代對話·接吻的次第》："第一次她被吻：她確實吃了一驚，玫瑰色的頰上，飛上了桃色的雲，心頭兀是忐忑不寧。第二次她被吻：她只發怒，發恨。第三次她被吻：她以為滋味還不錯。第四次她被吻：她昂起了頭，尖起了嘴唇，在那裡等……

Latest style of lady shoes.　◁最新西式女鞋圖▷

高跟鞋廣告（《北洋畫報》1926.12.15）

等。"[75]

似乎,高跟鞋和接吻,都象徵了婦女的性開放,這是社會衛道者所不容的。

但當時的電影女星紛紛以着高跟鞋為其風尚,而受西方(特別荷里活)電影所影響的導演們都要女演員在他們的片子裡着起高跟鞋走路,1925年不群在他的《女演員穿高跟鞋之問題》指出:"有幾位導演者說女演員之穿高跟鞋,所以表出婦人走路之姿勢,嫋娜若弱柳之腰,現於銀幕上頗美觀,如穿了中國式的平底鞋,則走路毫無姿勢,簡直是蒜苗一般;又云,女演員之表情動作,

接吻(《北洋畫報》1930.5.27)

多以曲線為美,若走路時身子挺直,已無曲線美,其根本已壞,雖於面部有極好之表情,亦不足以引起觀者之興味。"[76]

電影,在當時正是最新興的流行文化、大眾的幻夢,而上海正是電影製作的大本營——全中國的夢工場。電影裡的服裝設計,女明星穿着的新穎服飾,很容易就在上海流行,跟着就在各地流行了。

既然導演標榜高跟鞋,電影就容易把它普及化。所以,到1927年,高跟鞋在婦女界大行其道,款式也很多,正如鑴冰女士在《婦女裝飾之變化》所記:"一種是鏤花漆皮鞋,在鞋口上,鏤出各種的花紋來,可是鞋尖後跟,卻是分成兩段。一種是織錦的高跟鞋,卻只是平常的鞋面,並不鏤刻什麼花紋,在跳舞宴會場中穿得最多。一種是黑緞子或是黑絨的高跟鞋,鞋尖只有二英寸闊狹,鞋口與後跟中間,空的地方,比較的闊些,這種是腳面闊些的人穿的居多。"[77]

連帶西洋的長統絲襪也都流行。透明肉色的絲襪,着了等如沒着,好像裸露了腳腿般。為着炫耀高跟鞋和長統絲襪之美,裙子和褲子就要短起來,以暴露腿和腳,至於傳統保守的着裙子方法:裙裡面着一條長(內)褲,已經開始被廢除,這內褲也就縮為短褲了。

"上海的女人們:髮滑滑的,衣短短的,襯着那肉色的長統絲襪"[78],就算已屆冬天,北風凜烈,兩條腿還只是薄薄的絲襪,寧願受寒,忍受痛苦,大有"腿可斷,衣裳不

可不短，絲襪不可不穿"之慨。〔79〕

　　據說，上海許多漂亮小姐窮奢極侈，絲襪着了一回就丟掉，"其實污了可以洗，破了可以補；但是她們講究着光彩，又講究着勻稱；據說洗了便沒光彩，補了便不勻稱。乖乖，無怪她們買起襪來，一買就以半打一打計了！年來中國襪廠林立，據說獲利於男襪者甚少，而獲利於女襪者甚多，這大概就是受着漂亮小姐們所賜罷！然而她們暴殄天物的一種奢靡的根性，也真着實教人言之可歎呢！"〔80〕

革命的障礙

　　一切都是高跟鞋惹的"煩惱"，尖鞋頭和高後跟，走路不便，扭曲腳趾和足踝，引起痛楚，"時髦的穿高跟皮鞋還不過是西洋纏足法"〔81〕，而知識界對高跟鞋亦掀起甚多非議：

　　"誰都知道一個人的身體都應該使其得到自由的發展，決不被矯揉造作，阻礙其自然的發育，而害了身體的任何部分；現在我敢大膽說一句：着高跟鞋，實不下於擦粉和束胸的害處，我希望每一個革命的婦女都應該予以相當的注意。"〔82〕

　　"至於腳之本來用以走路，是盡人皆知的事情，然而不久以前，中國多數女人就都纏足的，穿着尖小的鞋子。行走時扶牆摸壁，走不動。如果把它當作刑罰看，大概不是很輕的刑罰吧？現在這種'惡習'是漸漸的去掉了，但是那'癮'還沒有戒除，穿西洋的高跟鞋子來代替。"〔83〕

　　"鞋跟是那麼高，全身的重量就落在足趾上。同時也因為其鞋頭是如此其尖，所以足趾就有互相排擠之虞，其結果往往弄到大趾彎了進去或甚至踏到二趾之上，而形成足部的失其常態。這非但痛苦，而且於美觀上也是很有影響的。同時也因為鞋身太小之故，血脈自不能流暢自如，加之以由脊骨處達於足部之神經大受壓迫之故，頭暈、腰痛、背痠等毛病也就跟之而發生了。"〔84〕

　　在學運澎湃的年代，高跟鞋被認為是革命的障礙，女學生和婦解界都不會穿着，因為着了難以走動，妨礙和阻誤上街示威行動。趙竹光在《高跟鞋對於婦女健康之影響》憶

絲襪流行（《攝影畫報》第二五五期，1930.9.13）

買書奉送長統絲襪廣告（《民國日報》1928.3.8）　　　　　絲襪廣告

述：就算穿着其時仿高跟鞋式樣的尖頭平底鞋上街，也都寸步難行，"我記得在民國十二至十四年之間，廣州當時流行過一種'尖嘴鞋'，尤其盛行於學界。我那時正在初中讀着書。自己為了順乎潮流之故，也一樣的穿起尖嘴鞋來。那時廣州正在革命的怒濤澎湃中，所以巡行示威等特別多。每次回來之後，我的兩腳就全然失了知覺，其過後的痛楚正不忍言。我想現今女同胞們所穿的高跟鞋，其內在的苦衷正不亞於我當日的吧。"[85]

　　不過，用鞋子去界定是否革命還是沉淪，始終有點荒謬，而高跟鞋又似乎是"另類的解放" ——跳舞場上兩性社交的解放，其"魅力"是無法擋的。作者一庵在 1925 年 10 月 7 日廣州《民國日報》發表《婦女應改良的》，亦不禁歎曰："今號稱開化婦女，亦多學穿此鞋，價值之高昂，行走之不便，有傷足踝，皆所不計，又何苦來哉。"[86] 時為北伐前夕，鬥志激勵，廣州婦女仍不忘高跟鞋，更遑論偏安的上海都會了。

高跟鞋 VS 纏足

　　尤其 1927 年北伐成功之後，普遍認為國家會從積弱中好轉過來，生活安定，太平盛世不遠矣，而女子不再服兵，解甲回家，或從革命崗位上退下，共享繁榮的時日，都在遍地舞場、百貨公司、遊樂園等反映出來。

　　怎樣做個時髦的女子？

　　廣州《民國日報》1926 年 1 月 4 日的《時髦的女子》短文，已揭示新社會新婦女形象的出現：

"（一）汽車不可不坐，能自己駕駛，風頭尤健。

（二）英語要能說幾句，鋼琴可按幾曲，宴會時得一顯身手。

（三）服飾總要新奇古怪，最好一日中更換十次。

（四）丈夫是要的，但臉須漂亮，而富有資財，且以無親屬，能任揮霍者為合格。

（五）各遊戲場戲園，不可一日不光顧。

（六）家務可由僕婦處理，子女不妨託保母院代為撫育。

（七）糖果公司、綢緞舖、大餐店等，每節賬款至少數百元，方算交易。

（八）每天午後晨興，天明就寢。"［87］

在五四和新文化運動衝擊底下，沿海大城市的婦女在短短幾年間解放得特別快，除了爭取男女平權，更爭取男女社交自由和婚姻自由，對生活質素亦有所追求，淪於物質主義更在所難免，而婦女自千多年來束縛家中牢獄似的生涯解封，樂極忘形，就如寵壞了的孩子，只知盡情享樂，"晚間到三四點，遊興未退"，甚至"每天午後晨興，天明就寢"。火雪明的《血洗少女的脂唇》道盡 1929 年上海跳舞場上醉生夢死的景況：

"白天的金星，火紅的眼睛，熱血在燈光裡煎沸，迷亂的影子，活屍的遊魂！

顏色的短裙，裹着罪惡的肉身。高跟鞋子，踏碎了故國的青春！

你看啊，亡國的葬歌，從死神的樂器中作聲。於律律，挨得底多輪，⋯⋯輪輪輪；灌醉了無

高跟鞋流行（《婦人畫報》第十七期，1934.4）

數的流氓，綁匪，富家兒的子孫，頹廢的詩人！

......

　　血洗少女的脂唇，樂奏亡國的哀音。黃金滿鍍了少女的芳心，每個的腳尖，踏碎了故國的青春！"[88]

　　服飾理論家總愛將西方的高跟鞋和中國的纏足相提並論，認為兩者皆妨礙女性足部正常生長，所產生的小腳正好滿足男人的"性崇拜"心理，"在西方，一如在中國，小腳成為女性美的濫觴，正如大腳與重靴等如陽剛的男性，尤其高跟鞋，一直與纏足是明顯地類似。"[89] 高跟鞋令女人走起路來，搖風擺柳，體態撩人，但女人的腳受損，着得久會疼痛，甚至寸步難行，處境與纏足一樣。但如作深層分析，其實是不相同的，纏足是"被動的"，婦女在年紀尚幼時已被強迫紮腳，使得骨骼畸形發展，雖後來解放小腳，惡劣情況無法好轉。高跟鞋卻是"主動的"，女人自由選擇穿上，忍受不了痛楚，可隨時放棄，改穿平底鞋子，休息後又可再穿或間歇的穿着，反映婦女能自覺和自主地把持身體美態。所以，纏足只見到封建主義的封閉性，而相反，高跟鞋卻是民主主義的開放性。

　　高跟鞋，不單止是一雙鞋子，"在健美的器械之中，高跟鞋可算是最有效的臀部健美器和擺動器，這是婦女一直所意識到的。"[90] 高跟鞋穿得久了，女體脊骨呈"S"形，胸脯挺起，小腹前傾，後面臀部特別翹起，使曲線顯得更是玲瓏浮凸。還有，高跟鞋把一雙腿襯托得更修長，身段變得高挑，讓中國婦女配上旗袍，更發揮女性的千嬌百媚，迷盡"蒼生"。

　　所以，高跟鞋在 1925 年之後在東西方婦女界盛行，可以理解為婦女已自覺地開始強調胴體美和曲線美，於是高跟鞋竟是婦女胴體解放的開端了。"高跟鞋是愛的象徵——也是侵略的象徵，它顯示着權力，暗示着統治（男性）。"[91] 婦女開始在兩性關係中採取主動。

跳舞(《北洋畫報》1928.10.23)

友良

"歷觀二十五年來，
我華政亂頻仍，內亂未已，
惟於裝飾上漸見進化，而女界
進步尤迅。我嘗聞之物理學家
有言曰，女子陰類也，性屬水，水
質極澄澈，故靈秀之氣，獨鍾於
女子。水性善變，如因輕風則成
曼妙之細浪，受狂颱即成澎湃
之巨瀾，困於熱則行雲下雨，
迫於冷則凝凍而為冰，故滬粵
蘇杭等埠，以地理上，沿海沿
江之原因，且以女權擴張之銳
氣，並寰球交通，物質文明之
導引，在美學上，女勝於男本
自然之理也。證以近數年裝飾
上之比較，而益信。"〔92〕

03
上海領導時裝潮流

1925年之後，沿海都會女性服裝變化得很快，而且無時無刻在變化着，尤其領導服裝新潮流的上海，"夏革冬裘，四季分明"，"式樣務求其新奇，顏色務求其鮮艷，真是炫奇鬥勝，不可方物"[93]。

"上海裝"

上海人最為重視衣着的價值觀念在此時已根深蒂固，例如，某先生投函報章："我的夫人造了一件大衣，把我一個月賺得的薪金去付賬還不夠！"[94]

又例如某上海父親告誡兒女不要貪求杯中物，應省下錢來造衣服：

"勸兒莫吃甕頭春，

造件衣衫穿在身；

目今世上人情薄，

只重衣衫不重人！"〔95〕

　　人情更比秋雲薄，這是資本主義社會的特質，上海人當然習染上，先敬羅衣後敬人，彷彿衣服就變成他的第二生命了。特別上海女界服裝"獨出心裁，花紋顏色，都無一定標準。那些專幹圖案工作的紋製人才，和美術畫家，都在寫字枱邊，憑空幻想，或買些東西洋的時新標本，置諸案頭，簡練揣摩，隨意襲取；所以弄得青年婦女，奇裝異服，妖艷逾常！再加進了日本人學校讀書的，就沾着和化；和西洋人接近的，就染了歐風。假使逢到紀念節假，走到南京路或北四川路去眼一觀，只見北往南來的形形色色，差不多像入了魔王宮闕一樣！"〔96〕

　　1925年，各大都會婦女界流行着"上海裝"，廣州婦女也深受其影響，凌伯元在廣州《民國日報》撰《婦女服裝之經過》，指出："十四年初，則女士多轉而穿上海裝。上海裝者，則長橢形元斜圓角衫，二分高領，曰豆角領，袖長僅至腕，褲則闊而且長，垂於腳面。其衣色均彩，如紅綠黃等色居多，甚少素色者，惟間亦有之。行時柳腰款擺，亦別具丰韻，故此風一時極盛，幾觸目皆是。"〔97〕

　　這"上海裝"的最大特色，就是上身的襖子愈變愈短，下邊的裙子卻愈變愈長，竟

婦女新裝（《良友》第八期，1926.9.5）　　　　　　　　　　婦女新裝（《良友》第四期，1926.5.15）

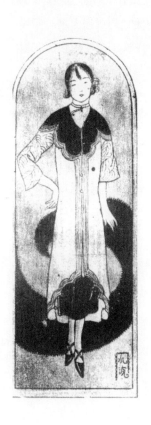

《良友》雜誌首次刊登婦女新裝設計（《良友》第三期，1926.4.15）

成一極明顯的對比。

　　襖子的衣身又窄又短，下面衣襬開小圓角，效果好壞參半，它的"長處是能緊緊的裹着身子，將身體方面的曲線，很自然的顯露；它的壞處，就是兩邊衣角只往上縮，不是將內衣露出來，便是將裙腰可以隱約看見。"[98] 小圓角式短衣，暴露了女性的腰部和臀部的曲線，更微微的暴露出裡面一角緋紅色或肉色的內衣，已被視為作風大膽，而時人亦有所責難："中國往往自豪為禮教之邦，露狎衣，禮在何處？"[99]

　　裙子卻愈變愈長，甚至長可曳地，影響所及，連"後起之秀"的褲子也變得又闊又長了，正好與 1925 年及以前的風格背道而馳——其時的裙與褲皆尚短。如今，"裙子因為上衣短小的緣故，不得不逐漸放長，和上衣比較起來，裙子佔三分之二，衣服佔三分之一，而且因為上衣緊束着的緣故，便將裙子造得寬鬆一點，雖然下襬比較的狹，可是腰腿的一部分因為走路時的擺動，可以使它鼓動起來，增添不少的美態。"[100]

　　也許，1925 年之後，跳舞之風甚盛，女孩子拖着妙曼的長裙，配着緊窄的短衣，一定很有韻味了。正如殊君所作歌謠，女學生之禮讚《白衫黑裙長統襪》：

1925

1927　　1927

1925 — 1927 年流行的上海裝（周錫保著《中國古代服飾史》）

　　"白的衫，

　　黑的裙，

　　長統襪兒——圓腳脛。

　　蓬鬆髮，

　　桃紅唇，

　　兩隻眼睛活靈靈！

　　兩隻眼睛活靈靈！

　　窄窄肩，

　　緊腰身，

　　一雙藕臂舞不停，

　　軟軟酥胸朝前挺。"〔101〕

　　這是對上海裝的禮讚，亦被認為是婦女的新潮美態，難怪在短短兩年流行遍沿海大城市了。

時裝觀念確立

　　當上衣愈變愈短，其他衣飾配搭亦愈來愈多，因為短衣"在嚴寒的冬季，就不大適當，所以現今婦女，大多加一斗篷，或是大衣，或是圍巾斗篷和大衣，穿了非但溫暖，而且樣式很美觀，但是價值很貴，所以只有圍巾最普遍"〔102〕。紅色和綠色的圍巾，都是當時婦女界所喜歡佩戴的，但也有"解放婦女的急先鋒"們，在反對用圍巾，例如愈礎在她的《婦女的圍巾》指斥："說天冷，她們頸上卻掛着一條圍巾，真是莫名其妙。冷總是從身上冷起，別的地方冷點也不要緊。所以我們就都加衣身上，偏偏她們不同，身上不加衣，圍着巾，縮頸曲背，這個樣子，何等難看呢。有人說，她們是愛美麗，學時髦，圍着頸巾，馬路上走走，出出風頭，這是真的。她們圍着的巾，不是紅綠色麼？在我看來，娼妓用之則可，若講解放的婦女以及讀書的學生，千萬別要出醜。"〔103〕

　　在二十年代後期還要談紅色綠色屬"妓女色彩"，似乎淪於迂腐，因為在這時期女性與時裝的關係已漸漸的確定，“中國女子裝飾的發源地，當然要推上海了，因為上海是個通商碼頭，最容易吸收外來的新潮流，將它融化了變成一種東方的新格局；所以上海的裝飾，幾乎時時變刻刻變，幾天便是一個新花樣。”〔104〕既然款式都可以幾天一變，區區的紅紅綠綠顏色又算得是什麼哩。

“時裝”，英文 Fashion，在當時初譯為“翻新”，“在譯音上固然不錯，而在譯意方面也很恰當”〔105〕，正顯示着無時無刻的在變化求新意，婦女對時裝的觀念也開始確立：

一、時裝表達新鮮感

肯定女性有追求美的天性，愛刷新自己的形象，正如鐫冰女士在《婦女裝飾之變化》指出：“而且裝飾這件事，處境不論貧富，容貌不論美醜，它的確是女子天賦的一種特性，伊們決不肯固步自封，只要瞧見什麼新鮮樣子，自然會風靡一時，所以我以為只要女子能夠明白自己的地位，知道自己的身份，在可能範圍以內的裝飾，當然是不可少的。”但女性對新鮮形象的接受，亦會取決於地域因素，例如，“北方的風俗質樸得多，所以北方女子裝飾，實在比上海差得太遠，別的不說，只要瞧北方社會上如今風行的巴黎緞，在上海差不多已經成功了，過去的料子，伊們還熱烈的歡迎着。”〔106〕

二、時裝表達體態美

肯定衣服不單是保溫蔽體，此外還含有體態“美”的存在，漂亮女郎除了面孔漂亮，更要姿態漂亮，穿得妖艷暴露亦非罪惡，男人欣賞漂亮女郎，是向她全身的“美”行注目禮，“白裡泛紅的粉臉粉頸，隱約墳起的一對乳峰，渾圓而膨出的大曲線美，看到緊裹在肉色長絲襪裡富有肉感的肥腿，和把腳背擠在外面的高跟皮鞋。在我們鑒賞那些曲線美、肉感美時，有時不免要聯想到旁的事情上面去。這也是男子的一種罪惡嗎？不見得吧，在現代人的眼光裡，實在男子的鑒賞女子是男女兩得其益的事。漂亮女郎之所以要裝得漂亮，正如畫家把他的傑作展覽出來，除要大家去鑒賞外，還得希望愛她們哩。”〔107〕

亦並非所有區域的女子可以充分把握服裝和體態美，例如鐫冰女士在《婦女裝飾之變化》觀察到：“北方女子所穿的衣服，好像沒有一件是配身的，雖然有了很美的身段，可是穿了衣服後，不是前面寬大，就是背面太闊，好像將一件衣服套在衣架子上一樣，使大家看了一點也起不了美感。”〔108〕

時裝畫（《良友》第二十二期，1927.12.30）

時裝畫（《良友》第十三期，1927.3.30）

三、時裝表達色彩感

肯定服裝之引人入勝，色彩繽紛相當重要，各盡其妍，似欲與春花鬥麗。例如1928年廣州的春日綺麗，弱不勝衣的閨秀們出遊，"紅紅綠綠，美人如織，大都香氣襲人，如入山陰"[109]。"上海時行的顏色，總是偏於嬌嫩的，素淨，或是艷麗而柔和的；北方時行的顏色，差不多都是些紅的、淡紅的、綠的、湖色的，以及薑黃的。"[110]

四、時裝表達男女平權

肯定男女時裝是相對的，當女子衣服越加妖艷，亦反映男子也鮮衣華飾，以示權力對稱。"須知女性的服飾愈加妖艷，就是男權愈見擴張；同樣的道理，如果男性服裝愈見華麗，那就是女權運動有了效率！中國素來女性都沒有權力，所以常給別人比做路旁垂柳，牆頭紅杏；現在女權漸漸進展，所以便有漂亮少爺、時髦青年、花花公子之類的名詞，常見於大報附張。不特徒有這種名詞，而且硬有這種景象：譬如前兩年的青年男子，

着常青嗶嘰西裝，也就傲然自得了，現在卻要揀紫色、絳色、肉紅色的花呢西服，才算時髦。"〔111〕

時裝是公平的，它提供均等機會，讓男女爭妍鬥麗，互相追求示愛，亦是地位平等的表現。

五、時裝表達創意

肯定服裝可以是個人自由創作的過程，也是"翻新"（Fashion）的精神，當時上海的女大學生爭勝鬥妍，無日不翻新，"她們除了參與都市的最新的格調而外，還往往自己獨出心裁地創造一些新的式樣。所以，她們在下了課以後，在房間裡便是整天地打量自己的衣服。沒有了事時，總是將箱子開了出來，將裡面所有的服裝統統'傾家蕩產'地拿了出來，這件披上了身上，似乎肩頭上高起一塊，而那件穿好了，不嫌身腰太大，不足以表現美，第三件呢，又覺得上面的邊過了時，於是工作便開始了。剪刀、針、線，好在都是齊備的，自己修改一下吧。"〔112〕在服裝設計師還未大行其道的年代，很多女大學生都替自己創造新裝，處處顯示其對時裝的敏銳觸覺。

六、時裝表達消費意願

肯定時裝刺激消費力，而時裝又肯定女性的經濟和社會地位，"一個人的慾望是無窮的，因為她們的爭妍鬥麗，將使社會上奢侈的程度愈高"。這些漂亮小姐，穿着華美的衣服招搖過市，實在顯示其消費能力，"在現在的社會上，本來萬事只要有錢，有了錢地位就高，所以她們在社會上的地位，居然也常常能使人羨慕，使人讚歎，她們自己也可以自傲，可以自豪。"〔113〕

為配合漂亮女郎追求時髦，時裝公司在上海大行其道，著名者如雲裳公司，由留學法國的畫家與上海交際花唐瑛和陸小曼（徐志摩的妻子）主政，就被指責"專為婦女提倡裝飾，專為婦女鼓勵奢侈的；他們以為現代中國的婦女，還不夠裝飾，還不夠窮奢極侈，所以他們想要把中國的婦女，個個引成'商女不知亡國恨，隔江猶唱後庭花'的那些東西"〔114〕。鼓勵時髦，刺激消費，大百貨公司更是推波助瀾，上海新新百貨公司在1925年底開業，轟動一時，似乎大家都忘記了幾個月前該地發生過驚世的"五卅"慘案，報章亦為此而慨歎："五卅案發源地的南京路上，新設了大規模的公司，開幕的一天，周圍大門前看熱鬧的人擁擠得水泄不通，連對門的市政廳前也是斷絕了來往的行路。經其地不能

不聯想到那五卅的一天，悲壯的盛舉。情景
雖殊，而地點擁塞則一：我不知同在這馬路
上的人也發如何之感想否？"[115]

　　1926年底，婦女開始着起旗袍來了。

　　1927年，"小圓角衣服，已經有淘汰之
勢，而長衣服卻十分盛行"[116]。上面的衣服
由短變長，有兩個步驟的變化："第一步的
變化，就是變成了窄小的方角衣，而且將兩
邊叉縫連綴起來；第二步變化就是將上衣的
下緣，緊緊的扣着身子不讓它飄動，好像替
裙子加一道箍。"[117]

　　既然衣服長了，外面就可以加一件短小
的緊身背心（馬甲）做裝飾，"一種是一字襟
的背心，一種是西式斜鈕的背心，一種緊扣
身體的新外套，一種是拖在背心後禮巾，一
字襟背心，盛行短小，西式背心，也是緊緊
的，禮巾是拖在背後，隨它飄曳，是一種宴
會裝飾。"[118]於是，曾經遺忘了好一陣子的
着在外面的馬甲又再流行。

　　衣服的領子在1928年從低又開始變
高，而高領的復興，"式樣雖然和馬鞍領不
同，可是它的束縛頸項，要比較馬鞍領束縛
頸項的程度勝過十倍，它是完全將頸項裹
住，還恐不緊，再加上一排鈕扣來保持，穿
了不但呼吸困難，走起路來，更不能稍稍轉
動。"[119]時人對高領甚多惡評："現在上海
時行的婦女的服裝，我認為頂不對的就是高

長馬甲
（《北洋畫報》1926.7.21）

短馬甲（《北洋畫報》1927.10.12）　　旗袍相當流行（《北洋畫報》1927.7.9－10.22）

領，這雖然也許是一個反動，不久會歸消滅。不過現在的樣子已經夠難看了。有人以為這好像漱口盂上放一個南瓜，說的真有點對。"[120]

帽子的美學

　　1927年，女子剪髮已大行其道，原因不外乎：其一，追上時髦；其二，省掉不少梳頭時間；其三，戴起帽子來像樣得多。

　　"剪髮的式樣，不外乎兩種：一種是簡直和男子的分頭式一樣的，可是究竟不甚美觀，除掉一小部分的學生有這種打扮之外，其餘都是採取那種彎鬢式的，鬢尖剔彎在頰邊，過了耳朵，漸漸的向上，後面也像男子似的用軋剪修好，但是也有些因為腦後頭髮太短，將它留得較長一些，剪得截齊的；還有些人，將兩邊的頭髮，用燙鉗燙鬆了，蓬蓬的分在兩邊，當不戴帽子時，用極細的絲帶，在額部縛了，預防風吹亂了頭髮，也有些人用

帽子流行（《北洋畫報》1926.10.27）

帽子廣告（《北洋畫報》1929.11.26）

燙髮式樣（《北洋畫報》1930.8.12 — 10.12）

極細的珠鑽來圍着，這便比較的奢華一些，因為沒有一個髮髻在那裡作梗，帽子戴上去很伏貼，所以在今年夏季起，女子戴帽子也盛行一時，不過式樣多半都是採用圓頂直筒狹邊式的，顏色大半是粉紫、淡黃和淡綠的幾種。"[121]

剪髮主要出於美觀心理，可以無拘無束的戴着漂亮的帽子——"帽子不僅是禦寒，而且於全身美觀方面很有關係。"[122]

帽子，除了女學生愛戴的白帽和草帽外，歐美各種款式都受到歡迎，計有：

一、絨繩結的帽

"一種是圓形收口，頂上綴上一個大絨球，這種以十三四歲以下的小女孩戴了好看，一種是直筒的圓頂式，如今剪髮的女子歡喜戴。"[123]

二、綢緞製的帽

"花式繁多，一種是摺疊邊的，旁邊綴上些像真花，不過這種帽子和花的顏色，要和身上的衣服顏色不配，實在不好看。一種是圓頂直筒式的，大半都是單色，在正面加上些緞花或是鑽飾"；"一種是闊邊式的，有時候那帽沿上還圈了些花，這種樣子，因為中國女子的下衣並不是闊而蓬鬆的，戴起來覺得不調和，並不美觀。"[124]

三、絲絨（薄呢）製的帽

"薄呢製的帽子大半都是外貨，因為外國女子對於帽子的裝飾，十分考究，所以種類也格外的多。"[125] "現今滬上最普通的，大概是用絲絨造的，能將頭髮完全遮沒，而且

在帽邊繫以各色的絲帶，所以很美觀。"〔126〕

於是，有關帽子的美學亦充分發展，而且非常講究：第一，帽子要和身上的衣服圍巾的顏色配得調和，"過暗便不美，過艷太惹眼，如果和衣飾配了不和的色彩，不生美感反而顯得奇醜"〔127〕。第二，帽子要適合面形和身形，"假使面部狹長的戴了一頂直筒式的，那麼頭部就覺得格外長了，假使面部闊胖的，要戴摺疊帽子，便活像一個畫裡的拿破崙，身體肥胖的戴一頂直筒式絨繩帽，結果彷彿是個尼姑"〔128〕。第三，帽子要符合衣服的風格，"如果穿旗袍或是長背心戴帽子，總覺得美些，要是穿了綢緞襖裙戴絨繩結的帽子，便覺得村氣萬分了。"〔129〕

更有些完美主義的服裝家，認為戴歐美的帽子，非要放棄中式服裝不可，例如朱毓仁在《冬季婦女服裝談》指出："歐美各式的帽子，現今戴的很多，不過不穿西裝戴着，終覺不大美觀。"〔130〕

舞衣之風

全西式女服觀念，亦在此時提出，特別出席跳舞場，如想大演舞藝，顯示身手不凡，西式舞衣便大派用場。而在二十年代末期，歐美社會正處 "爵士時代"（Jazz Age），女子衣裙以 "史無前例之短為時尚——有人認為，這是魔鬼的傑作"〔131〕，而且袒露肩臂，非其時一般中國女子敢為，但上海仍有豪放女子勇於引領風騷。

風氣亦傳到北京上流社交界，張恨水（1895 — 1967）1928 年的小說《天上人間》亦有記當時的舞蹈和舞衣："近代的舞蹈，第一條件，就是要露出兩隻腿，腿愈露得多，愈是時髦；第二條件，便是露着手臂與胸脯，自然也是愈露得多愈好。"〔132〕"她們都是歐化的裝束，在可能的範圍內，盡量的露出肉體來……這位董小姐，身上穿了米色薄綢的西式背心，胸前雙峰微凸，兩隻光胳臂，連兩脇都露在外面。"〔133〕

影響所及，曾在 1927 年流行的長裙，只過得一年便又要縮短了。

就露臂和短裙的問題上，1928 年 11 月 20 日上海《民國日報》發表意見："露臂和短裙所以表示手足肢體的美，我以為如果用審美的眼光去審定，足以小腿的曲線為美，到

露臂的女裝

1929 — 1930 年的短裙（周錫保著《中國古代服飾史》）

膝就沒有什麼，假如不能將大腿全露於外。所以短裙我總以為到膝下二三寸的地方為最好。這樣不至於每回坐下一定要將裙子牽扯，使之覆膝而不勝其難。在電車上你可以常常見到這樣的行為，以西洋青年女子為多，實在因為裙太短了。露臂以現在的短袖為適當，不應當仿外國婦人的無袖。"[134]

從 1925 到 1930 年，婦女服裝變個不停，而且愈變愈快，也愈趨向於艷麗，着實使人驚訝，保守界人士每每歎道："現在的世風，真是要薄到極點了；試看外面婦女們的服裝，都穿得妖形怪狀，簡直成什麼樣子啊！"[135]

其實，這五六年間經歷了兩次政治社會變動，女子處於其中，大有"人間正道是滄桑"之感。

1926 年北伐開始，烽火處處，離亂無常，人們無所適從，正如張愛玲在《更衣記》的分析："軍閥來來去去，馬蹄後飛沙走石，跟着他們自己的官員、政府、法律，跌跌絆絆趕上去的時裝，也同樣地千變萬化。短襖的下襬忽而圓，忽而尖，忽而六角形。女人的衣服往常是和珠寶一般，沒有年紀的，隨時可以變賣，然而在民國的當舖裡不復受歡迎了，因為過了時就一文不值。時裝的日新月異並不一定表現活潑的精神與新穎的思想。恰巧相反。它可以代表獃滯；由於其他活動範圍內的失敗，所有的創造力都流入衣服的區域裡去。在政治混亂期間，人們沒有能力改良他們的生活情形。他們只能夠創造他們貼身的環境——那就是衣服。我們各人住在各人的衣服裡。"〔136〕

好一句"我們各人住在各人的衣服裡"，到 1928 年北伐成功，軍閥政權從此覆滅，國民普遍地相信會有好日子過，都希望"住"得好，反映在時裝上更是美麗了。

雲想衣裳花想容

"真正的摩登女性，是應當
有摩登的思想的──不是談
戀愛講跳舞的──應有合乎
摩登文化的偉大的人格的。
假使徒以服裝的新巧妖佻人
心十為摩登的女性，那是我
們絕對要打倒的！"〔137〕

04

摩登與 "翻新" ——女裝分派

1930 年，繼 "翻新" (Fashion) 之後， "摩登" (Modern) 這觀念開始在上海的報章上討論了。

12 月 15 日《民國日報》有《摩登講座》，給上海的摩登少女下定義：

一、穿着上海時裝展覽會陳列過的最時髦款式服裝，絲襪高跟鞋更不可少，說話裡夾雜幾個英文字。

二、到大學裡拿一個 "摩登" 的學位，讓自己加上 "摩登" 的頭銜。

三、結交 "摩登" 的異性朋友，不論年齡、性情和知識，只消能供給她滿身的金銀珠寶，做她生活的 "奴隸" ，這就是一個摩登的朋友。

四、 "白天在大學的教室裡打瞌睡，黃昏時在燈紅酒綠的 Bar 裡，夜晚時在跳舞場裡，或 Carlton，Capital 的樓廳上，等到散場以後，常常由一個 '摩登' 男挾她上了汽車，狂飛到 Hotel 的門口……" [138]

摩登女郎(《良友》第二十七期,1928.6)

雖然講座帶着戲謔口吻，卻能反映上海女性的所謂"摩登"生活，亦可見走在摩登的最前線行列者，非女學生莫屬。

選美皇后

北伐成功之後，女性運動放緩，再無"五卅"慘案（1925 年）時期的鬥志高昂，亦無北伐（1926 年）女子服兵時期的壯懷激烈，只有平平淡淡的回到校園，打扮得摩登，活躍於社交場所，鬧着戀愛，再不然就大選什麼"皇后"的，把西方校園選美的玩意硬生生的搬過來了。

自大學開女禁之後，上海的男女學生社交頻仍，很多女大學生都對自己的儀容和服裝很重視，為那些什麼的"校花"、"皇后"等虛銜而沾沾自喜。"他們寧可放着正經的課本不去研究，而卻費盡九牛二虎之力來互相批評女同學們的妍媸。和'皇后'這個名稱相當的還有'校花'，不過後者沒有前者那麼富麗堂皇，也不夠滿足男同學們的色情，所以並不怎樣地通行"〔139〕。"皇后"這名稱卻相當受落，雖然含有封建臭味，更帶有侮辱女性的意識（時人評論），但每思及能使男同學拜倒裙下時，便樂極忘形了。

至於"皇后"的產生，"很多是由女同學們自己選舉出來的，有由男同學們公認的，還有僅由幾位崇拜她的人捧出來的"〔140〕。其時著名如復旦大學者，仍一樣有"復旦皇后"的選舉。

風氣所及，社會也出現選美，例如 1929 年 8 月上海有名媛競賽，由慈善家李元信發起，轟動一時。

對於這一時期窮奢極侈的婦女服裝，保守派最為唾罵，視作罪惡之源。呵梅在《對於雲裳公司的幾句話》極力批判婦女已淪為服飾奴隸，萬劫不復，他嚴辭的說："裝飾，奢侈，最引人墮落，最是擾亂社會秩序的。我常看見有許多女子，為了愛裝飾，竟至於賣淫或偷竊而不顧。也有些男子，因為供應女子的慾求，盡力掙錢，至於身敗名裂者，亦所在多見。"〔141〕"我更常常聽到有許多人說：某某女學某某女大學，它們的學生都是小老婆主義者，這是多麼蔑視我們女子人格的話呀！然而這話呀，卻也不能推翻它，因為實際

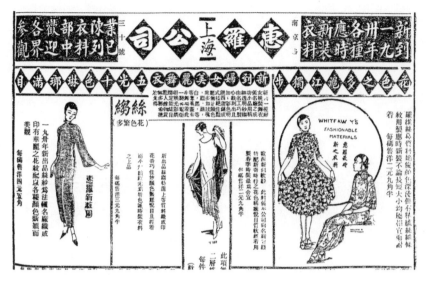

上海惠羅公司新裝廣告（《民國日報》1930.3.14）

上，知識階級的女子，甘願做妾的，實在太多了。至於她們所要做妾的原因，自然不外乎想要舒服，想要安樂。所謂舒服，便是吃大菜，坐汽車，戴珠寶，穿綢緞等；所謂安樂，便是要什麼，就有什麼，毋須憂過去愁未來而已。她們以為要做到這樣，惟有做妾，因為世間上最無擔負的只是妾。因此，我們深知道，使女子甘為人妾的原因，也就不能不說是裝飾了！"〔142〕

　　如果女學生甘願做妾，那麼她們與娼妓有何不同？娼妓（特別高級妓女）一生的最大出路，就是覓得高官鉅賈做其恩客，然後嫁入豪門作妾，所以盡努力着得花枝招展，以討恩客歡心。結果，"多數的女學生仍然是裝飾華麗的可憐，幾乎同妓女不能分別；而她們的身體上行動上一絲都和舊女子一樣，不見得較為進步活潑，更無論乎有什麼新女子的態度的表示。"〔143〕

　　這是服裝和婦女階級身份最是混淆的年代，婦女在進步（"五卅"婦運與北伐服兵）和保守（北伐成功，回歸正常社會狀況）兩種氣氛之下無所適從，大家穿衣服只求滿足愛美的本能和追尋感官刺激，把大部分金錢花在衣飾上目的是麻醉自己。

女裝分派

　　而這個時期的社會評論家正努力地為婦女服裝分派別，希望藉此替混淆的婦女社會身份階級劃清界線，例如莊梅的《廣州婦女之觀察》將婦女服裝分成四大派：

　　"一、守舊派。此派服飾，類多貧寒老稚，無論時尚如何，一仍其舊。衣則長堪及膝，褲則瘦若竹筒，飾則更似全無，雖有亦無非舊式。蓋一則限於資力，一則礙於年齡，即有一二富厚之人，不為時拘，亦不過晨星碩果而已。二、趨時派。此派全屬青年婦女，雖家世如何，概置不問，而於時髦所尚，不厭求詳。一鞋也必取西施香妃之式，一襪也務購電光波絲之裝。褲則改尚寬長，衣則專法尖腳，金光燦耀，出目牙端，香氣氤氳髮褶身際，手鐲戒指，競尚新奇，頸鏈耳環，尤須珠串，此趨時之婦女也。三、修潔派。此派服飾，只期適中，不事新奇。惟於浣瀚時，務求清潔，熨摺時尤須精審。故雖荊釵衣服，而一種光潔之氣，足令人望而欽羨，類此者非高上之婦女，即學界之女生為多，誠今日之表率者。四、妖冶派。此派服飾，專尚奇異，同一鞋也，必須色繡高跟，同一襪也，務尚印花奇色，衣則袒胸露臂。裙則長曳多姿，制已精奇，尤須通紗內襯，色經嬌艷，更要雜錦捆鑲，髮不捲鈎，不足趣集視線，香不濃郁，不能引逗鼻觀，況態已輕盈，尤須耳墜，面經膏抹，尤要嫣紅，此妖冶

△婦女裝束▽
●鴕毛大衣●

△時式大衣▽
□婦女裝束□

時裝畫（《北洋畫報》1927.1.22）

時裝畫（《良友》第三十一期，1928.10.30）

時裝畫

（《良友》第三十期，1928.9.30）

薄紗旗袍，暴露內衣。
（《攝影畫報》第二〇三期，1929.8.31）

派之大都也。"〔144〕

　　莊梅把女服分成四派，其實是將婦女行為品性界定為四大類了。作者是在讚賞着"修潔派"，認為她們是有教養的上流女士及知識分子，所以服裝適中，不事新奇，具光潔之氣。最低貶者，則推"妖冶派"，認為她們專尚奇異，袒胸露臂，竟"通紗內襯"，誘人觀看。

　　這所謂的"通紗內襯"，就是女子用很薄的紗（時人稱"玻璃紗"）造上衣，因為透明，暴露着裡面的內襯（小馬甲等），先由1929年上海"妖冶派"婦女着流行的。閨閣少女有着，"而着新式夏衣者，多用玻璃紗，質輕而薄，加無結扣，行動之際，內衣難心，隱約可見"〔145〕；妓女也愛着，"彼輩夏日所着一種輕綃，較玻璃紗尤薄尤輕，內御外洋銀紅馬甲，胸臂及乳隱然可見，不啻一幅裸體畫"〔146〕。

　　妓女妖冶，良家婦女也都妖冶，二十年代末期的婦女從精神到行為都表現得相當複雜，亦令到更多的服裝觀察家努力地給服飾分派，從而把婦女的身份、角色、地位界定，列入固定的文化範疇裡，使她們易於控制。

　　給服裝分派，各有不同觀點。

　　屈半農《近數十年來中國各大都會男女裝飾之異同》，將女裝分成四派："寫意派"、"姬妾派"、"學生派"、"妓女派"。

　　景庶鵬《近數十年來中國男女裝飾變遷大勢》，亦有女裝四派之說："閨閣派"、"學生派"、"留學派"、"妓女派"。

　　龍庵《近二十五年來之中國各派裝飾》，更將女裝列為六派："閨門派"、"閥閱派"、"寫意派"、"學

薄紗旗袍（《申報圖畫特刊》1934.8.16）

生派"、"歐化派"、"別裁派"。

　　雖然觀察分析各家各法，但論點甚多相似處，可以三家綜合，分派如下：

　　一、閨門派

　　名門之閨秀，大家之女士，以十六歲至二十歲為主，與學生派頗近，因風氣所趨，閨秀鮮有不求學者。服裝風格以幽嫻貞靜為主，少穿錦繡，多穿絲與布，以抒天然之幽麗，顏色不宜濃濁，面部化妝，少加淡抹，已足見其天真。"衣不必過長，而不至覆裸，裙亦不過長，但半膝為已足，衣上或緣以絲帶，而不必珠圍翠繞也。"[147]

　　很多時梳辮而不挽髻，辮上束彩結，有時又要顯出青春任性，"如領開方，微露胸"，"內衣多着銀紅汗衫，項間掛着金雞心珍珠串等"[148]，夏天着薄紗上衣，透視着內衣雞心。革履絲襪不可少，上街時撐五色花洋傘，眼架碧鏡。

　　二、閥閱派

　　或貴族派、姬妾派。命婦世家，中年適人者，以二十歲至三十歲為主。服裝風格趨向雍容華貴,好着艷麗之絲綢,物質必主名貴,始能反映其豐容盛態之美。"衣不宜過長,但取覆體,時尚圓角,然又不可過短,短則失大家之風範,腰身以人為定,亦取適中,袖口則主寬大,常在七八寸間,出手則半肘為已"〔149〕,比較喜歡長裙遮足,旗袍盛行之後,大為接納,更將旗袍款式推展華麗。除旗袍外,又盛行"美人氅",即斗篷(或"一口鐘"),"均係五色錦緞製成,花樣新奇,光華奪目,領以白狐出風,氅裡亦弔白狐,或其他珍貴皮革,為猞狸狐腋狐腿等,一件之值,總在百金以外也。"〔150〕

髻必光澤,劉海剪至齊眉,亦最遲才響應婦女之剪髮運動。首飾珠光寶氣,耳必有環,指必御戒,"最不可缺者為手錶,其真金而鑲寶者,非百金不辦,而又加以珍珠赤金錶帶,更屬不貲,而婦女輩亦注重腕上手錶之優劣,以為出風頭之度數,故精益求精,視其他手飾為尤勝也。"〔151〕

這些豪門婦人之中,亦有頗多出身青樓,嫁入豪門作姬妾者,更將"妓女派"之奇裝異服帶入門第,"其裝飾好珠圍翠繞,香氣逼人,髮光可鑒,嬌艷入時,衣短齊尻,褲緊包臀,出外束裙則稍蔽其真相,然都過激於時髦"〔152〕,以討達官顯宦闊人之歡心。她們給與豪門正室及其他妾侍極大衝擊,令到人人為求獲得寵愛,不惜爭妍鬥麗,窮奢極侈。

三、寫意派

富人之女為主,專尚時裝,不甚篤守禮法,"故所裝飾,亦千變萬化,開風氣之始,所謂肥瘠,圓角方角,高領短領,均所創始"〔153〕。她們只要着得服妍貌嬈,俊逸飄蕩,衣料既用名貴絲綢,亦用普通毛織,金碧參差,但求表現個人風格和做到謦笑俱工,力主衣飾新鮮,"是派服裝,非求便利於動作,惟注意於飄逸,如年來男女衣都廢沿鑲,而此派又群製沿鑲之衣,其一鞋一帽,亦常別出心裁,先人一着,故自成一種翩翩入時之風度。"〔154〕

寫意派最大特色,"不甚御裙則褲自尤注重,大都以極美之黑絲葛為之,長只逾踝,褲口甚巨,或曳文繡之帶,露其二端,以為時尚"〔155〕。面上必施脂粉,未剪髮之前,既挽髻亦梳辮,由其自擇,隨意而為。她們勇於創新,可說是時裝的先驅者了。

四、學生派

才識兼全之解放女子,年齡由十六歲至二十歲為主,服飾大都樸素,而略帶西洋化,"雅不求艷,新不隨俗,故與世界潮流有關係,有依據巴黎化、紐約化者"〔156〕,廢棄流

隨時以可洗燙不脫色不縮水，華美耐用，造新裝最適宜，此婦女新裝乃「維也勒」毛絨之特色也。

中山裝令呢絨暢銷

十六年之呢絨，貨價尚稱高昂，成交亦不弱，大多數均有供不敷求之象……同時中山裝又暢行一時，洋服店生意驟形忙碌。其選料大多為華達呢，故咏色華達呢，欣欣向榮，大有登峰造極之勢。

　　　　　（〈民國十六年——滬呢絨業尚稱平穩〉，《晨報》1928.2.17）

俗之怪裝束，反添淡雅可人之態。

西禮重社交，學生派乃新時人物，多習舞蹈音樂，而服裝最有特色之處即為領袖裙三韻，"開領之法，或方或圓，或三角形，或袒及肩"，"袖則甚大，裙且短且大，其裁料多以絲織品，用極絢爛之綢緞，或西洋式之花綢，其尤精者且以西洋跳舞紗為之。裙多黑色，衣不甚加緣，顏色以跳舞會為馳騁新裝之地，則所服亦嫣紅姹紫，各窮其艷，舞紗大都均綴珠翠為之，或淡綠，或橙黃，亦有胡帝胡天不名一色，而極華貴者均在採用之列，蓋歐化之學生，其研究服御，初不僅在衣飾，亦拜於舉止動定間，極趨西方之態度，於落落大方之際，寓楚楚風雅之深致。"〔157〕

因馳騁跳舞場上，高跟鞋便不可缺。冬日禦寒，愛披繡花大圍巾或加呢絨大衣，而飾物方面，眼鏡、手錶、戒指、髮針皆不可少，還有，"常於衣襟上夾有自來水筆，活動鉛筆各一枝，蓋為其學生特別徽號也。"〔158〕

髮式配合亦相當重要，有時雲鬢如蓬，紊而不雜，每多挽東洋"愛斯髻"，而額前劉海齊眉，至於剪髮之後更用電剪將髮燙鬈，更為時髦。學生派乃當時婦女界最矚目之服裝風格，有其高潔之神情，令其他婦女輩嚮往和學習。

五、留學派

或歐化派，多數自歐美留學歸國，年齡約在二十至三十餘歲間。此輩與學生派最大分異處：學生派尚為模仿歐化，而留學派卻純粹西式，因客居歐美，完全習染西俗。

西服較為裸露，她們稍作折衷，有所保留，"如秋冬二季，則窄袖、細腰、平領之長服"，"夏季衣服減短，內裙露與不露俱可，領開尖方，袖只遮臂，袖口起荷葉邊"〔159〕，衣料則多採外洋之綢緞及呢絨。

高跟鞋和長手套不可少，還很着重戴帽子，"近來歸國多已剪頭髮，頭上更無何種妝飾品，手飾秋冬戒指適宜……夏季手鐲等亦不可少，總之彼輩妝飾，一切以淡雅簡單為主，惟甚注重修飾手指，常以美國新發蔻丹等等修飾，使其纖纖可愛，殆亦西洋之風歟。"〔160〕

六、妓女派

以高級妓女為標準，因"談此派衣服妝飾為最難，蓋各大都會之妓女，總可分為四五等。等級不同，妝飾當然不能一律。"〔161〕

　　高級妓女因務求吸引達官貴人嫁入豪門作姬妾，所以衣飾奇艷，“秋冬衣服，均繡五色花為牡丹等，衣邊袖邊均用五色水珠滾，質料不外錦緞”，她們不好穿裙，多穿褲子，尤愛美人氅（斗篷），更為講究，“繡花金邊，層層至四五道，固然奇艷”。夏日好着輕綃，較玻璃紗尤薄尤輕，暴露內衣，胸臂及乳隱然可見，“不啻一幅裸體畫，惟褲料較厚，彷彿間只覺內御紅褲耳，然為此妝甚已以為有傷風化，時為官府認作奇妝異束捉去懲罰也。”〔162〕

　　妓女派，“俗尚奢華，故青樓姊妹，真偽鑽石咸閃爍滿頭，而邂逅之間，都半似含羞，半露淫佚，蓋此派分子，半有以假愛情為交易，所以有此含露。亦有略仿學生妝者，反覺婢學夫人，不大自然也。”〔163〕

　　民國女裝六派，每派並非各自為政，而是互為影響的，基於婦女間的社會互動關係，例如貴族的閥閱派是受妓女派影響，因害怕來自青樓的姬妾得寵，也都仿效她們裝束奇艷。而妓女派，當時匯同社會地位不高的優伶和歌女，成為社會一股極豐厚的消費力量，最肯花錢於衣着上，經常求新求變，也因為勇於招搖，無疑替時裝作活的宣傳，不讓富家名門的寫意派獨創時髦。很快地，那些青春活潑貪新厭舊的學生派便都看上，加以學習了。學生派普遍趨向西化，所以亦愛慕歐化派的西洋生活方式和服裝作風。而相反，妓女派因社會地位低微，更缺乏學問知識，嚮往於學生派的身份地位（和“知識等如權力”的價值觀念），平時也會突然着得像學生派的樸素淡雅，扮純情也。

派別界線破裂

　　將女服分派，顯然暗示着界限和控制，特別對待妓女服飾，政府當局經常借題發揮，認為“妖裝”而加以懲罰，更想盡種種辦法管制妓女派衣着，例如北京曾強迫妓女懸掛徽章。1921年5月7日上海《民國日報》有此新聞：“北京內務部因近來八埠妓女，服裝多與良家婦女相混，早有取締之意，但以無優美辦法，遂無形中止。現在該部製成一種徽章，其全體作圓形，銅質飾以琺瑯，中間用粉色，周圍分紅紫青綠白五圈，式樣頗為特別，聞不日即當交警廳轉發娼寮妓女懸掛，行見北里脂粉隊中，高懸過市，與文虎嘉禾章

新 初
裝 試
NEW STYLE
APPAREL FOR WOMEN

衣上的新點綴

新樣式的領圈

新式的斗蓬

滬江攝

腰圍的花帶

新式的衣袖

時裝照片

（《良友》第三十期，1928.9.30）

爭榮矣。"[164]

　　相信，妓女掛徽章政策沒怎樣的施行過，在當時婦女解放聲中，這樣做無疑是歧視婦女。"五四"興起的新文化運動曾籲社會正視賣淫嫖娼問題，1922年廣州、上海、北京都曾發起"解放商品化女子"、"女子人格解放"，試圖廢除公娼制度，但都不成功，其中原因，從妓女身上徵收的稅款（"花捐"）極鉅，怎能放棄。結果，娼妓人數每年都有增無減，妓女派華服仍招搖過市，爭妍鬥麗，不受管束。

　　學生派服裝亦經常為世人所監視，很多較保守的女校是嚴禁女生着肉色絲襪，認為與裸露足踝無異，亦限制奇裝異服，而校規更有"服裝務宜儉樸"一條。甚至有禁止女生剪髮的，簡直矯枉過正。但在軍閥保守勢力漸漸消失之際，女校亦有開明起來的，例如上海一些教會女校竟是時髦生活和女裝的溫牀，那些女學生"頭髮長長的，衣服短短的，高跟鞋、洋裝書，夢想着十八世紀的古騎士或貴王子會來戀愛"[165]，尤其當時的上海中西女塾，更被譽為最出風頭的女校。

　　也曾經有上海的女子中學自發地掀起"儉樸運動"，廢除脂粉，打倒華服，大聲疾呼："脂粉一日不廢除，華服一日不打倒，婦女即一日無解放的希望！"[166]時人已認為"足開婦女界空前未有的先聲"[167]，甚感快慰的了。

　　不過，上海的女大學生則日趨奢侈華麗，李裡在《大學奇聞》寫道："平時在學校裡，女生穿的衣服，非綾羅即綢緞，這一個冬天，十個女生中有九個是穿皮衣的，腳上呢自然是高跟其鞋，絲其襪，在去年女宿舍開放，任男同學參觀時，某女生房間裡，滿掛着錦繡衣裳，足有十餘件之多，十成新的高跟鞋，亦陳列着八九雙，聽說這是某生所有的；是不啻開個人的時裝展覽會。至於她們的嫩臉上，也滿塗着水粉胭脂；口唇上胭脂塗着更屬害。"[168]

　　因為大學自由開放，思想西化，男女交往頻密，就算土氣鄉村姑娘進了上海的大學，耳聞目染，很快便蛻變為時髦女郎，湄君在復旦大學的女生中做過一項調查，發現一個"定律"："復旦就像是一個熔爐，女同學們服裝的漂亮程度是和她們進校資格的深淺而變的。"[169]在1929年發表的《女同學們服裝的遞進》，湄君指出女生進入復旦之後的服裝三變：

　　第一時期，"鄉村化的標準"，初進大學的"勿勒西門"（Freshmen），穿着粗布自製的平底鞋和長及腳背的旗袍（1926 年女裝興起着長袍，跟着女校吸納為校服），土氣十足，這類同學佔百分之二十。

　　第二時期，"半都市化的樣式"，開始穿洋貨的呢絨，高跟的皮鞋上又會添加肉色絲襪，旗袍也摩登化，長度只過膝蓋，是進校半年之內進化起來的，佔百分之五十。

　　第三時期，"全都市化的裝束"，這一種女同學是校內"名人"，交際能手，衣着之美確有資格可以出席服裝展覽會。"她們服裝上的變動，是有關全校的風尚。也曾有人說她們是新裝公司的活招牌，不過她們的魔力是的確不錯，每個人的後面至少總由近十個西裝的哈巴狗跟隨着。"[170] 這類的同學是佔百分之三十。

　　1929 年，女大學生着得像交際花，着得像妓女，亦反映服裝派別的界線破裂，服裝已不能代表個人的身份，而服裝混淆正顯示着社會階級的混淆，也因為北伐成功，意味着劇烈的社會變遷開始，比以前更活躍的婦女再也不容許自己凝止於固定的空間。

女明星的時裝

　　其實這種服裝（階級）混淆的現象早已存在於一個新興的文化系統裡——電影。

　　為着令到畫面悅目，女角可人，美衣華服差不多變成必需品。1926 年中國電影開始興盛，上海成為製片大本營，女明星更是普羅女性的偶像，身穿的時髦服裝往往都在領導潮流。

　　"自從影戲新興以來，影戲演員大半都是穿的時裝，影戲是新時代的產物，當然是偏重於現社會。但是我總覺得現在的女演員，對於服裝，只知道要漂亮，卻不曾顧到衣服與戲中人的身份與人格。"淋淇在 1926 年 7 月 3 日上海《民國日報》發表《女演員服裝問題》，批評電影服裝使女性的社會身份混淆不清："最初的影戲裡，女演員為要賣弄她的風頭，幾乎每一幕都要換一身花式不同的服裝，在電影知識幼稚的時候，當然不曾會想到一個人出門之後，在路上決不會換衣服的道理。現在雖然不鬧這種笑話了，但是不顧身份的服裝，卻依舊不曾注意，我們平常在社會上觀察各種人物，一半固然是由於他們的舉止行動顯示給我們，一半也是我們就他們的服裝觀察出來的。如今那些女演員只存着一個漂

時裝畫（《新家庭》1931）

亮的心思，因此想出了那種前不覆肚，後不掩臀的短衣服。這種服裝，原是妓女們的特別妝束，因為她們非如此不足以顯出她們肉體方面的隱蔽，以勾動狎客們的心，的確含有一種強烈的刺激性。至影戲中飾大家閨秀，或是女學生的時候，她們居然也弄出這樣的服裝來，使觀眾對於劇中人，因為服裝的不合，而減少了他們的信仰心。那麼，為這麼一點兒的小事情，使影戲的效能，驟然減少，這是一件很可以引為缺憾的事。"[171]

雖然長篇大論，但講出最重要的現象，電影混淆了服裝和女性身份，使大家閨秀、女學生和妓女着得沒有分別。要知道，當時電影是一股新興的傳播媒介，影響觀眾深遠，當女明星穿的都是時裝，只知道漂亮，只為賣弄風頭，不顧劇中人的身份和性格時，無疑打破女裝派別分明的界線。當離開戲院，回到現實層面時，也會學習銀幕上女主角亂穿衣，漠視保守主義者的反時髦及反摩登的服裝言論。電影製作與現實社會是互動的——電影能影響觀眾，觀眾也影響電影，所以當現實女性普遍亂穿衣時，風氣所及，銀幕上更是奇裝異服，結果誰也控制不了。

1926 年上海《銀星》電影雜誌，抱素寫的《服裝問題》討論電影與服裝美的關係："藝術是帶有富貴性的色彩的，蓬頭垢面，滿身污臭的人們，當然談不到藝術。電影既是藝術，那富貴性的色彩，自然也很濃厚的帶着了。所以佈景方面，不妨要它豪華，服裝方面，也不妨要它美麗，不過美麗二字，須得解說一下，因為美麗不盡是在質的方面上言，式樣新巧，才是真美，幽雅淡素，也足動人，動人就是美了，然而不配上新巧的式樣，卻不能動人了。社會上一般時髦的婦女，對於服裝這一層，現在極其注意，不過缺乏創造性，雖新而不覺其美，電影女演員的服裝，也犯着同一毛病，但和普通婦女比較起來，卻進步的多了。"[172]

因為電影女星着得比較新和美，便起着帶領潮流的作用，讓婦女觀眾跟着她走。但作者抱素提醒大家，新裝之創並非易事，因為這新裝前頭存着兩條路：一條是"美"的路，一條是"怪"的路，而且一線之隔，雖在"美"的路上走着，苟使念頭差了點兒，就會跑到"怪"的路上去。當一件新裝，自己穿在身上覺得"美感"，而第二者亦覺得"美感"，這新裝就是"美"了。不然，只覺着生硬刺目，毫無"美感"可言，那就是"怪"的路。至於美與怪的基本分別，"美"是"自然"的，"怪"是"不自然"的。

抱素更認為社會人士欠新知識，抱殘守缺，分不開時裝的"美"與"怪"，老是嚷着“奇服志淫”，破壞多於建設，有再教育的必要：“‘美’與‘怪’這兩條路，雖然容易走錯，卻也分別很嚴，這分別的上頭，就是‘美’與‘不美’，和‘自然’與‘不自然’，全都是眼光和心理上的判別。但這眼光和心理，必要根據新知識的人的判別，社會上普通的人們，已經給書卷上‘奇服志淫’一句話及積習的侵略，早已失其判別的能力，（在勢，他們也不配判別新裝）不能以他們的說為正確的判別。研究着新裝的人們，也不能以這一班人的言論為去取的要素。蓋其腦筋陳舊，足以破壞，未足以提倡。況且這一班人尚待在新知識的旗幟底下，受一番洗禮，哪裡來的能力去提倡新裝？所以他們的論斷，根本已失了存在的能力，那就不必去理他，只憑着自己的努力去研究，並且將他們現有的態度，也趁勢改造起來……”〔173〕

　　所以，時裝之興，路途崎嶇，需要漫長的“再教育”歷程：既要教導社會人士放棄“奇服志淫”的守舊觀念，更要教育婦女把握時裝“美”的精神。

"在舊小說的才子佳人姻緣中，卻有不少女扮男的故事，因為女人一向是深閨中人，不能走出社會上來，故要出門幹事，必須扮男。所以女要扮男，非扮男不可的，乃是社會上不承認有女人地位時的不得已的辦法……" 〔174〕

05
男裝情意結的終止

"女尚男裝"，中國大都會婦女服裝的外一章，在邁向三十年代之際已臻完結篇。
婦女穿着男裝，在晚清已成現象，那些為革命奔跑的女活動家如秋瑾、張竹君都揚棄女
性化服飾打扮，而着起男裝。上海、天津、北京的青樓妓女和優伶，也都以服裝認同男
性為玩樂。

男裝情意結

怎樣理解這第一階段的"男裝情意結"？

當然是婦女向男人（政治權力和社會地位）看齊的意慾得到具象化，也是對男女平
等的渴求，可以用秋瑾的說話概括："我對男裝有興趣……在中國，通行着男子強女子弱

的觀念來壓迫婦女，我實在想具有男子那樣堅強意志。為此，我想首先把外形扮作男子，然後直到心靈都變成男子。"〔175〕

　　除較深層的"性別政治"因素外，也有較表層的價值觀念，其時好些婦女着起男裝，當是時裝款式的一種，這是"無傷大雅而又多姿多彩的方法，以紓緩社會和家庭生活所產生的緊張"〔176〕。其時封建體制頑強不化，社會家庭矛盾拉得很緊張，一點衣飾上的戲劇性變化，可鬆弛情緒。

　　第二階段的"男裝情意結"：男人做到的事情，女子都做得到。1919年五四運動和新文化運動造成的衝擊，男女平權呼聲激烈，女子上街與男子一起抗爭救國，婦女們已顯示她們無限的力量。而這階段，女知識界正努力地在文化和服裝上抹去男女的特徵，例如在文章上用中性的"伊"字代替女性的"她"字，又曾經嘗試改穿寬闊的長袍——最佳中性服裝，無分男女。

大學女生的男西裝照（《圖畫時報》1930.5.22）

男子參軍，女子也做得到。

當 1921 年醞釀北伐，曾有女子改扮男裝參軍，“廣東福軍開拔到韶集中，準備出師北伐，故一般鐵血男兒，頗多到營投效，為國從戎者。前數日有湖南人陳某，攜同其妻崔氏，改扮男裝，投入袁德墀部下，充當步兵。”〔177〕

到 1926 年國共合作，誓師北伐，女子軍隊成立，婦女紛紛剪髮束胸參軍戰鬥，“女子做得到”的婦解運動亦推向高峰了。

二十年代中期的北京婦女已頗流行着長袍了，在過去，北京的滿族婦女穿男裝之風甚長，聞名一時的蕭親王善耆的大格格保書航，常越閨範，女着男裝出現在公共場合。也許如今重着長袍，又是對已消失的滿族旗袍的回憶吧。總之，“從前的女子都梳髻，纏足，短裝，與男子的服飾完全不同，我們一看便可斷他是男女。現在的女子剪髮了，足也放了，連衣服也多穿長袍了。我們乍一見時，辨不出他是男是女……將來的男女裝束必不免有同化之一日。”〔178〕

但北方的軍閥並不容許“男女裝束有同化之日”，在 1926 年 12 月，頒令禁止女子剪髮，“據接近官方者云：直省禁止女子剪髮，係因查知黨軍偵探，利用短髮，男扮女裝，女扮男裝，混跡人叢中，以肆行其宣傳或偵探手段，撲朔迷離，令人無從捉摸。”〔179〕原來，女扮男裝，性別混淆，能變成軍事戰略，真厲害。

其時軍閥會施酷刑處置那些剪短頭髮的女子，1927 年魯迅（1881 — 1936）在《憂〈天乳〉》一文裡寫軍閥攻佔一處地方，“遇到剪髮女子，即慢慢拔去頭髮，還割去兩乳……這一種刑罰，可以證明男子短髮，已為全國所公認。只是女子不准學，去其兩乳，即所以使其更像男子而警其妄學男子也。”〔180〕

這簡直是女扮男裝的最血腥代價，比死還要痛苦，而“男裝情意結”到此階段亦最為悲壯的了。

人生的化裝舞會

第三階段的“男裝情意結”：人生的化裝舞會。1928 年北伐成功之後，廣州掀起“天乳運動”，大都會婦女開始解放束胸，破天荒地強調女體的曲線美，社會氣氛安定，跳舞場蓬勃，男女社交頻繁，混淆性別的服裝已不合時宜，而好新裝的婦女正不停的改良那寬闊的中性的長袍，使它變成曲線優美的現代女性旗袍。

婦女的政治權力和社會地位在新的國民政府下得到相當的肯定，時髦女子把人生看成玩樂，出入化裝舞會、俱樂部等，假意真情。例如連“女界俱樂部”都有，“漢口後馬路某號外似巨大公館，內實變相總會，美其名曰女界俱樂部。入晚，則巨商偉人之姨太太莫不群集其中。麻將、撲克、鴉片均備，隨其所好，並備美少年以應堂差。”〔181〕女權主義顯然是帶給婦女快樂，“現在婦女學着男的袴子，學會吃煙，希望男子不要再表示那種歉意——將她很寂寞的放在家裡。現在婦女有權剪她的頭髮，穿男子的服裝，與男子一樣組織俱樂部，把男子當作娼妓看待，穿衣服與娼妓一樣，表示愛情與娼妓一樣。”〔182〕

這一階段的女子仍會着男裝，卻是純為玩樂的，視為浪漫刺激的經驗，例如“偶然高興，穿了一套男裝，”大鬧大學的女生宿舍，以證明“男女本沒有什麼分別，大學生的思想怎的像燒香的佛婆一般。”〔183〕

又或者男扮女裝出席除夕的化裝舞會，努力的扮演得維肖維妙，因為“人生就是一幕大劇，我們這不過是大劇中的小劇，算不得什麼。”〔184〕

而當時的雜誌也投其所好，紛紛刊登女伶和名媛的男裝照，例如天津的《北洋畫報》專載女伶的中式男裝照（以傳統男性長袍馬褂居多）：1929 年 6 月 4 日有《在滬極受歡迎之青衣花旦坤伶嚴琦蘭男裝》照，7 月 27 日有《海上名女伶吳繼蘭男裝小影》，1930 年 2 月 20 日有《名女伶鬚生楊菊芬之最近男裝造像》等。而上海的《圖畫時報》卻愛刊登女大學生和名媛的西式男裝照（穿西裝結領帶），可見，不論社會階級，女尚男裝，在其時視為流風餘韻，戲夢人生。

着男裝的川島芳子

1927 年 1 月 1 日北京《晨報》用全版的篇幅報導流亡日本前清肅親王女兒川島芳子（1906—1948），“從王女變為平民，從華人變為日人，從女子變為男子”，這川島芳子是愛情能手，經常着男裝活躍於社交場合，她撲朔迷離的性身份越使男性追求者甘心情願接受被玩弄，但在訪問中她卻裝得楚楚可憐：

> "我每當深更夜靜不能安眠的時候，獨自對鏡，悄然望着我自己的變相，不知怎的總感着一種淡淡的哀愁，不禁對女性抱着無限的感情，因為是女性，周圍都是誘惑的魔手環伺着，引起種種的糾葛，受着種種的迫害。你看，雖是蟲獸，凡屬懦弱的，不是都有一種保護色嗎？我是懦弱的女性，為保護我自身的安全，所以選取與野獸相等的男性的保護色，改變了男裝，近來從男性來的誘惑魔手，真都形消影滅了，奇怪書信的數目，也減少了，只此對男性的勝利，真感着痛快。"〔185〕

說得很動聽的一番話，但情意虛假，一如她的男性變相，而實在川島芳子的男裝"反而顯得嬌媚"，在日本時已迷倒很多少年，令他們聯想起日本著名的寶塚少女歌劇團裡扮

川島芳子男裝像

男角的演員，愈感神秘愈勾起性幻想，"儘管芳子用的是男人腔，他卻覺得是十足的女人聲音。他感到那聲音和態度中充滿了奇妙、溫馨甚至是愛情。"〔186〕

川島芳子後來在日本侵華時期搖身一變，變成頭號間諜人物，身份神秘莫測，她的"男性保護色"發揮淋漓盡致，如果把服裝看成人性戲劇，那麼川島芳子就是最成功的演員。

今之服裝理論家認為，男裝可令女人更能發揮"女性的柔弱感"，當女人着上較為寬闊的男裝，完全掩蓋女性的曲線，猶如小孩學穿大人的衣服，映得纖弱而楚楚可憐，"貌甚失落，渴望男人保護；也總有男人會懷抱着她，安慰着她"，所以，"女人穿男裝，能製造出人意表的誘惑性魔力。"〔187〕

不過，進入三十年代，這玩樂式的女尚男裝已疲態畢露，"魅力"全消，易裝在公共場合只顯得尷尬，"這兩個滿面厚塗着粉，眉兒也有描過的痕跡，嘴唇鮮紅，也像塗了胭脂，分明都是女子，卻又穿着不倫不類的男裝，簡直不敢斷定是男是女"〔188〕，大家已失去興趣。還有，1935年北京大學女子學院體育系的全女生遊藝會，其中的易裝表演，"男性裝束的服裝，就沒有一件是樣子的"〔189〕，亦反映品味的轉變。

1935年3月30日《人言週刊》，豈凡著《女變男與女扮男》，替多年來的女尚男裝劃下休止符：

"不過女人也是人，而且現社會上已漸有並不歧視女人的趨勢，故扮男一劇是可以不必演的。現在的巾幗英雄，女權論者，婦人運動家中的她們，其活動範圍，並不比男子遜色，而且有凌駕男子的趨勢，所以女人在社會上，已有了相當的地位，女人的職業範圍也逐漸擴大，則女扮男之事，此後定將無發生之餘地。"〔190〕

註釋

〔 1 〕 毛飛：《剪髮的毅力》《民國日報》〔上海〕1920 年 3 月 3 日），4 張，14 版。

〔 2 〕 嘉定二我：〈好頭顱傳奇〉《申報》〔上海〕1912 年 1 月 23 日），2 張，8 版。

〔 3 〕 〈新女界之新頭顱〉《民立報》〔上海〕1913 年 3 月 22 日），8 頁。

〔 4 〕 〈安能辨我是雌雄〉《民立報》〔上海〕1913 年 3 月 23 日），11 頁。

〔 5 〕 李家瑞：《北平風俗類徵》，上揭，247 頁。

〔 6 〕 卓成：〈東南西 北〉《民立報》〔上海〕1912 年 1 月 12 日），7 頁。

〔 7 〕 徐風嫻：〈東南西北〉《民立報》〔上海〕1912 年 1 月 10 日），7 頁。

〔 8 〕 L. C. Arlington: *Chinese Women's Coiffure* (China Journal, [Shanghai] VOL XI NO. 3, September 1929.) P. 119.

〔 9 〕 小進：〈野馬憑塵埃錄箋〉《民立報》〔上海〕1923 年 7 月 19 日），12 頁。

〔10〕 鄭永福、呂美頤：《近代中國婦女生活》，上揭，91 頁。

〔11〕 李家瑞：《北平風俗類徵》，上揭，235 頁。

〔12〕 匹志：〈納涼閒談〉《申報》〔上海〕1912 年 7 月 29 日），3 張，2 版。

〔13〕 匹志：〈納涼閒談〉《申報》〔上海〕1912 年 7 月 29 日），3 張，2 版。

〔14〕 〈上海婦女之新妝束〉，上揭，54 頁。

〔15〕 李家瑞：《北平風俗類徵》，上揭，247 頁。

〔16〕 谷夫：〈詠滬上女界新束四記〉《申報》〔上海〕1912 年 3 月 30 日），2 張，8 版。

〔17〕 〈女學堂注重海髮〉，《近代中國女權運動史料（1842 — 1911）》下冊，上揭，1219 頁。

〔18〕 李家瑞：《北平風俗類徵》，上揭，247 頁。

〔19〕 〈上海婦女之新妝束〉，上揭。

〔20〕 李寓一：〈近二十五年來中國南北各大都會之裝飾〉，上揭，11 頁。

〔21〕 李寓一：〈近二十五年來中國南北各大都會之裝飾〉，上揭，11 頁。

〔22〕 袁傑英：《中國歷代服飾史》（高等教育出版社，1994 年），275 頁。

〔23〕 黃女士：〈論婦女們應該剪頭髮〉《晨報》〔北京〕1919 年 12 月 5 日），7 版。

〔24〕 黃女士：〈論婦女們應該剪頭髮〉《晨報》〔北京〕1919 年 12 月 5 日），7 版。

〔25〕 黃女士：〈論婦女們應該剪頭髮〉《晨報》〔北京〕1919 年 12 月 5 日），7 版。

〔26〕 海上閒人：〈上海罷市實錄〉，《民國叢書》第三編第六十五冊，上揭，91 頁。

〔27〕 毛飛：《剪髮的毅力》，上揭。

〔28〕 毛子震：〈女子剪髮問題的意見〉，《婦女雜誌》〔上海〕第六卷第四號，1920 年 1 月 5 日），6 — 9 頁。

〔29〕 毛子震：〈女子剪髮問題的意見〉，《婦女雜誌》〔上海〕第六卷第四號，1920 年 1 月 5 日），6 — 9 頁。

〔30〕 毛子震：〈女子剪髮問題的意見〉，《婦女雜誌》〔上海〕第六卷第四號，1920 年 1 月 5 日），6 — 9 頁。

〔31〕 毛子震：〈女子剪髮問題的意見〉，《婦女雜誌》〔上海〕第六卷第四號，1920 年 1 月 5 日），6 — 9 頁。

〔32〕 毛子震：〈女子剪髮問題的意見〉，《婦女雜誌》〔上海〕第六卷第四號，1920 年 1 月 5 日），6 — 9 頁。

〔33〕 毛子震：〈女子剪髮問題的意見〉，《婦女雜誌》〔上海〕第六卷第四號，1920 年 1 月 5 日），6 — 9 頁。

〔34〕 吳存厚：〈關於《妻已否剪髮》的答覆〉《民國日報》1920 年 3 月 17 日），4 張，14 版。

〔35〕 毛飛：〈再論女子剪髮問題〉《民國日報》〔上海〕1920 年 3 月 30 日），4 張，13 版。

〔36〕 毛飛：〈再論女子剪髮問題〉《民國日報》〔上海〕1920 年 3 月 30 日），4 張，13 版。

〔37〕 〈剪髮全任女子自動的主張〉《民國日報》〔上海〕1920 年 7 月 14 日），4 張，4 版。

〔38〕 笑芷：〈剪髮是自己的事〉《民國日報》〔上海〕1920 年 4 月 16 日），4 張，14 版。

〔39〕 楚傖：〈我底婦女剪髮界說〉《民國日報》〔上海〕1920 年 3 月 13 日），4 張，14 版。

〔40〕〈女學生實行剪髮〉《晨報》〔北京〕1920 年 1 月 31 日），6 版。

〔41〕思安：〈上海的女學生注意〉《民國日報》〔上海〕1920 年 3 月 31 日），4 張，13 版。

〔42〕惠權：〈再論女子剪髮問題〉，《民國日報》〔上海〕1920 年 10 月 12 日），4 張，1—2 版。

〔43〕惠權：〈再論女子剪髮問題〉，《民國日報》〔上海〕1920 年 10 月 12 日），4 張，1—2 版。

〔44〕惠權：〈再論女子剪髮問題〉，《民國日報》〔上海〕1920 年 10 月 12 日），4 張，1—2 版。

〔45〕惠權：〈再論女子剪髮問題〉，《民國日報》〔上海〕1920 年 10 月 12 日），4 張，1—2 版。

〔46〕惠權：〈再論女子剪髮問題〉，《民國日報》〔上海〕1920 年 10 月 12 日），4 張，1—2 版。

〔47〕惠權：〈再論女子剪髮問題〉，《民國日報》〔上海〕1920 年 10 月 12 日），4 張，1—2 版。

〔48〕春雲：〈從男性的愛美說到女性的權力〉《民國日報》〔上海〕1929 年 4 月 20 日），4 張，4 版。

〔49〕張崇真：〈女子服兵的時機〉《民國日報》〔上海〕附刊〈婦女週報〉九十七期，1926 年 3 月 31 日），6 頁。

〔50〕謝冰瑩：《女兵自傳》（四川文藝出版社，1985 年），76 頁。

〔51〕陶希聖：〈婦女不平衡的發展〉《婦女雜誌》〔上海〕第十六卷第九號，1930 年 9 月 1 日），2—3 頁。

〔52〕David Bond, *The Guinness Guide To Twentieth Century Fashion*, Ibid., P. 61.

〔53〕〈歐洲歸客談斷髮流行〉《民國日報》〔上海〕1927 年 8 月 23 日），3 張，3 版。

〔54〕曙山：〈女人截髮考〉《論語》〔上海〕第二十九期，1933 年 11 月 16 日），230—233 頁。

〔55〕李雲：《髮飾與風俗》（上海：上海文化出版社，1997），1—2 頁。

〔56〕華林：〈社會百話〉《民國日報》〔上海〕1919 年 7 月 22 日），3 張，12 版。

〔57〕〈避難者言〉《民國日報》〔上海〕1924 年 9 月 1 日），2 張，8 版。

〔58〕陳學昭：〈婦運近趣的一面觀〉《民國日報》〔上海〕1928 年 7 月 17 日），3 張，1 版。

〔59〕鄭振鐸：〈對於青年的一個忠告〉《晨報》〔北京〕1920 年 8 月 17 日），7 版。

〔60〕蘇鳳：〈漂亮小姐〉（一）《民國日報》〔上海〕1928 年 12 月 4 日），4 張，2 版。

〔61〕庵羹：〈記閶珠舞會〉《民國日報》〔上海〕1928 年 2 月 2 日），3 張，2 版。

〔62〕陳定山：《春申舊聞》（香港：世界文物出版社，1975 年），31 頁。

〔63〕樂天：〈亞東遊藝會評述〉《民國日報》〔上海〕1924 年 4 月 29 日），2 張，8 版。

〔64〕樂天：〈亞東遊藝會評述〉《民國日報》〔上海〕1924 年 4 月 29 日），2 張，8 版。

〔65〕庵羹：〈記閶珠舞會〉，上揭。

〔66〕〈跳舞場真是陷人井〉《民國日報》〔上海〕1928 年 7 月 10 日），3 張，2 版。

〔67〕鑴冰女士：〈婦女裝飾之變化〉（下）《民國日報》〔上海〕1927 年 1 月 8 日），2 張，3 版。

〔68〕鑴冰女士：〈婦女裝飾之變化〉（下）《民國日報》〔上海〕1927 年 1 月 8 日），2 張，3 版。

〔69〕蘇鳳：〈漂亮小姐〉（六）《民國日報》〔上海〕1928 年 12 月 10 日），3 張，3 版。

〔70〕黃轉陶：〈夏令婦女裝束談〉，上揭。

〔71〕林永福：〈為天乳運動說到擦粉留髮着高跟鞋〉《民國日報》〔上海〕1929 年 8 月 15 日），12 頁。

〔72〕一庵：〈婦女應改良的〉《民國日報》〔上海〕1929 年 10 月 7 日），9 頁。

〔73〕一庵：〈婦女應改良的〉《民國日報》〔上海〕1929 年 10 月 7 日），9 頁。

〔74〕火雪明：〈血洗少女的脂唇〉《民國日報》〔上海〕1929 年 7 月 10 日），3 張，4 版。

〔75〕酒時：〈現代對話〉《民國日報》〔上海〕1929 年 11 月 23 日），4 張，3 版。

〔76〕不群：〈女演員穿高跟鞋之問題〉《民國日報》〔上海〕1925 年 1 月 31 日），2 張，8 版。

〔77〕鑴冰女士：〈婦女裝飾之變化〉（下），上揭。

〔78〕笑鷥：〈高跟皮鞋血紅唇〉《民國日報》〔上海〕1929 年 7 月 13 日），4 張，3 版。

〔79〕蘇鳳：〈漂亮小姐〉（五）《民國日報》〔上海〕1928 年 12 月 8 日），4 張，3 版。

〔80〕蘇鳳：〈漂亮小姐〉（五）《民國日報》〔上海〕1928 年 12 月 8 日），4 張，3 版。

〔81〕〈肉的誘惑〉(《民國日報》〔上海〕1929 年 7 月 25 日)，4 張，3 版。

〔82〕林永福：〈為天乳運動說到擦粉留髮着高跟鞋〉，上揭。

〔83〕趙竹光：〈高跟鞋對於婦女健康之影響〉(《東方雜誌》〔上海〕第三十一卷第十九號，1934 年 10 月 1 日)，208 — 209 頁。

〔84〕克士：〈關於婦女的裝束〉(《東方雜誌》〔上海〕第三十一卷第十九號，1934 年 10 月 1 日)，205 — 207 頁。

〔85〕趙竹光：〈高跟鞋對於婦女健康之影響〉，上揭。

〔86〕一庵：〈婦女應改良的〉，上揭。

〔87〕〈時髦的女子〉(《民國日報》〔廣州〕1926 年 1 月 4 日)，9 頁。

〔88〕火雪明：〈血洗少女的脂唇〉，上揭。

〔89〕Valerie Steele: Fetish: *Fashion, Sex & Power* (New York: Oxford University Press, 1996.), P. 89.

〔90〕William A. Rossi: *The Sex Life of the Foot & Shoe* (New York: Ballantine Books, 1976.), P. 164.

〔91〕Valerie Steele: Ibid., P. 101.

〔92〕屈半農：〈近數十年來中國各大都會男女裝飾之異同〉，上揭，43 頁。

〔93〕陶百川：〈上海人的衣〉(《民國日報》〔上海〕1928 年 1 月 13 日)，3 張，3 版。

〔94〕蘇鳳：〈漂亮小姐〉(四)(《民國日報》〔上海〕1928 年 12 月 8 日)，4 張，2 版。

〔95〕陶百川：〈上海人的衣〉，上揭。

〔96〕競文女士：〈裝飾絮語〉(《民國日報》〔上海〕1928 年 12 月 27 日)，4 張，2 版。

〔97〕凌伯元：〈婦女服裝之經過〉，上揭。

〔98〕鐫冰女士：〈婦女裝飾之變化〉(下)，上揭。

〔99〕馮用：〈娓娓〉(《民國日報》〔上海〕1929 年 11 月 14 日)，4 張，3 版。

〔100〕鐫冰女士：〈婦女裝飾之變化〉(下)，上揭。

〔101〕殊君：〈白衫黑裙長絲襪〉(《民國日報》〔上海〕1929 年 7 月 12 日)，4 張，3 版。

〔102〕朱毓仁：〈冬季婦女服裝談〉(《民國日報》〔上海〕1926 年 12 月 21 日)，1 張，4 版。

〔103〕愈礎：〈婦女的圍巾〉(《民國日報》〔廣州〕1926 年 10 月 23 日)，4 頁。

〔104〕鐫冰女士：〈婦女裝飾之變化〉(上)，上揭。

〔105〕〈翻新小識〉(《民國日報》〔上海〕1929 年 11 月 7 日)，4 張，3 版。

〔106〕鐫冰女士：〈婦女裝飾之變化〉(上)(《民國日報》〔上海〕1927 年 1 月 7 日)，2 張，3 版。

〔107〕〈漂亮女郎與你何關〉(《民國日報》〔上海〕1929 年 5 月 19 日)，3 張，4 版。

〔108〕鐫冰女士：〈婦女裝飾之變化〉(上)，上揭。

〔109〕大學生：〈女子服裝中關於美觀輕便之我見〉(《民國日報》〔廣州〕1928 年 2 月 17 日)，8 頁。

〔110〕鐫冰女士：〈婦女裝飾之變化〉(上)，上揭。

〔111〕看雲：〈從男性的愛美觀到女性的權力〉(《民國日報》〔上海〕1929 年 4 月 20 日)，4 張，4 版。

〔112〕〈翻新小識〉，上揭。

〔113〕蘇鳳：〈漂亮小姐〉(八)(《民國日報》〔上海〕1928 年 12 月 12 日)，3 張，4 版。

〔114〕呵梅：〈對於雲裳公司的幾句話〉(《民國日報》〔上海〕附刊〈青年婦女〉第二期，1927 年 8 月 15 日)，1 頁。

〔115〕〈南京路上〉(《民國日報》〔上海〕附刊〈婦女週報〉第九十八期，1926 年 1 月 27 日)，7 頁。

〔116〕鐫冰女士：〈婦女裝飾之變化〉(下)，上揭。

〔117〕鐫冰女士：〈婦女裝飾之變化〉(下)，上揭。

〔118〕鐫冰女士：〈婦女裝飾之變化〉(下)，上揭。

〔119〕少金：〈近代婦女的流行病〉，上揭。

〔120〕〈婦女和服裝〉(上)(《民國日報》〔上海〕1928 年 11 月 6 日)，3 張，3 版。

〔121〕鑴冰女士：〈婦女裝飾之變化〉（上），上揭。

〔122〕朱毓仁：〈冬季婦女服裝談〉，上揭。

〔123〕鑴冰女士：〈女子冬帽〉《民國日報》〔上海〕1926 年 12 月 13 日），1 張，4 版。

〔124〕鑴冰女士：〈女子冬帽〉《民國日報》〔上海〕1926 年 12 月 13 日），1 張，4 版。

〔125〕鑴冰女士：〈女子冬帽〉《民國日報》〔上海〕1926 年 12 月 13 日），1 張，4 版。

〔126〕朱毓仁：〈冬季婦女服裝談〉，上揭。

〔127〕鑴冰女士：〈女子冬帽〉，上揭。

〔128〕鑴冰女士：〈女子冬帽〉，上揭。

〔129〕鑴冰女士：〈女子冬帽〉，上揭。

〔130〕朱毓仁：〈冬季婦女服裝談〉，上揭。

〔131〕Jacqueline Herald: *The 1920's* (London: B. T. Batsford LTD, 1991.), P. 28.

〔132〕張恨水：《天上人間》（太原：北岳文藝出版社，1993 年），238 頁。

〔133〕張恨水：《天上人間》（太原：北岳文藝出版社，1993 年），238 頁。

〔134〕〈婦女和服裝〉（上），上揭。

〔135〕朱毓仁：〈冬季婦女服裝談〉，上揭。

〔136〕張愛玲：《流言》，上揭，72 頁。

〔137〕嚙雪女士：〈用摩登眼光來批評摩登女性的服飾〉《民國日報》〔上海〕1930 年 11 月 7 日），3 張，2 版。

〔138〕〈摩登講座〉《民國日報》〔上海〕1930 年 12 月 15 日），3 張，3 版。

〔139〕梅筠：〈大學生新辭典：皇后〉《民國日報》〔上海〕1929 年 10 月 19 日），4 張，2 版。

〔140〕梅筠：〈大學生新辭典：皇后〉《民國日報》〔上海〕1929 年 10 月 19 日），4 張，2 版。

〔141〕呵梅：〈對於雲裳公司的幾句話〉，上揭。

〔142〕呵梅：〈對於雲裳公司的幾句話〉，上揭。

〔143〕〈從服裝說到婦女的生活〉（下）《民國日報》〔上海〕1929 年 2 月 13 日），4 張，4 版。

〔144〕莊梅：〈廣州婦女之觀察〉《民國日報》〔上海〕1928 年 1 月 7 日），8 頁。

〔145〕景庶鵬：〈近數十年來中國男女裝飾變遷大勢〉，上揭，33—35 頁。

〔146〕景庶鵬：〈近數十年來中國男女裝飾變遷大勢〉，上揭，33—35 頁。

〔147〕龍庵：〈近二十五年來之中國各派裝飾〉，上揭，25 頁。

〔148〕景庶鵬：〈近數十年來中國男女裝飾變遷大勢〉，上揭，33 頁。

〔149〕龍庵：〈近二十五年來之中國各派裝飾〉，上揭，26 頁。

〔150〕景庶鵬：〈近數十年來中國男女裝飾變遷大勢〉，上揭，34 頁。

〔151〕景庶鵬：〈近數十年來中國男女裝飾變遷大勢〉，上揭，34 頁。

〔152〕屈半農：〈近數十年來中國各大都會男女裝飾之異同〉，上揭，42 頁。

〔153〕龍庵：〈近二十五年來之中國各派裝飾〉，上揭，26 頁。

〔154〕屈半農：〈近數十年來中國各大都會男女裝飾之異同〉，上揭，42 頁。

〔155〕龍庵：〈近二十五年來之中國各派裝飾〉，上揭，26 頁。

〔156〕屈半農：〈近數十年來中國各大都會男女裝飾之異同〉，上揭，42 頁。

〔157〕龍庵：〈近二十五年來之中國各派裝飾〉，上揭，27 頁。

〔158〕景庶鵬：〈近數十年來中國男女裝飾變遷大勢〉，上揭，35 頁。

〔159〕景庶鵬：〈近數十年來中國男女裝飾變遷大勢〉，上揭，35 頁。

〔160〕景庶鵬：〈近數十年來中國男女裝飾變遷大勢〉，上揭，35 頁。

〔161〕景庶鵬：〈近數十年來中國男女裝飾變遷大勢〉，上揭，35 頁。

〔162〕 景庶鵬：〈近數十年來中國男女裝飾變遷大勢〉，上揭，35 頁。

〔163〕 景庶鵬：〈近數十年來中國男女裝飾變遷大勢〉，上揭，35 頁。

〔164〕 〈北京妓女將懸掛徽章〉《民國日報》〔上海〕1921 年 5 月 7 日），2 張，8 版。

〔165〕 儀鴻：〈教會女學裡的小姐們〉《民國日報》〔上海〕1929 年 2 月 9 日），4 張，3 版。

〔166〕 謝耀原：〈C 女校之儉樸運動〉《民國日報》〔上海〕1928 年 7 月 17 日），4 張，2 版。

〔167〕 謝耀原：〈C 女校之儉樸運動〉《民國日報》〔上海〕1928 年 7 月 17 日），4 張，2 版。

〔168〕 李裡：〈大學奇聞〉《民國日報》〔上海〕1929 年 2 月 6 日），2 張，4 版。

〔169〕 湄君：〈女同學們服裝的遞進〉《民國日報》〔上海〕1929 年 3 月 27 日），5 張，1 版。

〔170〕 湄君：〈女同學們服裝的遞進〉《民國日報》〔上海〕1929 年 3 月 27 日），5 張，1 版。

〔171〕 淋淇：〈女演員服裝問題〉《民國日報》〔上海〕1926 年 7 月 3 日），2 張，3 版。

〔172〕 抱素：〈服裝問題〉《銀星》〔上海〕第二期，1926 年 10 月 1 日），28 — 30 頁。

〔173〕 抱素：〈服裝問題〉《銀星》〔上海〕第二期，1926 年 10 月 1 日），28 — 30 頁。

〔174〕 豈凡：〈女變男與女扮男〉《人言週刊》〔上海〕第二卷第九期，1935 年 3 月 30 日），171 頁。

〔175〕 高大倫、范勇：《中國女性史 1851 — 1958》（四川大學出版社，1987 年），63 頁。

〔176〕 Peter Ackroyd: *Dressing Up, Transvestism and Drag: The History of an Obession* (Norwich: Thames And Hudson, 1979.), P. 34.

〔177〕 〈同命鴛鴦連袂從戎〉《民國日報》〔上海〕1921 年 12 月 8 日），2 張，8 版。

〔178〕 北方的馬二：〈男女裝束勢將同化〉《晨報》〔北京〕1925 年 4 月 14 日），10 版。

〔179〕 〈剪髮問題〉《北洋畫報》〔天津〕第四十五期，1926 年 12 月 11 日），3 頁。

〔180〕 魯迅：〈憂《天乳》〉，《而已集》（香港：中流出版社），71 頁。

〔181〕 〈漢口底女界俱樂部〉《民國日報》〔上海〕1924 年 4 月 7 日），2 張，8 版。

〔182〕 進之（譯），G. L. FERRERO：〈女權主義與婦女快樂〉《晨報副鐫》〔北京〕第四十七號，1927 年 4 月 24 日），13 頁。

〔183〕 阿枋：〈安琪兒的舞蹈〉（八）《民國日報》〔上海〕1929 年 5 月 23 日），4 張，3 版。

〔184〕 壬秋：〈除夕的化裝〉《晨報》〔北京〕1928 年 1 月 18 日），10 版。

〔185〕 〈勝朝王女之煩惱〉《晨報》〔北京〕1927 年 1 月 1 日），21 版。

〔186〕 丹東（譯），楳本舍三：《川島芳子其人》（北京：世界知識出版社，1984 年），65 頁。

〔187〕 Ruth P. Rubinstein: *Dress Codes, Meanings and Messages in American Culture*, Ibid. PP. 111-121.

〔188〕 劉雲若：〈換巢鸞鳳〉《北洋畫報》〔天津〕第一千二百十二期，1935 年 3 月 2 日）。

〔189〕 無聊：〈記女大體育系遊藝會〉《北洋畫報》〔天津〕第一千二百二十七期，1935 年 4 月 6 日），2 頁。

〔190〕 豈凡：〈女變男與女扮男〉，上揭。

第五章

裸變：婦女解放身體與服飾

！貨國用愛人國

！霜雅搽常人佳

"現在我很誠懇的向革命的婦　　　　女貢獻一句：

'今後婦女解放運動，須先　　　　　從本身

乳頭解放起。'先由己及人，使全　　　　國的婦女

都能夠恢復她的天乳的自然美，這並不是開玩笑的說話，確

是一件救己救人救種族必要的工作，我相信各位革命的婦女

同胞，一定能夠去身體力行。"[1]

01
婦解先從乳頭解放起

1927年7月7日，廣州市代理民政廳長朱家驊，於廣東省政府委員會的會議上，提出討論
《禁革婦女束胸》，經決議通過，婦女的解放胸脯運動（又稱 "天乳運動"）開展。

朱家驊（1892－1963）提議禁婦女束胸的理由："查吾國女界其摧殘身體之陋習有二，
一曰纏足，纏足之痛苦，二十年前經各界之痛陳，政府之嚴禁，業已解除，現粵省三十
歲以下之婦女，已無受此縛束者，惟間接感受之痛苦，比纏足為甚者，厥為束胸，蓋纏
足陋習，不過步履不便，其痛苦只及於足部，若束胸則於心肺部之舒展，胃部之消化，
均有妨害，輕則阻礙身體之發育，易致孱羸，重則釀成肺病之纏綿，促折壽算，此等不
良習慣，實女界終身之害，況婦女胸受縛束，影響血運呼吸，身體因而衰弱，胎兒先蒙
其影響，且乳房既被壓迫，及為母時，乳汁缺乏，又不足以供哺育，母體愈羸，遺胎愈
弱，實由束胸陋習……" [2]

醞釀變革

　　其實在朱家驊提議禁束胸之前的一陣子，社會上的開明人士，紛紛討論婦女解放胸脯的問題，醞釀着變革的風氣。

　　1926年9月，上海的《一般》雜誌，周建人（1888—1984）撰《關於性史的幾句話》，指出社會過於保守，那些維持風化的紳士反對裸體跳舞，反對模特兒裸體作畫，甚至看見裸畫都如同受到威嚇，"在這樣性的敏感的社會，於是女子束胸束得畸形，扁平的像金陵的板鴨。"[3]

　　1926年12月，有"性學博士"之稱的張競生（1888—1932）在上海出版《新文化》創刊號，鼓吹性慾開放乃社會進步之始，認為婦女平胸，引不起男人性衝動，充分反映禮教社會的醜陋，他在《裸體研究》對婦女束胸口誅筆伐："把美的奶部用內窄衣壓束到平胸才為美麗！這樣使女人變為男人，而使男人不會見奶部而衝動，雖說禮教的成功，但其結果的惡劣則不堪言說，這不但醜的，而且不衛生，女人因此不能行肺腹呼吸，而因此多罹肺癆而死亡。又壓奶者常缺奶汁餵養所生的子女，其影響於種族甚大。"[4]

　　1927年3月20日，北京《晨報副鐫》有王世霖撰《束胸》，認為"中國少女以兩乳凸出為不美觀"之觀念不易改變，應採取慢慢改良的方法："其實兩乳凸出來未必不美觀，況且何人沒有呢？不過中國人暫時辦不到，改良方法，就是：先把上衣作寬大，因衣服寬大，兩乳就不凸出，這是簡簡單單的法子。"[5]

　　1927年5月4日，天津《北洋畫報》一位"新頭腦的女士"縮香閣主，發表《婦女裝束的一個大問題——小衫制應否保存》，呼籲大家公開討論束胸問題："這個問題，我是要公開討論的，若果女同胞們——就是男子，也甚歡迎——對於這問題有何高見，不妨發揮出來，因為這是關於社會的一個大問題，不僅是婦女裝束裡的部分問題而已。"[6]。跟着，她和女友麗君圖文共茂地繪寫了《中國小衫沿革圖說》，追溯婦女胸衣的發展史，不但在當時引起重大的反響，更給後世留下對傳統中國婦女胸衣研究的重要資料。而正當廣州朱家驊的天乳運動進行得如火如荼，縮香閣主更將西方婦女"現代化"的胸衣觀念引進，刊登於《北洋畫報》，讓婦女們有所認識了。

推介西洋婦女內衣 (《北洋畫報》1927.8.20 — 11.5)

禁令的反響

　　朱家驊的禁革婦女束胸提議，經決議通過，由省政府頒佈，通行遵照，"自佈告日起，限三個月內，所有全省女子，一律禁止束胸，並通行本省各婦女機關及各縣長設法宣傳，務期依限禁絕。倘逾限仍束胸，一經查確，即處以五十元以上之罰金，如犯者年在二十歲以下，則罰其家長，庶幾互相警惕，協力鏟除，使此種不良習慣，永無存在之餘地，將來由粵省而推行全國，不特為我女界同胞之幸福，實所以副先總理民族主義之精神，以強吾種與強吾國也。"[7]

　　時為北伐開始，由國民黨和共產黨組成的廣東革命政府，就被視為中國的大救星，而廣州作為"革命策源地"、"三民主義模範"、新政治理想的開端，就要肩負移風易俗的社會改革責任。廣州發起的禁革婦女束胸，只是一個開端，希望"將來由粵省而推行全國"才是最理想的了。

　　禁令一出，震撼無比，"天乳二字的聲浪，自從朱廳長喊出來後，由省政府裡震盪到全廣州市，有報載，載天乳，有口道，道天乳，天乳二字的風頭，真是出得厲害。"[8]

　　沿海大都會的報章雜誌遙相呼應，例如上海《民國日報》1927 年 8 月 10 日的一段消息："女子剪髮，現在提倡的人很多，剪髮固然可以節省時間，可謂關係甚大；還有重要而被人忽視的，便是女子胸部的解放了。胡適之先生歐遊歸國，曾在中西女塾畢業式場上講演，竭力主張女子解放胸部，翌日《晶報》大登胡適之提倡"大奶奶主義"，記者前遇適之先生，曾詢其事，適之先生復再三解說利害，說是中國現在的女學生，將來都不配做母親，是種族上一個很大的問題。"[9]

　　而一向大言不慚、自稱"中國第一人反對壓奶最力者"的張競生，繼續在他的《新文化》雜誌鼓吹"大奶奶主義"，他在《性美》指出："奶部發達，則胸部也發展，兩粒奶頭高聳於酥胸之上，其姿勢為向前突出而與其臀部的後突成為女身的曲線形，這是女性之美處。""女陰不發達，直接使臀骨盤不寬大，而臀部遂而狹小瘦損。間接地，在上面則使奶與胸部不發展而下面使腳腿不壯健。以是足極小而腳腿無力量。行起路來，腳跟不靈便矯捷，臀部不成波紋形，胸不突前，所以我國女子行步的狀態與男子的不相差異。可說比男子行步更遲重，其遲重缺乏活潑性，等於'行屍走肉'一樣。"[10]

西婦胸衣內面構造圖　《北洋畫報》1927.10.19）
西婦胸衣外貌　《北洋畫報》1927.8.31）

天津《北洋畫報》，縮香閣主繼《中國小衫沿革圖說》之後發表《婦女裝束上的一個大問題——小衫應如何改良》，主張最理想的婦女胸衣"以能夠兜住雙乳為限，不可用以壓平，因為壓乳太不合於衛生"，"現代西婦所用抹胸的理由，不是壓乳，去損壞她們的曲線美，正是要把美烘托出來。所以我們進一步主張中國女子仿用西洋抹胸（可名為乳衣，抹胸稍欠佳）。"〔11〕

"乳衣"，後來還是稱作"胸衣"較為大方一點，縮香閣主在 10 月 19 日將西洋婦女胸衣的觀念公開，她在《胸衣構造說明》圖文展出："此為新式胸衣……（圖中）所示之兩窩，為藏乳之處，故乳受托住束住而不被壓迫。衣之中間，並有帶可以收縮放寬。衣上有兩帶，藉懸肩上。衣之後面，有扣可以扣緊。此其構造之大概也。此物有托持雙乳之利，而無壓迫胸部之弊……"〔12〕

顯然，西洋婦女現代胸衣（胸圍）觀念引進，在當時是起着重要影響，促使中國婦女擺脫小馬甲的迫壓。

1927 年 8 月 11 日上海《民國日報》呼籲響應禁革婦女束胸，其主張："現在一般女子以束胸為美觀，而今而後，非將此觀念打破不可。但是，觀念改變，談何容易，所以在目下起始的時候，應該稍有些強制的意味。第一步辦法，由黨部或行政當局，訓令各女校校長，嚴禁學生束胸，如有違犯，一經查出，初次記過，屢犯者予以較嚴重的處分；學校的風氣一變，社會自然也隨着轉移了。"[13]

但在北伐時期，軍閥頑固勢力大反撲，造成緊張局面，廣州革命政府推出任何政策都被認為敵對所為，更遑論有所追隨了。

在廣州……

在廣州，隨着解放束胸，就是對女體曲線美的強調。"自朱廳長提倡天乳運動之後，曲線美之聲浪，此唱彼和，高唱入雲。南中國為文化中樞，知識日開，文明日進，幾乎女士們都流於曲線化。"[14]

於是，新的婦女審美觀念確立：

"人體真美。以曲線豐隆，色澤光潤，體態苗條，才算是真美。然而曲線，大概可以分為面部曲線、胸部曲線、臀部曲線三大部。""胸部曲線，也要豐隆突起才是美觀，故西洋婦女多束腰裝乳，務求胸曲線之豐隆。"[15]

"要腰細而臀大，乳要能充分發育。所以要腰細臀大者，因為惟腰細臀大，才有曲線美，才有苗條體態。乳部所以要充分發育者，因為兩乳能充分發育，胸部才豐隆可愛。"[16]

也因為重視曲線美，女性服裝的裁製方法亦有所變更。絳雪在《量胸高》一文中，憶述她在裁縫店所見所聞：

"前天我在一家公司裡，瞧見一個男夥計，正給一個漂亮的女顧客量身材造衣服，他們寫下來的尺寸，除了衣長，下襬，腰身，出手，袖口，領圈等以外，又多了一種'胸高'。他在未寫胸高尺寸之前，先用皮尺，在這個女客胸前及背上圍了一圍，報告另外一個執筆的人道：'胸高三尺一寸半'（英尺），這位女客就嫌太高，夥計正色說，現在的新裝，是湊各人的身子裁的，胸高尺寸量準了，穿着就很美觀呢。"[17]

當婦女的胸脯解禁，廣州的報章雜誌便投其所好，紛紛刊登西洋婦人裸畫，高唱曲

◁革 沿 之 衣 內 婦 西▷
寫速威巴家畫名袋巴

"The underwears" 1 and 2.
Drawn by G. Pavis, Paris.

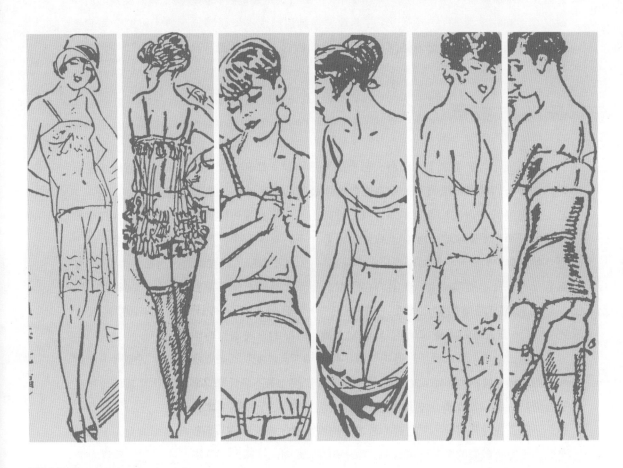

西洋女子內衣《北洋畫報》1928.1.21.—3.3）

線美之聲浪。"曲線美之提倡者,總算推出版界,試看廣州現下的報紙,除卻所謂美術部大曬其西洋裸體畫片外,咨齮多少電版費者,每日也做幾篇鼓吹曲線美,鹹淡交集的新聞式文學,在報章發表"[18]。"現在曲線美運動趨勢,不僅區區出版界,紙煙公司的老闆,賣藥為活的專家,都牽強附會,乘機大倡特倡,不愧為識時務的俊傑。"[19]

在北方城市……

風氣北上,影響之下,沿海大都會的報章雜誌,都刊登女性暴露玉體的圖片(主要是西洋婦人的裸畫和裸照),亦算是對廣州發起的天乳運動作消極回應。

在當時的北方政治氣氛,保守勢力咄咄逼人,婦女連剪髮都被禁制,又怎容許解放乳房。"那些頑固家庭,視女子剪髮為淫蕩,不許女子剪髮。復有堂堂軍閥的褚玉璞,下令禁止女子剪髮——無髮即無法,當要罰"[20]。沒有髮,就被視為"無法(律)",暴露乳房(不受小馬甲縛束,突出於衣內),不罪大惡極才怪了。

勇於鞭撻時弊的魯迅先生,有鑒於"今年廣州在禁女學生束胸,違者罰洋五十元"[21],發表他的《憂〈天乳〉》一文,指出殘酷的軍閥遇到剪髮女子,便拔去她的頭髮,還割去兩乳,所以繼"短髮犯"後,將出現"天乳犯",不禁慨歎曰:"嗚呼,女性身上的花樣也特別多,而人生亦從此多苦矣。我們如果不談什麼革新、進化之類,而專為安全着想,我以為女學生的身體最好是長髮,束胸,半放腳(纏過而又放之,一名文明腳)。因為我從北而南,所經過的地方,招牌旗幟,儘管不同,而對於這樣的女人,卻從不聞有一處仇視她的。"[22]魯迅先生的筆觸是諷刺而辛辣的,道盡二十年代中國婦女解放之"苦",只有保守的活着,才不會被"仇視"。

婦女是受着四重壓迫,苦不堪言。這四重壓迫就是:帝國主義、軍閥、社會和學校。帝國主義者霸佔租界,發動侵略,姦淫擄掠,令中國婦女備受凌辱。軍閥是封建主義守護者,做帝王之夢,強迫婦女三從四德,卻又縱容旗下獸兵四出淫辱婦女。社會及家庭頑固保守,緊束婦女自由,強迫婚姻,禁女子接受開明教育。學校封建專制,禁女子剪髮和社交,甚至剝奪通信自由及人身自由等。但大多數婦女竟逆來順受,這使到當時的《婦女週

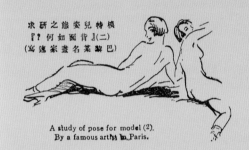

模特兒姿態之研求
『？何如面背』(二)
(寫速家畫名黎巴)

A study of pose for model (2).
By a famous artist in Paris.

△模特兒姿態之研求(五)
『不識不知的狀態』
巴黎名畫家之速寫

A study of pose for model (5)

連載裸體模特兒素描
(《北洋畫報》1927.11.19—12.28)

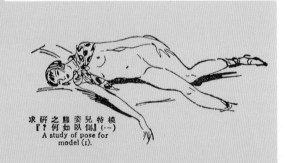

模特兒姿態之研求(七)
『四肢
貼伏如
何？』
巴黎名畫
家之速寫

Study of pose for model (7).
By a famous artist in Paris.

模特兒姿態之研求
『？何如臥側』(一)
A study of pose for
model (1).

模特兒姿態之研究
（六）
『雌伏如何？』
巴黎名畫家之速寫

A study of pose for model (6).　By a famous artist in Paris.

(八) 模 特 兒 姿 態 之 研 究 ▷
『帶點兒笑容好嗎？』
（巴黎名畫家之速寫）

Study of pose for model (8). By a famous artist in Paris

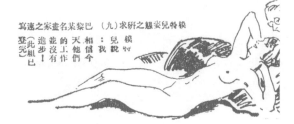

巴黎名某畫家之速寫　（九）模特兒姿態之研究

求
兒
巴！

模
我說
他們
相：
的天
並沒
進步
(此組
作有

連載裸體模特兒素描

（《北洋畫報》1927）

報》為婦女們鳴冤，在《受四重壓迫的人們還不覺悟嗎？》文中召喚婦女們的覺醒："既沒有反抗的表示，又不發出一點叫苦的呼聲——受四重壓迫的你們啊？真個始終就不會覺悟嗎？那些沒有受過教育的女同胞及在小學讀書的女同胞，我們不談；可憐你們是受了中等以上的教育的人們啊？也沒有‘人’的自覺嗎？"〔23〕

天乳運動與民族存亡

其實，廣州推行的天乳運動，雖由政府強制施行，傳媒大力造勢，甚至過度渲染，很多婦女仍抱殘守缺，不敢謀求解放。"千百年來這種束胸的陋習，一代一代的傳統下來，上行下效，相習成風，如今大有牢不可破之勢；雖前年民政廳朱廳長有命令禁止過，但是禁者儘管禁；束者仍是只管束，寧不令人吁歎！"〔24〕

1929年北伐成功，國民黨在廣州成立風俗改革委員會，在廣州《民國日報》發表《風俗改革週刊》，提出徹底改革國民之不良風俗，認為"革命的目的，不僅在打倒有形的軍閥和一切反動勢力，尤其在根本鏟除孕育反動勢力的根株———一切舊思想、舊習慣及迷信——然後破壞事業才能徹底，革命建設才能完成。"〔25〕

委員會的劉禹輪在8月1日的廣州《民國日報》發表《為提倡天乳運動告革命婦女》，他痛陳婦女束胸之害："乳腺因胸部束縛，必然減少許多乳液的分泌。這樣一來，不但影響於婦女本身生理上的健康，並且影響到中華民族母性底健全；許多中國的新生命——未來的國民，為了他的母親體格欠佳，乳液過少，先天和後天，都將受很大的妨礙，這實是民族很大的危機呢。"〔26〕

女人的乳房又再給提升到民族生死存亡的層面上來，絕對反映出兩次革命之間那些政治社會改革家面對種種挫敗，所產生的歇斯底里心態了。

劉禹輪認為五四運動以後，那些蓬蓬勃勃的婦解運動都是失敗的，空無所有的，那許多自號革命的新婦女，天天開口"婦女運動"，合口"婦女解放"，"但是她本身仍受着狹小背心壓迫，就不想法去謀解放；這樣本身的痛苦，還不設法解放，遑論其他！"〔27〕

最後，劉禹輪誠懇地向革命婦女獻一句："今後婦女解放運動，須先從本身乳頭解放起，先由己及人，使全國的婦女都能夠恢復她的天乳的自然美。這並不是開玩笑的說話，確是一件救己救人救種族必要的工作，我相信各位革命的婦女同胞，一定能夠去身體力行。"〔28〕

婦女怎樣看自己的身體？

　　北伐戰爭告終，自我反思的時刻開始。 1929 年陸贊出版過一本《婦女問題雜談》的書，列舉四個婦女與束胸的"個案"，而其時上海《生活》雜誌編者認為能反映婦女自身的身心處境，便將之轉載於雜誌上：

　　一、甲女士在上海讀書時，染着女學生社會的習氣，深恐雙峰突起，天天穿着小馬夾，將胸部緊緊束起，有時身體稍胖，或馬夾下水縮小，竟致裂開，弄得兩乳細小，還不如胖男人的乳，後來她出洋留學，又恨自己乳小，穿着西女裝，雙峰卻不能和西女媲美，於是將琺瑯小盂，套在乳上！但是此人造的雙峰，很痛苦，很不便，有一次在跳舞會，響起來了，急得一身香汗……於是傳為笑談了。

　　二、乙女士也是小馬夾黨，其程度和甲女士差不多，結婚之後，她的丈夫看見她乳小如雞子，力勸其廢除小馬夾，她恐同輩見笑，不允，後來被她的丈夫剪破，小小反目一場。她脫離小馬夾黨以後，雙乳漸發育，身體也肥壯了。

　　三、丙女士也是小馬夾黨，後來生了癆病，醫生說是 "小馬夾束縛過緊，心肺受傷所致。" 一天沉重一天，結婚的日期定了又取消，又過了年餘，丙女士香消玉殞。臨死的時候，叫使女取出小馬夾，恨恨地把它燒了！

　　四、丁女士是一個體育家，雙峰高峙，人家戲呼之為喜馬拉雅山，丁女士毫不在意，且說："小馬夾害人太甚，我要提倡高乳以矯正之。" 結婚不多時便有孕了，人家又戲呼之為帕米爾高原，丁女士頗得意，自誇道："不錯！非喜馬拉雅山和帕米爾高原，怎能為國家產棟樑之材木呢？"〔29〕

　　很有趣的"個案"吧？帶着悔意、哀傷、喜悅，甚至歇斯底里，使得這"劃時代"的束胸現象充滿着悲喜劇色彩了。

　　1931年5月哈爾濱的東省特區教育考察團到了上海，與上海商務印書館及上海教育界交流意見，哈爾濱第一女子中學校長孔煥書女士比較兩地女子束胸問題："哈爾濱俄僑很多，俄國女子，祖胸露臂，因而中國女子，都潛移默化了。學校對於束胸惡習，諄諄勸導，很是注意！束胸惡習，在哈埠女子少見的了……我們看看別處都市的女子——尤其是上海——胸部都是平坦坦，像男子一樣。"[30]

　　孔女士更認為女子胸部解放急不容緩，提出幾種方法：

"在校裡禁止女生穿着小馬甲，嚴厲實行胸部解放！並時時演述穿着小馬甲，束胸的弊害。"

"做母親的，勸導你女兒不穿小馬甲，實行放胸！"

"做丈夫的督責你夫人解放胸部，要像林肯解放黑奴那樣的慈悲和毅力，非使'她'解放不可。"

"做姊姊的，要勸導你妹妹，解放胸部，陳述束胸的害。"

"這種'解胸運動'實是女子體育的先着。"

"中華婦女，一致起來，解放胸部，打倒小馬甲！"[31]

內衣公司新出時裝汗衫

南京路中國內衣公司所發行之 ABD 牌各種新式汗衫短褲等，素受歡迎，該廠近以風尚所趨，加製時裝短袖牛胸汗衫，長袖對襟汗衫，及婦女聯褲汗衫等數種，以應需求，因係完全國貨，且為天熱最良之內衣，故連日賣出極多。

（《民國日報》1925.7.3）

克服壓力

但解放束胸比過往解放纏足困難得多,婦女需要克服千年的禮教縛束,主觀的"羞恥之心",還有世俗的社會人士成見,簡直壓力重重,具備很大勇氣才能面對。

江蘇省婦女協會的楊石癯女士在鎮江婦女補習學校授課,把解放束胸編入課程,在課堂上派發講義:

束胸 (第十四課)

婦女的兩隻奶奶,是養孩時最重要的東西。但一般女子當青春期發育的時候,每每把小馬褂緊緊地束縛着一對活潑潑的乳峰。這種束胸的結果,非但有礙呼吸,在自己身體的發育上受到損傷,更連帶及於自身子女的乳量問題。有許多女子往往因為自己青年期束着奶,結果養頭孩時乳腺不通,乳頭小孔被束閉塞。內部乳汁無從外泄,乳部膨脹得疼痛,苦楚萬狀,無法可設,而小兒一方面呢?飢腸轆轆,苦不得乳。產婦在這時,一方面自己膨脹至痠痛不堪,左右不得,一方面,眼巴巴望着小孩呀呀啼飢,真是有苦說不盡啊!

新婦女們……奶奶是天生成的,又不是什麼不好的羞恥的事情,我們應當任它自然地由它生長發育,斷斷不應當用別種方法去把它束縛着阻礙它的發育、解放,解放婦女的束縛,應當先從解放自己的奶奶做起,努力吧,我們先從努力解放自己的奶奶做起吧。[32]

豈料,講義派發之後,楊女士"講了半天,真叫舌敝唇焦,當面所得到的結果,還是神秘的笑聲"[33],不但學生如此,連帶婦協的同事們"看了先就覺得非常好笑,而且這好笑中滿充着神秘的意味"[34]。尤其講義劈頭第一句"婦女的兩隻奶奶",女教師們認為在學生面前難以啟齒,紛紛在背後抨擊楊女士"說話太赤裸裸了,簡直是發神經病,甚至說你不是人,你真的不是人——"[35]

楊石癯女士在她的《婦女束胸問題零感》還引述一位女老師的說話:"我有一天在縣黨部開會,有一個女同志,沒有穿小馬甲跑進,許多男同志嘖嘖地說個不休!也難怪女子不肯解放。"[36]這令她狠狠的批判這些革命男同志為"封建餘孽","現在的所謂婦

仿西式的女性連褲內衣
（《圖畫時報》1930.6.19）

解領導人物也者，也還充滿了神秘的概念，思想上一點兒都沒有解放，我當然無話可說，也就草草的了事"[37]，放棄她的解放束胸講義。

李哲先在《關於束胸及其他》回應楊女士的"零感"："據我的經驗，這種現象確乎到處可逢，或者平日喊着解放束胸所謂同志者也亦所不免——因為喊着不過是理論，實行則未免有些生辣辣不入眼。但既然是同志，當然不敢如石癯女士一樣罵他們是封建餘孽，而他們的頭腦，我想至少已在泥土裡葬埋了一二十年了！"[38]

不過，楊石癯女士亦非絕望，因為一位女教師告訴她："我這時很暢快，很適意，你知道為了什麼……我把小馬甲解開了啊！"[39] 而一個女學生又告訴她："我的哥哥不准我們穿小馬甲，他把我們的小馬甲撕破了。我們對他說學校裡邊老師也穿的，他說你們可以去勸她不要穿。"[40]

大約三十年代中期，漸漸出現新氣象，大都會的婦女率先開放了，主要原因：世人（男性中心社會）對女性暴露身體的觀念有所改變；注重曲線美的西洋服裝流行，有一定影響性；而婦女亦較前的熱衷於體育活動，尤其海浴，對解放密封的身體起相當作用。終於，婦女破除束胸的漫漫長路，出現明確的開端了。

"近數年美術界提倡裸體美，報章雜誌多見裸體為美的宣傳。及至國民革命軍奄有江南，打破‘禮教’的呼聲日高，婦女界最大的改革是**剪髮放胸，禁止纏足**，海上有研究婦女服裝者，更倡打破禮教虛飾的裝飾，而漸趨於西化的裸裝。"〔41〕

02
裸體美就是人性美

模特兒姿態之研求
（六）
『！何如伏雄』
巴黎名畫家之速寫

裸體，從西方走進中國近代文化，路途崎嶇，它衝擊着封建的東方社會，引起了驚慌和激動，是二十年代末期最震盪人心的女性身體上的變化。

裸體的概念是由繪西洋畫的藝術家提倡，對古希臘人文主義精神的嚮往——"人體美"就是"人性美"。而裸體就被認為可將人體美發揮到至情至聖的境界。但對於禮教吃人的傳統中國社會，裸即是淫，淫即是罪惡，而裸體畫即是春宮圖，春宮圖即是淫穢，危害社會。

模特兒風波

　　1919 年 8 月，轟動全國的裸體 "模特兒風波" 掀起，斷斷續續的鬧足七年才風波平

模特兒漫畫（《北洋畫報》1926.7.28 — 1926.7.31）

息。主角是劉海粟（1896 — 1994），他在 1912 年與幾位畫友創辦了上海圖畫美術院，後來改為上海美術專科學院，他出任校長，開始採用人體模特兒寫生。在 1919 年 8 月的學習成績展覽會上，有裸體畫陳列出來，令參觀者看得瞠目結舌，衛道者立刻大興問罪之師，指斥劉海粟乃"藝術叛徒"，是"教育界的蟊賊，太傷風敗俗了！"[42] 更有人在《時報》上發表文章，指為"喪心病狂崇拜生殖器之展覽會"，更呼籲江蘇省教育會上書省廳，下令禁止，以教風化。

1920 年 7 月，劉海粟開始僱用女子做模特兒（先是俄國女子，繼而中國女子），在畫苑裡脫光衣服，供學生們作畫。

1924 年 10 月，惹起軒然大波，美專學生饒桂舉回家鄉江西南昌開畫展，內有女子裸體素描，而江西警察廳勒令展覽會關閉，禁令中竟然寫道："裸體係學校誘僱窮漢苦婦，勒逼赤身露體，名為人體模特兒，供男女學生寫真者。在學校方面，則忍心害理，有乖人道；在模特兒方面，則含垢忍羞，實逼此處；在社會方面，則有傷風化，較淫戲畫等尤甚。"[43] 禁令更指劉海粟為"畫妖"，公然提倡淫風，"青年學生，興致勃勃，群以一觀裸體畫為快。而社會一般人富好奇心，莫不聞而起舞。"[44]

饒桂舉立即向劉氏告急呼援，劉海粟於是就致信與當時的教育總長黃郛辟其謬妄。

他指出，人體模特兒與黃色下流畫風馬牛不相干，不可相提並論，而模特兒是藝術家在習作時，必須之輔助，"以故各國美術學校，以及美術研究中心，非不設置模特兒，以為藝術教育上不可或缺者也。凡曾涉足歐美，或稍讀藝術書報者，聞模特兒其名，必聯想及科學之化驗用具，同一德性，事極泛常，曾無驚奇之足言。返顧我國，今日淺見者流，滔滔皆是，藉禮教為名，行偽道其實，偶聞裸體等名詞，一若洪水猛獸，往往驚訝咋舌，莫可名狀；是猶曾聞日月經天，而未聞哥白尼之地動說，可憐孰甚！"[45]

劉海粟的抗爭

劉海粟的信件在《時事新報》、《申報》等報紙上公開發表後，即引起社會各方重視，有人寫信表示支持和聲援，也有更多的人進行攻擊和辱罵。

江蘇教育會通過禁止模特兒提案，並公開覆函劉海粟："自美術學校以模特兒描寫人體曲線美以來，輕薄少年，及營利無恥之徒，遂利用機會，以裸體畫公然出售，今且日甚一日，名則影射模特兒，實則發售一種變相之春畫。暴露獸性，誘惑青年；若竟聽其傳

中國模特兒

近來中國藝術家的研究室裡，多已經用女模特兒了。在開始的期間，當然不能求全責備。不過在模特兒的問題上，看出中國女子體育的缺點；表情和姿勢的欠缺，果然不必說。而體質荏弱、肌肉鬆懈、身材短小、乳部低平、足指扁側等，難以記數。面貌雖好，如何能掩全身的殘缺？豈獨是藝術問題，實在是種族問題。

（本敬，〈中國女子的體格美與模特兒問題〉，《民國日報》1923.9.3）

佈，社會風化，將不堪聞問。"〔46〕顯然是把模特兒、裸體畫和淫猥的春宮畫混為一談，只要暴露身體就視為洪水猛獸了。

跟着，有姜懷素呈請當局嚴懲劉海粟，"欲維滬埠風化，必先禁止裸體淫畫，欲禁淫畫，必先查禁堂皇於眾之上海美專學校模特兒一科；欲查禁模特兒，則又須嚴懲作為禍首之上海美專校長劉海粟。"〔47〕

劉海粟頑強對抗，與守舊勢力展開艱苦抗爭。 1926 年 5 月 11 日，上海縣知事危道豐以"維持禮教"為名，發佈嚴禁上海美專繪模特兒的禁令，還慫恿五省聯軍總司令孫傳芳通緝劉海粟，並密電要求同法租界領事交涉，把上海美專封閉。

這位大軍閥"孫聯帥"孫傳芳（1885 ─ 1935）權傾一時，不可一世，但不離保守封建本色，有意"整飭學風"、"提倡禮教"，經常語不驚人死不休，例如無錫曾傳出過他要對付剪髮女子的謠言，"'孫聯帥'來後凡剪髮的女子都得殺頭，可苦了一般剪髮女子，'接髮無術，眼淚洗面'。姐姐嫂嫂愁形於色，大有'死必為厲鬼以魅汝'之慨。"〔48〕

孫傳芳致函劉海粟，要他保存衣冠禮教，停辦模特兒寫生："'模特兒'止為西洋畫之一端，是西洋畫之範圍，必不以缺此一端而有所不足。'美'亦多術矣，去此'模特兒'，人必不議貴校美術之不完善；亦何必求全召毀，俾淫畫淫劇易於附會，累牘窮辯，不憚繁勞，而不能見諒於全國。"〔49〕

但劉海粟不畏強權，據理力爭，他更指出模特兒寫生乃列入國家藝術教育編制，"現行新學制，為民國十一年大總統率同總理王寵惠，教長湯爾和頒佈之者：其課程標準中，藝術專門列生人模型為西洋畫實習之必需，經海內鴻儒共同商榷，粟廁末席，親見其斟酌之苦心也。""吾今以為不適國情，必欲廢止，粟可拜命，然我國美術學校，除敝校外，寧滬一帶，不乏其數，蘇省以外，北京有國立藝專，其他各省，恐無省無之。學制變更之事，非局一隅而已也；學制興廢之事，非由一人而定也，粟一人受命則可，而吾公一人止廢學術，變更學制，竊期期以為不可也。"〔50〕

劉海粟的回覆理直氣壯，在報上披露之後，對孫聯帥之彈壓，全國轟動，而劉海粟更得到蔡元培、魯迅、夏丏尊、周作人等大力支持，在報上發表意見，正面肯定裸體美與藝術精神的關係。孫傳芳也不想做得太過分，或者礙於當時北伐政治形勢風起雲湧，犯不上為此而紛爭，就此不了了之。

模特兒風波之後，畫報多裸照。（《新晨報副刊》1929.3.3）

《女性人體美》，最早的一本中國婦女裸體寫真集，1928 年。

　　又因為上海美專位於法租界內，危道豐的請禁咨文到了法租界後，總領事會見劉海粟，了解情況，加以支持，把查禁命令擱在一邊。危道豐亦老羞成怒，以個人名義控告劉海粟向報界發放傳單，“大放厥詞侮辱人格，毀謗名譽”，要求賠償損失。法庭開審，反覆辯論，結果只判劉海粟罰洋五十元，草草收場。“至此，長達十年之久的模特兒之爭總算告一段落。人體藝術在劉海粟等不畏強暴據理力爭之下，終於走向全國。繼上海美專之後，北京美專、神州女校美術科都僱用了人體模特兒。”〔51〕

人體美

　　其實，這模特兒風波不只是藝術上的爭議，而是中國人解放自己身體的心理鬥爭，劉海粟當時在報章上發表對裸體美的見解，正代表着社會進步開明的呼聲：

　　一、曲線美表達出靈肉和諧

　　劉海粟在 1925 年 10 月 10 日《時事新報》發表《人體模特兒》一文：“人體既具不可思議之靈感，從曲線內表出一種不息之流動與生命，能使心靈與肉靈諧和，是以成自然美與精神美之極致，斯所謂真美歸一之所在也。”〔52〕

　　二、人體美象徵着 “人” “神” 貫通

　　劉海粟在 1924 年 10 月《致教育部部長黃郛及江西省長蔡成勳函》指出，“希臘名雕，所具之神像，亦皆暴露筋肉之赤體；羅馬遺蹟，凡關宗教之美術，亦皆為人體，蓋表徵 ‘人’ ‘神’ 貫通，即神即人，即人即神之意也。故希臘神皆與人生相近。”〔53〕而後來歐洲文藝復興，文明昌盛，亦因承繼此精神。

　　三、曲線美表達活潑潑的生命感

　　劉海粟 1922 年 7 月 20 日在《中日美術》雜誌發表《上海美專十年回顧》，他認為要畫活模特兒的意義，就是能表白活潑潑地一個 “生” 字，“因為人體的曲線是能完全表白出一種順從 ‘生’ 的法則，變化得很順暢，再沒有絲毫不自然的地方。人體上的顏色是能完全表出一種不息的流動，變化得很活潑，再沒有一些障礙。人體有這種順從和不息的流動，所以就有美的意義、美的價值。”〔54〕

四、破除中國人惡視自己身體的觀念

這是劉海粟的裸體學說的要義，他在 1925 年 10 月 10 日的《時事新報》發表《人體模特兒》一文，他認為中國人所謂涵養功夫，"心有愉快，切勿形之於面"，導致大家"絕少天真爛漫，此亦可謂之儒教感化力；其次中國人習慣有一種潔癖，以人體為不潔，自然為清潔。對於動物血肉、婦人身體皆目為十分污穢也。復次，佛教之影響中國亦甚大，佛教視現世為無明之果，以五體為貪之塊，以為妨害了悟者，斷定是肉體感覺，尤其是卑賤女子。可憐最表現人體美之女子，因佛教儒教之壓迫，竟至於無地可欲容。總之中國之風俗習慣，一見人體，目為洪水猛獸者，由來久矣。"[55]

"人體美"在當時社會引起莫大的衝擊，開明人士亦大開裸體言論：

"裸，是人生的本來面目！……就是人的一生，還不是裸體而來；瞑目以後，要不是第二者將物質來和他裝束，依然裸體而去！"（紅杏的《人生對於裸象的觀念》）[56]

"古代人表現'神'，'高尚的'，'美的'，'清潔的'，都用赤裸的人體美去代表；如希臘的神像，印度的佛像，凡是表示聖潔的，都用赤裸的人體美去作聖潔的象徵……談到我國，只知道注意頭的一部的美，和衣飾的美。而體格健全的美，卻不知道了！我國國粹藝術者，只知以畸形為美實在是暴露了民族薄弱的根性！"（徐傑的《介紹鄭吻公君的〈人體美〉》）[57]

"裸體，除了可以得壽命的延長和體格的健全的利益以外，我們還可以得到充分的機會去尋求適合的配偶，可以減少男女互相間一切不正當的行為，裸體的效能是多偉大的啊！"（俊超的《提倡裸體！》）[58]

而當時"模特兒"三字，便大大的時髦起來了。上海的投機商人以及流氓之輩，假借"人體模特兒"的美名，大印其蕩婦娼妓的裸體照片。色情畫匠，大畫其春宮畫，也名為"模特兒"。"模特兒，是藝術上的名詞，本身無所謂好，也無所謂不好；現在，凡脫了褲子的女子，都叫模特兒。"[59]

連帶正經的雜誌如《良友》和《北洋畫報》也都刊登婦女的裸照，1928 年良友圖書更出版了德國著名攝影師 Heinz Von Perckhammer 的中國裸女攝影集《女性人體美》，附張建文對女性胴體美的禮讚：

"女性的美不在於她頸際腕上的寶鑽金珠，也不在於蓋在她身上的華麗眩目的衣裙。她的美是

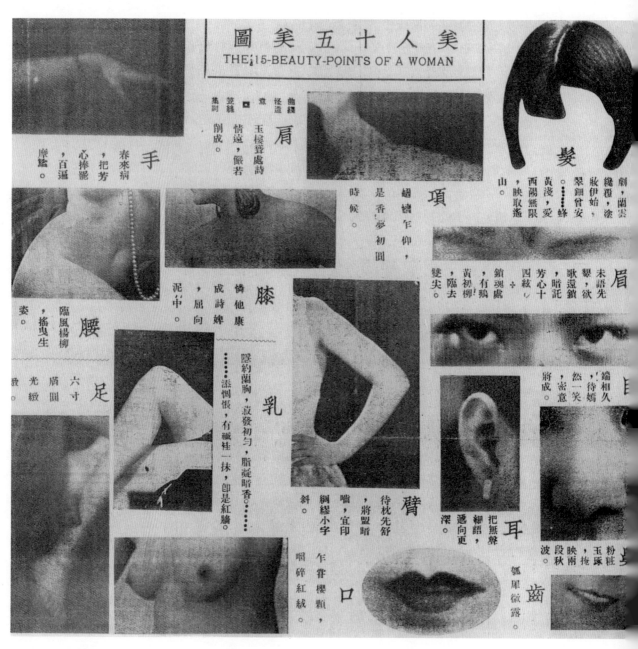

《北洋畫報》對女性玉體的歌頌（《北洋畫報》1928.7.7）

在她自己的本身——全不假絲毫的物質——僅僅在自然的主宰所給與她的唯一的肉身。美——她的柔嫩細緻的肌膚，豐滿的肩膀，圓潤的乳峰，柔滑的腹部，精緻的腰肢，豐腴的臀部，和均柔膩的腿、足……古今來受盡多少偉大的詩人詠歌讚頌，多少盛名的畫家和雕塑家因了她的美而完成了畢生不朽的傑作！……歐美的人體美，我們都看夠了吧？一向關在舊思想的箱裡的中華國民們，多可憐！竟沒有認識認識自己身旁的女性們的美的機會。"[60]

　　上海的名女人，自命豪放者，也都找機會脫得赤裸，例如"上海交際明星"唐瑛，"女士現講求日光浴，每日身塗油膏，赤裸裸地在陽台上曝曬，以壯身體，大有張博士'美的人生觀'的觀感云。"[61]

武漢女子裸體遊行

　　1927 年三八婦女節，武漢竟發生女子裸體遊行，匪夷所思。當時武漢國民政府黨政要員、女界領袖及二十多萬軍民為紀念三八國際婦女節舉行大遊行之際，竟有十八名女子赤身裸體，搖旗吶喊上街，叫呼："打倒軍閥！打倒列強！中國婦女解放萬歲！"令到遊行隊伍頓時大亂。

　　這十八名裸女是當紅妓女金雅玉所帶領的，因為"國民革命軍北伐以來，婦女解放運動的迅速發展，觸發了她們參加革命的願望，但由於她們的妓女身份，不但被拒之門外，還常常遭到懷疑和白眼。在花花公子黃震龍'裸體遊行是革命的'的游說和策劃之下，她們便以裸體遊行的方式，表達她們'婦女解放'的要求。"[62]

　　關於武漢婦女裸體遊行的消息，在其時傳媒尚未發達的年代，只靠地區報章報導，慢慢輾轉傳開，幻真幻假，卻又聳人聽聞。1927 年 4 月 12 日《順天時報》的新聞，標題《打破羞恥》，其文曰："上海十日電云，據目擊者談，日前武漢方面曾舉行婦人裸體遊行二次，第一次參加者只二名，第二次逐達八名，皆一律裸體，惟自肩部掛薄紗一層，籠罩全身，遊行時喊叫'打破羞恥'之口號，真不異百鬼晝行之世界矣。"[63] 該報另有短評，其中一句："此真為世界人類開中國從來未有之奇觀。"

主張性解放的周作人（1885 — 1965）是相當留意當時所謂的"裸體遊行"，他還引用日文《北京週報》二六二號的一段言論，該文認為武漢婦女裸體遊行是受蘇俄共產主義婦女運動所影響，乃很有意義的事情："特別是在向來包足覆乳，古時還把臉都包起來，就是現在也不使肉體觸着空氣的西洋和支那的女子，這樣辦是有意義的事。"[64]

有關蘇俄婦女赤身露體遊行，在當時是盛傳了一陣子的。1927年5月11日的《北洋畫報》有此說："自蘇俄共產黨舉行裸體大遊行之後，凡俄之通衢大道，俄女率赤裸裸一絲不掛，下部黏以紙花，兩乳各貼白紙一方，名曰'免羞'"，"武漢共產婦女遊行，傳之已非一日，屆時有主張'來者不拒'，及'與人同樂'之說，報名者曾經達二千五百餘人（現聞已禁止舉行）。"[65]

雖然報章都在渲染着武漢的"免恥遊行"，但有識之士如周作人者都抱持半信半疑的態度，"自從武漢陷落，該處遂成為神秘古怪的地方，而一般變態性慾的中外男子更特別注意該處的所謂解放的婦女，種種傳說創造傳播，滿於中外的尊皇衛道的報上。"[66]

究竟是怎樣的情況？

北伐開始於1926年下半年，北伐軍勢如破竹，由廣東直上，很快便佔領湖南湖北，國民政府跟着便考慮建都問題，亦立刻出現了黨爭和分裂。毛澤東領導的共產黨已花了一段時間在湖南搞農民運動，而國民黨左派亦相信武漢是最理想的根據地，但蔣介石（1887 — 1975）在攻陷南昌之後，得江浙財團和外國資本家買辦等（他們最反對共產黨）支持，反對定都武漢，分裂亦勢所難免。

1927年1月1日以國民黨左派和共產黨為主的武漢國民政府成立，其政治宣傳口號為："實行民主，反對獨裁，提高黨權，扶助農工。"在市內外組織各種不同的社會運動，以攻擊蔣介石的"封建獨裁"思想。四月，形勢更加混亂，當蔣介石攻佔南京之後，進行大清黨，與武漢政府對立（史稱"寧漢對立"），將武漢封鎖孤立，秘密策動當地叛軍進行屠殺。而武漢國民政府本身並不健全，國民黨左派又與共產黨發生衝突，危機重重，"當時武漢政府本身就是一大矛盾，一大洪爐，沒有可以穩定的理由"[67]，於是所有的社會運動也可以淪為非理性的行為，包括婦女裸體遊行。

處此 "大矛盾，大洪爐"，婦女心智失衡卻又可以理解，這點陶希聖是觀察得到，他在 1930 年《婦女雜誌》上發表《婦女不平衡的發展》，講到武漢附近婦女反抗剪髮："洪山以西有幾村的人民，在五月的時候，對於穿武裝的女子非常憎恨，也就由於剪髮問題。當三四月的時候，有一批武裝女子到那兒去宣傳並強制剪髮。那兒的婦女既不敢直接抵抗，便集合三十多人合乘一船，到湖汊裡去躲避。不幸暴風突起，把船沉覆了。剪髮運動把沉痛的血痕印在那兒的生者的腦裡。他們以後見了武裝女子，就想起湖底的冤魂。"

極度恐怖的經驗，"1927 年秋冬之際，所謂西征軍到了。武人與當地的豪紳見了剪髮女子，就疑她們是共產黨。武漢的剪髮實在成了革命高潮的象徵。武人豪紳們對於這種象徵發泄他們橫暴的感情，殘殺是首先加於剪髮女子的，被殺以後，露臥在濟生四馬路上，還得要剝衣受辱。"[68]

剪髮喪命，不剪髮也喪命，多麼荒謬的時代。裸體遊行又叫做 "免恥運動"（免卻羞恥），顯然是向蔣介石保守獨裁政治思想的挑戰，惹起武漢以外社會衛道者惡罵："敢於撤盡禮教之大防，那真是一群發瘋的禽獸"[69]，而武漢就被稱作 "禽獸之邦" 了。

武漢的無政府主義局面泥足深陷，"從上海到武漢，只有兩三天的路程，而且交通也還便利，然而當時一般人對於武漢的情形，隔閡得竟如不同星球，即是一個毫無使人置信的理由的謠言，也會使人深信不疑，大家把武漢看做禽獸之邦"[70]。理性已經失去平衡，婦女裸運又算什麼。那一兩年，當有客自 "彼邦" 來，好事的人總會問："聽說武漢常常舉行裸體遊行，真的嗎？好看吧？"[71]

其實也可以正面一點看裸體運動，在五四新思潮的衝擊，古希臘的裸體藝術都被視為最高的人類情操；裸代表：青春、強壯、正義和戰鬥；而壓迫裸體者淪為懦弱、腐敗、奸險和封建政治；所以，裸體運動在其時從美學境界演變為反封建的戰鬥勢力。

總之，婦女解放身體已成現象了，陶希聖（1899－1988）還有一段說話是值得留意的："原來 '免恥運動' 不生於武漢時代，乃生於 1930 年的上海！……曾開個人美術展覽會的某女士有一晚在某俱樂部，赤身的一絲不掛的出現於諸大紳商環繞的杯盤交錯的餐桌中間花朵裡。她從餐桌上俯瞰圍桌而食的諸大紳商，好像蒼蠅似的。上海的紳商原來是免恥的提倡者！"[72]

裸裝

　　既然 "裸" 的觀念流傳開，婦女的服裝款式和穿衣風格亦受到重大的影響，留學法國的美術家張道藩（1897 — 1968）在《人體美》的演講會已提到人體美與服飾的關係。當 1926 年，模特兒風波在上海鬧得轟天動地的時候，上海的新聞學會、中華藝術大學和東亞藝術學會，以此事關係中國美術界前途至大，特邀請 "留歐洲研究美術八年，與藝術家徐悲鴻君齊名"[73] 的張道藩演說人體美問題。張道藩指出歐美婦女大勢所趨，身上衣飾愈少愈妙：

"西方人之講求人體美的程度，一天高似一天了，因為要使人能賞鑒人體運動姿勢，隨和音樂節奏諧和的美，所以近代歐美之有美術價值的高尚跳舞，以身體上裝飾愈少愈妙，這種風尚，不特行於有高尚美感跳舞，且亦行之一般講究表現人體美的婦女之中，由現代歐洲的露臂、露胸、露背、露腿的裝束上可以證明。"[74]

人體美，愈着愈少，局部的裸，在三十年代初上海又成為時髦風氣，陶希聖說："1930 年的夏天，時髦已經把上海女子的兩隻袖管截斷了。男子的一半赤膊，不許進租界公園。女子的兩臂卻以赤露為時髦。兩隻腿的襪子，由長統一變而為赤裸，不着襪的女子是最最時髦的。"[75]

　　沒錯，變化實在太大了，以前婦女袖不過肘，如今兩袖都截斷了，以前着絲襪要有顏色，透明的已遭人非議，如今索性不穿，赤裸以示人。

半裸西服，作風大膽（《花絮》第二期，1935.9.16）

良友
THE YOUNG COMPANION

暴露的舞裝　《良友》第九十九期，1934.12.1）
暴露的女裝　《良友》第九十期，1934.7.15）

　　所謂 "裸裝" 的名稱亦出現。 1931 年沙恩溥在《新家庭》雜誌發表《服裝談》有說： "海上有研究婦女服裝者，更倡打破禮教虛偽的裝飾，而漸趨於西化的裸裝。衣不齊膝而露 '小腿筋' 之肉體美，袖不及腕，而露臂袒胸，露綃輕裾，蟬紗薄飾，舉凡可以表現曲線美的，無所不用其極。四方相效，就成其所謂時裝了。"〔76〕

　　女性身體強調運動，強調活潑，強調健美，和以往觀念截然不同了。1934 年 2 月上海《婦人畫報》的《表情美漫談》，認為 "現在的女性美好像是生長於動的 Rhythm（旋律）中的鮮花"， "過去的服裝是把肉體裹得厚厚的，現代則不然，從這種束縛的服裝美漸次地變為解放的肉體美——把肉體整個的，生動地暴露在外面的躍動底美。"

"每當風平浪靜，碧藍的海色與天光相映得和平無爭。游泳的女人穿上半截游水衣，奶部幾現出，陰部也隱約可見，**和同穿相似游水衣的男子相競於海波水光之中，**笑聲喧嘩，甚囂海上。浴罷，或浴前，男女尚保存着水衣的裝束，**在太陽之下曬曝他們的身體，**這是一種半裸體的快樂，已經值得我們的艷羨了。"〔77〕

兩小包賣大洋一角

Villa
10 CIGARETTES
CIGARETTES

03
海浴與女體解放

新奇的露趾浴衣

〈《北洋畫報》1931.7.21〉

1926年7月，當劉海粟的模特兒案還在審訊，搞得鬧哄哄之際，北京政府下令查禁張競生著的《性史》，連帶上海都不能公然發售該書，但經此一鬧，"報紙的專電上煌煌一登，這簡直比封面廣告還要有效，現在着實紅了。"[78]

張競生與《性史》

張競生在1926年初出版《性史》，還有另一個書名《第三種水與卵珠及生機的電和優生的關係（又名美的性慾）》，提出泛性慾言論，認為國家的強盛和民族的優越，直接與男女的性慾和精液有關，尤其婦女在性興奮時分泌的"第三種水"對結胎最為重要。張競生的"第三種水"論：

一、"我國人種的衰弱固然由於後天的種種關係，而於結胎時的不講求女子應出第三種水又是一種先天衰弱的根源。通常我國婦女大都不會丟第三種水的，以致卵珠極呈死笨遲滯之狀。而精蟲在陰道內須要經過種種的磨難，以致精蟲大部分的氣力，被酸性液所侵蝕，而所遇卵珠又是萎靡不振，難怪所結成的胎孩，現出種種衰弱的病態了。"

二、"在我國因為女子怕羞，於交媾時，如太孟浪，恐怕被丈夫疑為淫蕩，以致不敢盡情縱性。而因其壓抑的結果：遂致女子的性趣全無"，"尤其是男子不知性慾為何物，一味以泄精為能事。但求自己快樂，而不顧及女子的乏味，卒致與不能出第三種水的女子交媾，女子固然不能滿足其性慾的要求。而對方男子，也不能得到性趣的美暢。"〔79〕

三、"於交媾時，或男女當有性興時，對手就會覺得有二種特別的象徵發出：甜味與香氣。此二種物的發泄，周身皆可發見，但甜味以在奶部及唇邊為最，而香味以在陰阜及腋下為多。當女子性興發作時，其唇發生比平常格外的甜味，作者本人親身嘗過……曉得興趣的男子，每當交媾時，常吮其對手之奶，而女子得此也覺無上的快樂。有些女子非此不能射出第三種水也。"〔80〕

《性史》似是而非的優生學觀念，被當時的知識界視為異端，而書中還提到的男女性交姿勢和技巧，更被指為極度淫邪，與春宮並無分別。所以，很多學校視此書為洪水猛獸，當時天津的南開學校發現有學生在課堂上看《性史》，立刻貼告示禁止，更把學生記了大過，而校長更致信京津警察廳要求掃蕩淫書。於是，警察查禁《性史》，另掃《情書一束》、《女性美》、《夫婦之性的生活》和《渾如篇》四種，據警察廳訓令，"誨淫之書，以此為最，青年閱此，為害之烈，不啻洪水猛獸。"〔81〕

未幾，上海公安局亦發出禁令："各書坊發售新出一種淫書，名曰性史，描寫男女交媾穢褻情形，形容畢肖，醜態百出，使男女閱之，神魂搖蕩，心目不自主，足以斷傷真元，助長淫風，若不嚴行禁止，恐閱者以姦淫為當事，視法律為具文，將來廉恥全喪，姦案迭出，風俗人心，於茲大壞。"〔82〕

當公安局未頒法令，消息靈通者紛紛搶購《性史》，有一間書店在三日之內，銷去一千多本，而購書者"女學生也着實不少，並且很多親自上門來買的"〔83〕，引為奇聞。"這幾天，朋友聚處，筵上閒談，大約就離不了三個題目：一、是模特兒；二、是女明星賣冰；三、是性史。這三件事，都可以有正反面的批評，所以，一經談到，其餘同座諸

泳衣

人，沒有一個不於無意中很踴躍的參加雄辯。"〔84〕

　　於是，盜印者紛紛地下發售翻版《性史》，四馬路野雞區的流氓把此書和春宮畫一起兜售，而市面冒張競生之名推出《性藝》、《性典》、《性史補》、《性史補外補》等不下十多種。張競生給這麼一鬧，名氣也猛了，便在年底出版《新文化》雜誌，將被禁的《性史》理論加以延續，而在那個性知識奇缺乏的年代，不難想像他會擁有不少 "信徒" 的了。難怪有人很苛刻地諷刺："賣性史的老闆發財，日報上賣梅毒藥的廣告地位一天一天的大起來，而各馬路各弄堂口的六零六醫院，也從此林立了！"〔85〕

裸體摩登

　　其實，把張競生比喻為梅毒傳播者是極不公平的，他只是把性慾和性交浪漫化，主張解放身體，鼓吹體育運動（特別是女性），為中國的優生學鋪路。不過，他的泛性慾論和故作駭人聽聞的言辭，使他樹敵太多，結果連自資開設的 "美的書店" 也被多次罰款而關閉，《新文化》雜誌也停辦。

　　張競生鼓吹 "性活力論"，認為人類的生機全賴於性活動，他在《性美》一文中指出，中國男女性慾發展不完美，身體和生機也淪於醜陋，"我國男子的醜處是在女性化，而女子的醜處在男性化，服裝是男穿長衣而女竟穿外褲，這是男變女女變男了。女子胸前無奶房，而男子的唇上無鬚，這又是男變女女變男了。"〔86〕他描繪理想的新男性：就像西方的男人，大鼻濃鬚，寬闊肩膊，強健肌肉；而理想的新女性：高鼻潤頰，豐滿乳房，肥胖臀部——這樣的體格才可以達到性高潮。

　　張競生在《裸體研究》非常推舉海浴作為一種體育運動和最終達成的完美性活動，"游泳的女人穿上半截游水衣，奶部幾現出，陰部也隱弱可見"，"這是一種半裸體的快樂，已經值得我們的艷羨了"。但夜間裸浴和裸泳更可盡情享樂，"苟能於月夜或星光之下，晚潮去後，風絲軟綿，合起一些友朋，都是赤裸裸地，共同游泳於星海月波之下，既得享全身無束縛之樂，也可得到夜景的接觸，若山居者於夏夜一絲不掛地遊行於林木風露之下，其清心快志更有不可言者。"〔87〕

南江李惠卿女士（德爲陳）
Miss Li Wei-chen of Liang Kiang Physical School.

上海女子的游泳活動（《圖畫時報》1930.8.7）

　　因為張競生留學法國，耳聞目染歐洲的性開放風氣，特別嚮往起源自德國的 "天體運動"（Nacktkultur），經常在他的文字之中標榜赤身露體的好處，"尤其是法國人——比我們多享裸體的快樂。譬如法國女人所用的寢衣，下長僅及膝，上蔽才及奶，由二布條掛上肩膊，這不但是穿者得到愉快，而使同寢者也得到各種美感與諸事便當妥貼之樂。" 無論男女老少，都應逐漸使全身裸體化，"外出時多用短衣裳，女子則露臂赤頸，開胸等等，這些習慣的養成，我以為當從裸體畫入手，使人多見裸體畫，由多見而使裸體者不以為恥反以為美。"〔88〕

　　類似張競生的 "性烏托邦" 觀念在 1932 年香港出現，德國人連伯氏成立 "香港天體會"（Hong Kong Nudist Society），初時只有八位會員，後來人數多達百幾人，以沙田坳香粉寮作為活動基地，男女全裸，游泳的游泳，行山的行山，怡然自若，毫無半點邪念。天體會甚至向政府申請在中環市面舉行會員裸體遊行，但不獲批准。消息也傳到上海，於是赤裸被視為第一流 "摩登"，上海《申報》1933 年 7 月 10 日，天馬在《從裸體運動想到的話》指出："然而在上海，一般小姐與少奶奶之流，一到夏天，卻非穿着蟬翼似的薄紗，全裸着兩腿，使冰雪肌膚，如霧裡廬山，隱若可見，才算得第一流的 '摩登'，最近裸體運動之風，且已自香港傳來，時勢推移，也許從前武漢政府時代所不曾有過的裸體遊行，會見之於今日的上海。"〔89〕

影星徐來的泳衣照
（《北洋畫報》1936.8.18）

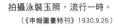
拍攝泳裝玉照，流行一時。
　　（《申報圖畫特刊》1930.9.26）

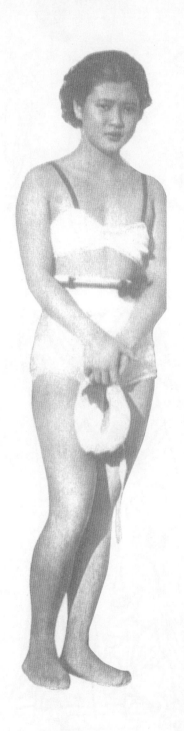

游泳熱

　　而實在自 1929 年，大城市女子暴露身體，是"游泳熱"所掀起的。在芸芸女子體育運動之中，以游泳發展最為緩慢，初時只有中國南端的城市香港以海浴最為活躍，二十年代已泳棚林立，女泳客亦漸多，名震全國的"美人魚"楊秀瓊（與其姊楊秀珍）也是在香港華人游泳會內培養而成。楊秀瓊在第五屆全國運動會（1933 年）、第十屆遠東運動會（1934 年）和第六屆全國運動會（1935 年）的游泳項目上，都有極佳的成績，更成為時代女性的偶像。

　　1929 年，南國（香港和廣州）女子游泳風氣北上，上海、南京、北戴河、青島的夏天都陸續掀起游泳熱潮。

　　上海浦東高橋海濱浴場最是熱鬧，"公共汽車塞得滿滿地把這些人裝運到海濱泅水去，男的女的，一對一對的，一雙一雙的"[90]。而游泳池又是男女公然

美人魚

中國女界之注重運動，蓋始自民十七北伐成功以後。挾民族朝氣以俱生，數次全運，造就名人不少；紅閨弱質，乃具健兒身上，場上一日之短長，便得舉國傾仰之名譽。然如孫桂雲吳梅仙等，或成功不深，或稱尊不久，轉瞬已成歷史英雄，不復耀人耳目，惟近來美人魚楊秀瓊，以游泳絕技，突起華南，縱橫國內，已號無雙；飛耀遠東，亦稱第一，且數年來保持游泳王座，更無後來居上之人，其興也暴，其運也長，風頭之盛，雖非絕後，敢曰空前。委員長專電特邀，秘書長屈尊為御，國府主席且同照像焉，"時論榮之"，"舉國仰慕"，十餘歲少女得此際遇，固非偶然。影響所及，使女則模仿，游泳成為最盛行之運動；男則羨慕，凡女子之貌似美人魚者，皆得擁護，在校則成皇后；在歌場則成名姬……

（雲若，〈美人魚兼及六不將軍〉，《北洋畫報》1935.10.19）

新奇的露背浴衣

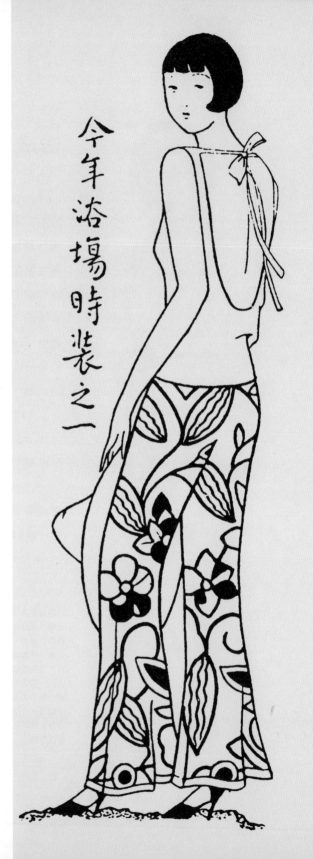

今年浴場時裝之一

海浴

北戴河海濱每屆夏令，中外人避暑者輒以數千計，其熱鬧情
形，可以想見……

今夏海濱最摩登者為女子之海濱睡衣，即 Beach Pajama 用
各色彩綢鑲製，大褲小袖，持傘散步或騎驢於路中，惹人注
意。並有紅色小短褲，白背心赤足之裝，雪臂玉腿，曲線畢
呈。夕陽西下時，車站附近，遊人更多，不啻夏令服裝大展
覽會也。

1931年新式浴衣為單件式 One Piece，即無裙浴衣。綴以各
種新式花紋，顏色鮮艷，並有種種水上玩具，如橡皮球、橡
皮雞、魚鴨等之禽獸模型，供游泳者在水中藉以學習游泳。

　　　　　　　（道生，〈海濱瑣片〉，《北洋畫報》1931.7.21）

調情的好場合，"一個舞女與一男子在池中擁抱游泳，甚至該男子仰泳時使女子伏在他的身上，胸貼胸，嘴唇早已成個呂字，好像是睡馬式……"〔91〕總之，時代的新婦女，就是"不怕羞地脫個精光，換上游泳衣，很大方的到男女混雜的游泳池去洗澡。"〔92〕

1930年天津附近的北戴河，避暑和海浴者打破歷年紀錄，其中存在着政治因素——國（民黨）共（產黨）破裂，蔣介石準備調兵圍剿紅軍，"各方重要人物，奔走南北，斡旋時局，張學良長官先住葫蘆島，再居北戴河，以一避暑之地，竟變成政治中心"〔93〕，官宦貴婦和名門女子都穿着時款泳衣在沙灘上炫耀，"然我國太太小姐輩，真往水裡鑽者，並無幾人。惟浴衣講究，心裁別出，則遠非專事洗澡曬背之西婦所能及其萬一耳。"〔94〕

形象美麗健康的"美人魚"楊秀瓊深受青年男女愛戴，她在1934年7月來南京表演泳術，引起哄動，"由此則日來分赴中山門外中央游泳池，新街口業餘體育會游泳池，及已廢通濟門外九龍橋游泳池之青年男女，為着消夏而去練習游泳者，自然是很多很多。"〔95〕

游泳是女子最適合的運動，1930年上海《生活》週刊徐玉文女士著《海水浴》，預言將來女子的游泳一定會超過男人的，其原因有五："一、女子的體質，富含脂肪，易於浮水。二、女子的體形，呈紡錘狀，有如魚體，受水的抵抗力較小，因之前進力遂大。三、游泳係全身的運動，不偏於局部的發達，結果能使身體平均發育，成自然的美態。四、水中運動的反動力較弱，不像陸上運動的腳踏硬地，易使身體受到強大反動力的惡影響，所以游泳的身體，均能發達豐滿。五、游泳因受冷水的刺激和動作，能行自然的深呼吸，將海上清潔的空氣吸入，可助血液的流行，和胃腸的消化。"〔96〕

黑之美

海浴，與日光浴又是分不開的，在太陽之下開放自己的身體，以前大城市的婦女是不肯這樣做的，傳統的身體美學觀念，中國女子膚色以白為美，要光滑如豆腐般柔軟為佳，"現在人體美的觀念，應與昔日不同吧。昔時要'豆腐式'的小姐身材，今則要有鍛煉的姿態才算美呢。多洗澡，多見日光，能於暑天，多在海中洗浴，浴後在沙灘多多曬日

（震嘉）．璐白與農稼興

泳裝（《良友》第九十一期，1934.8.1）

低胸泳衣，性感暴露。（《娛樂週報》一卷三期，1935.7.20）

海濱試浴，玉體橫陳。（《圖畫申報特刊》1934.6.11）

光，曬得了黃金的顏色。"[97]

　　還要繼續努力，把身體曬得有着"莊嚴的黑的皮膚"，黑就是健康美，"最能顯出生命的活躍的，甚至，在上海，一般的女性也覺得黑的皮膚是很值得誇耀的了。因了健康為一切美的最重要條件，1933 年的黑，便穩然有奪去了白的美的寶座的聲勢。至於我們中國人所讚美的頭髮的黑，眉的黑，眼的黑等，在在可見黑之美麗。"[98]

　　竟連帶衣服都流行黑色了，過去中國人視黑為嚴肅凝重的顏色，死亡的象徵，敬而遠之，雖然女學界曾一度穿着過黑裙，但婦女們總是偏愛輕紅淡翠的鮮明色彩。如今則一反常態，"黑的旗袍，黑的鞋，黑的襪，黑的垂髮與鬢髮，白的旗袍鑲了寬寬的黑衿；黑的手套，黑的襪，黑的鞋，黑的提囊，結個黑的頸帕，或黑的松鼠圍頸，一枚黑手帕。"[99]

　　黑色，着在女人的身上，被認為神秘、誘惑、成熟、魅力無法擋。1934 年上海《婦人畫報》有鷗外鷗的《黑之學說》，對黑色充滿禮讚：

　　"黑為色中之色，美色中之美色。"

　　"三十歲之年沒有一襲黑的衣讓黑為妳立功業，青春是跟了年歲成為歷史的了。"

　　"提高過年輕的處女使之有成熟的性之魅力者，亦黑色也。勿論人工的生理的黑皆為速成戀愛（及性慾⋯⋯）之猛劑。"

　　"諸種的催情藥在婚儀行進中均不及黑的婚禮服的輕便於使用迷惑新娘，而使之蓬勃於需要彼男也。"

　　"黑的熱情呵，黑的性感之強烈呵，黑的性神聖尖梢的敏感呵；黑的性觸角的強健呵。"[100]

新女性：要，就去拿

　　於是，在進入三十年代，那暴露的、性感的、活躍的和強烈的新女性形象在中國出現了。她們敢作敢為，主動地爭取社會地位和職業機會，在愛情生活上採取主動，比男人還敢愛敢恨，有野心、有奢望，更自覺於自己的美貌和儀容。顯然地，這是西方新興的女性形象透過小說、舞台劇、電影和報章雜誌，形象鮮明的表達出來，影響及中國婦女。

影星黃柳霜

在荷里活走紅的黃柳霜，專演迷惑男人的「妖女」（也是當時新女性形象的一種）。（《良友》第七十九期，1933.8）

特別是流行於大都會的西方電影（以荷里活為主），對中國新女性有最深刻的影響，"沒愛人的男子不怎樣高興看電影，因為電影的戀愛故事和肉體之誘惑，不但不是快樂的元素，而且成了痛苦與煩惱的因子。但女子卻不然，她可以從影片中學會戀愛上的一切的藝術。——技術、表情、裝飾、嬌媚等。"〔101〕沒錯，放棄以前萬事都退讓，嬌羞被動的"女性美"，要建立全新的形象是需要好的演技——銀幕的女明星最可學習。

敢於爭取和作風主動的新女性，當時上海的電影劇作家兼影評人劉吶鷗（1900 — 1939）稱為 Go-Getter，"要，就去拿"，他在 1934 年《婦人畫報》著《現代表情美造型》，認為荷里活女星嘉寶（Greta Garbo, 1905 — 1990）和克勞馥（Joan Grawford, 1904 — 1977），上海女星談瑛（1915 —　）, 都是這種新女性的表表者。他寫道："這個新型可以拿電影明星嘉寶、克勞馥或談瑛做代表。她們的行動及感情的內動方式是大膽、直接、無羈束，但是在未發的當兒卻自動地把它抑制着。克勞馥的張大眼睛，緊閉着嘴唇，向男子凝視的一個表情恰好是說明這般心理。內心是熱情在奔流着，然而這奔流卻找不着出路，被絞殺而停滯於眼睛和嘴唇間……現代的男子是愛着這樣一個不時都熱熱地尋找着一個男人來愛，能似乎永遠地找不到的女子，把這心理無停地表露於臉上，於是女子在男子的心目中便現出是最美，最摩登。"〔102〕

這種"要，就去拿"的女性形象，在當時的電影裡有另一個版本，就是荷里活所標榜的 Vamp（"蕩婦"或"妖婦"），衣着性感，作風大膽，玩弄男性，對愛情毫不專一，胡嫣紅的小說《給——》寫活了這種女性："是的，伊不但是衣飾裝束變得像 Supervamp……伊的心和靈魂也會變成那樣可怕。伊眼裡再也沒有以前那種溫馴而同情的光彩，舉動也沒有以前那種柔和與嬌羞的態度，談話也沒有以前那種自然而懇切。只是輕狂、放恣、粗野，而近乎下流。不到五分鐘，伊吸了兩枝紙煙，手指也是黃黃的。我傷心得快發狂。天哪，這就是我用整個靈魂愛上的女人！"〔103〕

在同期另一篇小說《蕩婦面前的英雄》（林儷琴著）為男人淪為"蕩婦"的俘虜而慨歎："男子們若有嫌惡妖媚的美女的一天，資本主義者也會鄙薄他們虔誠崇拜的金錢了！"〔104〕

"人形的豹"

　　於是，新中國女人被比喻為黑豹，"她們不馴服，要平等。在宴會席上交際會中，她們答語敏捷，辯論時不給男人留個餘地。只要輕輕說她們一聲，她們便立刻重重地還你一下。有時她們居然露着挑戰的態度。當你激動她們時，她是不很溫順的。她們是人形的豹。隨時可以跳起來扼住你的喉嚨。"〔105〕

　　"人形的豹"，即美麗性感，但又充滿殺傷力（在對待男人），這無疑是中國婦女劃時代的一個轉變，當中卻存在着極度戲劇性的矛盾。

　　一方面，婦女問題隨着北伐開始、聯省自治以及後來的國民政府成立而得到相當的解決，婦女得到選舉權及被選舉權，婦女能參政和從事公職，出現了史無前例的男女平權——男人做得到的，女人要做得更好。另一面，婦女性解放，棄除舊社會的保守性觀念，以健康、風騷、香艷的"賣相"吸引男人，要在兩性交往中取得優勢，既要政治，也要愛情，多麼的貪婪。

　　徘徊於革命主義（男女平權）和賣相主義（香艷肉感）的十字街頭——搶奪男人的社會地位，卻又渴望男人的愛慾，絕對是矛盾萬分。一直表揚新女性和新道德論的周作人，早已看出這種矛盾來，他在 1928 年發表的《婦女問題與東方文明等》如是說："男子方面有時視女子若惡魔，有時視若天使，女子方面有時自視如玩具，有時又自視如帝王：但這恐怕都不是真相吧？人到底是奇怪的東西，一面有神人似的光輝，一面也有走獸似的嗜好……"〔106〕

　　"神人"與"走獸"，最能捕捉到性解放階段新女性形象的神韻了。

今年浴場時裝之二

"沒有方法勝過來號召再好的用婦女群眾的。大公司推銷外國衣料，那只需開一個時裝表演會，請幾個名媛（？）淑女（？）來上台扭走一下子，包管大公司老闆和外國資本家腰包滿滿。資本家的籌思運算和先我而知的腦筋，的確值得我的讚美。他們利用女子作廣告，完全奏了大效。他們的嘴上，個個浮上一朵笑花！"[107]

04
時裝表演和享樂主義

進入三十年代，"時裝"的觀念已在大都會確立，婦女的普遍心態，認為衣着要追上潮流，要具有時代氣息了。

1931年沙恩溥在《新家庭》發表《服裝談》，給"時裝"下定義："時裝，乃指隨時代隨地點而變的服裝；且必為其時其地所最崇尚的裝束而言。所以時裝是具有時代性的。"[108]時裝的特點就是瞬息萬變，推陳出新，而婦女為了追上潮流，不停轉換新衣，這現象早在1928年已經開始，葉家弗在《女子的服裝》驚歎的說："我們中國素來負着老大病夫的綽號，在經濟上政治上科學上，差不多進步是很微細的。可是不知為什麼，女子的服裝，卻是日異月新，愈趨愈奇，單在最近兩年，已不知變了多少花樣：原先是飄飄底裙兒，套着短短底褲兒；以後便拋了裙褲，換上一件委地底長袍；近來又變為短才過膝的旗袍了，這種飛躍底進步，能不令人歎服嗎？又誰說中國人不長進呢？"[109]

穿衣新觀念

　　傳統的穿衣觀念"只求實用，不講美觀"，再也站不住腳了，因為時髦不再被視為罪過，甚至大家發展出新的衣着邏輯："我們也不能因'時髦'是一種流行病而加以輕視的攻訐；因為我們既有機會製一襲新衣，卻又為什麼不把它造成最新的款式呢？你所出的代價並不會因款式的新穎而加多的呀。"〔110〕

　　隨着北伐成功，大家認為三十年代有一個好的開端，生活趨於美好安定，婦女對時裝的感應變得很強烈，過去還較含蓄和保守的對待衣着，如今因婦女生活方式有所不同，而趨向於美衣華服。名媛參與種種慈善活動，時裝就成為她們的身份象徵；職業婦女投身各行業，穿得講究可以反映她們從事職業的熱誠與意志；女學生熱衷於什麼"校花"、"皇后"的美譽；妓女又有"花國大總統"的選舉；女明星和歌女都要炫耀她們如何衣着入時；總之，各有目標，各懷鬼胎，務求衣着艷麗。

　　而傳媒更投其所好，"畫報上不刊上幾張什麼某某女校的高材生或某某閨秀的照片，

時裝畫《良友》第五十三期，1931.1）
時裝畫《良友》第五十五期，1931.3）

先施公司響應時裝表演會，出版《新裝時刊》。

時髦女學生

似乎不足以推廣銷路，引起讀者的歡迎了！同時有好多女子，似乎不把自己的尊容，刊在畫報上面，不足以表示時髦，不足以抬高身價的了！」〔111〕

　　照相館和畫報卻又關係密切，「美術照相的進步和圖畫報章的暢銷，在這兩年來的我們中國，真不可不推為最有成績的二樁應運而生的可喜現象；所謂照相而經過美術的配置，根本也就照不出醜陋的樣子，女人是最愛好看自己的美麗，於是美術照相，也當然尤其備受她們的歡迎！當我們每次跑過幾家照相館的門口，總能看到櫃裡陳列着盡是着色而放大的都市小姐，在這一點，就可以很明顯的給我們證實，照相館之對於都市小姐們的格外看待了！」〔112〕

　　那些畫報雜誌務求進入女校的世界，拍攝所謂「皇后」、「高材生」的艷照，甚至上海的畫報與照相館掛鈎，在大學女生宿舍貼出告示，「凡某大學的女生要拍照的時候，只須某藝術刊的一紙證明，就可以得着一律免費的優待」〔113〕，而那些好出風頭的女生果真聞風而至。

　　婦女完全追尋美麗扮相的行為，亦引起社會頗多非議，男人在無可奈何之餘開始諷刺她們為「衣架子」、「（時裝）活動廣告」、「花瓶」等。而那「許多譏諷侮辱女性名詞之中，『花瓶』或者是最厲害的了……是指那些沒有工作技能，只會裝飾得漂亮，做辦公室裡的點綴品的女人。」〔114〕

1930 年先施公司舉辦時裝表演大會廣告（《民國日報》1930.3.26）

先施公司出版《新裝時刊》中的時裝設計畫。

時裝表演

　　時裝表演，西洋服裝的活動推銷術，亦在這時期引進，最初展出的都是外國廠出品的近裝。尤其上海婦女對外國時裝早就趨之若鶩，平時本來已經很注意報紙上所刊登的時裝廣告，如今竟能看到真人示範時裝表演，當然雀躍萬分，而推銷之時裝廣收宣傳之效。

　　“時裝表演大會”，上海的先施公司始創，1930 年 3 月 24 日先施在《申報》刊登頭版廣告，繼而 26 日在《民國日報》頭版廣告，“時裝表演大會，由 3 月 24 日起至 31 日止，表演時間上午十時至十二時半，下午二時至六時半，歡迎參觀”。廣告內容更指出，“英國名廠 Wemco 所出之 Tricochene 綢，花樣新奇，顏色鮮艷，最合春夏衣料之用，早已馳譽各國婦女界”，“該廠特派專員來公司為新裝設計，現製就各款新裝多種，均屬獨出心裁”，“延請中西名媛登台表演，服飾之美麗，設色之奪目，姿態之曼妙，舉止之大方，無不表現入微，令人發生無限美感”〔115〕。當時並沒有專業的時裝模特兒，所以只由社會上那些好交際、好出風頭的 “中西名媛” 登台表演了。

　　這絕對是轟動一時的創舉，亦引起輿論界的反思，迺時在報上隨即發表《時裝表演大會》一文，慨歎着婦女只愛外國貨，更為一蹶不振的國貨惋惜：“大公司的大老闆不過為了恐怕閨閣千金們不知道有這一批外國新貨可以購買，所以費盡心思才開了這樣一個大會罷了。登台的中國名媛，不過為了恐怕姊妹們不知道外國貨，所以特地參加在這時裝大會裡，犧牲了色相，登台在觀眾面前入微的表演着曼妙的姿態。啊！偉大的犧牲，偉大的舉動，值得讚美，值得佩服……國產絲綢，凋敝得這個樣子，空喊着提倡國貨的人雖不少，但是一輩女子們卻迷信着外國，我們痛恨，我們常常為國貨宣傳，希望一輩人們能改轉 ‘來路貨’ 都是好的心理。現在這位大老闆卻會設計，會宣傳，登着大幅廣告，開着盛大表演會，致力的對象，卻是外貨，尚有何言？”〔116〕

　　在先施公司二樓場地舉辦的歷史性首個時裝表演會情況，據目睹者的觀察與批評：“我們走到了那表演的場所，看見一位中國女子穿了一身淡藍色的時裝，在台上慢慢地行走；同時再有留聲機開着，大概是配她行走的步調的。她走到台的盡頭，還打一個圈子。接着，有一位中國男子起來說：這便是美國某名廠的出品，每碼只售六元，是怎樣的便宜呀！最適合宴會，或是跳舞時穿的！多麼的漂亮呀！總之，都是說外國出品的優良，來引誘一班所謂時髦的女子去買他們的料子。那末，他們公司裡便可以賺一筆巨款了。台下的觀眾竟至擠得出汗，尤以女賓為最多⋯⋯同時，有許多漂亮的女子，大家在爭着購買”，“原來我們中國人，這樣的不自覺，來幹這種互相殘殺的事情，為了要賺錢供自己的揮化，就不管一切的窮思極想，想出這個奇裝表演大會來替代外國人宣傳外國貨，去引誘自己中國人去買它，反把我們中國貨淹沒迫盡！嗚呼！”〔117〕

國貨時裝展覽會

其實，“五卅慘案”（1925 年）引發大規模反帝國主義運動之後，國民在消費上有所覺醒，提倡用國貨的口號叫得震天響，作為大都會之首的上海立刻發起“中華國貨維持會”等活動，到 1928 年更開辦大規模的“國貨運動會”：展覽國貨，組織遊藝晚會，更由上海的婦女協會發佈《為提倡國貨告婦女》，指出最愛用洋貨的是女子，如果女子個個用國貨，洋貨就會斷絕銷路。所以，1930 年的第三屆國貨運動會，其中一項重要活動就是 10 月 9 日的“國貨時裝展覽會”，其出現是顯然地回應 3 月 24 日先施的“時裝表演大會”，乃國貨時裝與洋貨時裝的大對決了。

國貨時裝展覽會

創中國未來的"美的裝束

本公司所製新裝
為中國婦女服飾之總源

雲裳公司

上海一雅婦女服裝商店

上海著名時裝店雲裳公司廣告（《新家庭》1931）

　　國貨時裝展覽會是上海婦女界發起，提倡婦女使用國貨服裝，改變造衣服必用洋貨的觀念，由上海市綢緞業公會、國產綢緞業救濟會、美亞綢廠等送出名貴衣料，再由鴻翔、雲裳等時裝公司設計裁製。時裝表演在大華飯店舉行，滬上名媛閨秀一時雲集，表演者全部身穿國貨綢緞時裝，製作精美，使大家眼界頓開，到會人數多達千幾人，盛況空前，在上海灘引起轟動。

　　國貨時裝展覽會所展出的女子時裝，共兩類八種：第一類中國式，三種：一、普通服；二、短旗袍；三、長旗袍。第二類西洋式，五種：四、晨服；五、常服；六、茶舞服；七、晚服；八、婚禮服。充分反映其時婦女服裝之多元化，亦很受西服之影響。

　　中式"普通服"就是上衣下裙和上衣下褲的服制，在1926年旗袍捲土重來之後，已大為失色，尤其在晚宴和舞會上已被旗袍取代。不過，在旗袍仍處於改良階段時，西式的連衣裙"晚服"（兼舞衣）卻是大都會夜繁榮的婦女寵兒。

　　"國貨時裝"對抗"洋貨時裝"，一個諷刺性的觀念。所謂"國貨時裝"，僅是用國產綢緞衣料製衣，所製時裝則大部分模仿西式，本末矛盾。那時期的"時裝設

九重后臉

HARUMOTO S. F. LTD.

連衣裙

女子着西服

北平今夏來女性着西服者日眾。一短衫，一裙，凡作此裝束者，即可袖短過肘，而赤足裸腿。蓋新運中有着西服者聽一語，於是西服乃成為平市摩登女郎之必備衣飾矣。（《北洋畫報》1935.6.25）

名媛衣着模仿畫報
《婦人畫報》第二十二期，1934.10）

廣告時裝的影響

廣告畫裡的服裝與真人所着的服裝
出現於同一版畫報上，互相輝映，
互相模仿。《申報圖畫週刊》1935.3.14）

時裝裁縫店廣告
《北洋畫報》1930.12.6）

計"，只是將西洋女服抄襲過來。"世間惟婦女裝飾，為最富於模仿性。所謂'時髦''流行'（所謂 Latest Fashion）皆不過競相模仿之結果耳。上海天津各地，每出新裝，爭相摹擬，其最時髦而尤漂亮者，則且步武歐美，如以墨畫眼睫，及剪髮束腰之類皆是。"[118]

為了時髦……

其時中國的時裝設計尚欠專業基礎，那些社會名媛、交際花、畫家和留學生帶着摩登觀念，開辦前衛的時裝店（如雲裳、綠屋等），從事時裝設計，至於傳統成衣舖的裁縫偶也設計一些款式。流行畫報投其所好，聘請畫師（如葉淺予、萬古蟾等）構思新裝圖樣，刊登雜誌之上。甚至月份牌畫師繪得美衣華服，亦成為最佳參考。那些舞女、明星、歌女、學生等也各盡心思，找適合的對象模仿。對於那普通入息的婦女，"只要你能夠有眼光自行選擇與自己配合的圖樣，交給廉價的縫工（需五六七元左右）去做，試樣時又特別加以留意，這樣既可省下一筆巨額的裁縫費（時裝公司約須廿五元），造出來的也不見得怎樣不時髦。"[119]

關於時裝意識，當時是相當混亂，大量進口的西洋衣料和女服皆日新月異，鬥巧爭奇，相比之下國貨顯得保守而落伍。既然提倡國貨，如何補救才好？有一種講法，就是盡量把款式造得新穎美觀，以補國貨衣料之呆板。"提倡新裝者，切宜研究利用國產品，以增進婦女之美觀"[120]；"我們不樂用國貨的最大原因是'國貨不時髦'，如果我們於款式方面力求新穎雅觀則採用國貨呢絨又何嘗不時髦呢？"[121] 結果，女子為着時髦美觀窮盡心智，爭妍鬥麗，永遠的貪新棄舊，只知盲目的追潮流，《良友》雜誌對她們的批評："婦女們的裝束，現在對

《北洋畫報》1933.8.3

時裝公司廣告（《北洋畫報》1934.5.12）

於‘新’的趨向，益發來得熱烈了。但是，‘新’只管‘新’，‘美’卻還沒有達到，並且趨於模仿一途：見着人家穿的是長的，走起路來，很有一種婀娜的美態，便不管自己身材的肥瘠，馬上喚裁縫依樣葫蘆來了。一着上身，她自以為‘新’，然而‘婀娜’卻就沒有了，為的是她的身材，另有一種裝束來配的啊。”[122]

如此下去，女裝的潮流簡直瞬息萬變，變得不可能適應，“似乎一個女子，沒有學識倒還是小事，如果不摩登卻是一件奇恥大辱！因而她們每天的主要事務，就在討論新裝問題！尤其是上海的女郎們最是考究了，冬季和春季，新裝的式樣，天然是不同了，甚至上月和本月，昨日共今朝，新裝也早已改變花樣了。因此，一般縫衣匠他們雖不停的打算新裝式樣，而製成的新裝，壽命卻很短，隔上幾天就成舊裝了。一般摩登女郎，今天新造了一件時式的衣服，穿了幾天不時了，攔諸箱籠，重行定製，整百整十的鈔票，化在新裝上絲毫沒有吝嗇”[123]。可見為了時髦，非常浪費。

性感的三十年代

1930 年的西式女服，以纖窄修長，輕薄暴露的連衣裙為時尚，尤其晚裝色彩艷麗，乃摩登女子所渴求，時裝公司亦以此為招徠，例如 3 月 4 日上海惠羅公司所登廣告：“新到一種婦女晚裝舞衣，係名廠之成功出品，用精細透明紗縐，由名工巧製，心裁別出，且加有彩色明鑽，四周鑲成式樣絕佳，艷麗無比，顏色眾多，如玫瑰、藍、綠、白、黑，等等，在舞場着此一襲，與電炬相映，光彩閃爍，定能炫目驚人，惟到貨無多，務希捷足先得。”[124]

“透明紗縐”，“炫目驚人”，正是其時女裝精神，再加上婦女開始解放自己的身體，讓衣服纖窄緊身，盡量暴露曲線，夏天衣料更趨輕薄，令玉體若隱若現，驚世駭俗。續本華在《新婦女論》描寫新女性的新裝：“束胸，不十分地；但捆束了全個身，把所有的線條全都顯露了。比如說：從乳頭的一點的中心，便有着一個淡紅的正圓，狹小的部分，是纖纖的柳腰；接着是突變的兩條弧形的曲線，那是她們富着青春期的豐肥的臀部；以下是裹在白絲襪裡的兩條晶瑩而且顫動的小腿。”[125]

透明薄紗旗袍相當流行《良友》第七十二期，1932.12）

THE MOST POPULAR AND
ATTRACTIVE MAGAZINE
IN CHINA

良友

THE
YOUNG
COMPANION
№ 72
第七十二期

　　玲瓏浮凸的女性胸脯，在男人的眼中是何等的心弦震盪，"二個微聳着的乳峰，雖則深深地躲藏在一層薄綢子的衣襟內；而胸脯前刻劃出的圓凸的柔美的線條，仍充溢着全部的醉人的魅力。"〔126〕

　　裸胸、露臂、短裙、短旗袍、長絲襪，開展了性感的 30 年代。"幾年以前，短裙運動風靡了全世界。中國女裝的旗袍也截短到膝蓋以上。於是長統絲襪便開始流行起來。富有曲線美的大腿便浮動到每個都市上。絲襪的色素也漸漸地由雜色集中到肉色來。"〔127〕肉色的絲襪，就有着赤裸玉腿的感覺了。

　　既然要炫耀長統絲襪，那古老陳舊如紮腳布的長內褲便得要剷除掉，"從前長垂到足趾下的褲管，竟不住的縮短，直到看不到褲子了。"〔128〕當穿起西洋婦女短小的內褲時，當然又是一番震撼。"在伊的黑綢短褲的腳管邊，露出了一狹條白嫩的肉，上身只穿着白綢的襯衣，外加一件桃色的絨坎肩，瓢形的胸是在美妙地波動着。"〔129〕

　　短內褲以外，有時更扣上西洋式小圍腰，垂下掛鈎（香艷點就叫"香鈎"），吊着長統絲襪。未幾，由長統絲襪轉變為短襪，"北平的女生興穿及脛短襪，把兩條肥白大腿，整個兒露在外面"，而不穿襪子的風氣，又從紐約和巴黎傳來，"至於上海的女學生，聽說索興把襪子去了，不但露腿，而且露出'香鈎'，不但露出雪白粉嫩的大腿，而且在大腿上，畫了圖案的花紋。"〔130〕

　　1931 年，不穿襪子的姑娘在上海多得很，社會衛道者顯得緊張，認為裸露雙腿與裸露整個軀體無異。 1933 年著名艷星徐來（1909 — 1973）就差點闖了禍，"明星影片公司攝影隊到山東曲阜去拍戲時，那位標準美人徐來把那雙原裝的裸腿出現在孔廟裡，一時大遭夫子的七十幾代孫的聖裔的反對，險乎鬧了亂子。雖然女子穿襪與否，事實上是無關宏旨。可是在中國的許多場合上，這區區一襪之微，卻往往是全社會的禮教的屏藩呢。"〔131〕

　　到了 1934 年，海浴普遍流行，婦女服裝的暴露程度更甚，"袖子長在肩膀上的，領口開在前胸邊的，所謂 1934 年最摩登的夏裝，用薄得像玻璃紙一般的，軟得像留蘭香樣的喬其紗造成的。一陣帶着熱味兒的風吹起了開衩那兒的衣角，於是露出了赤裸裸的棕色大腿。"〔132〕

　　一個女子完全性感的年代，是包括：暴露自己的肉體，美化自己的面孔身軀，放浪的行為，對男人的誘惑，不拘謹於服飾消費……而這些在 1930 年到 1935 年間，都會的女

長統絲襪和短內褲

不穿絲襪

日來天氣甚暖，摩登女郎徘徊街頭，招搖過市者，大有人在。最摩登者，且提前打倒皮外衣，只穿極薄絲綢夾旗袍，微風過處，衣衩縫裡，可窺見玉腿瑩然，已多不穿絲襪者矣。（《北洋畫報》1933.3.28）

性開始做得到了。

　　保守的知識界總愛以服飾消費和享樂主義來衡量婦女解放的成敗得失。只認為克己苦行才是婦解唯一的途徑。馬國亮（1908 — ？）的《時代女性生活之解剖》："我們雖然記憶力是不大好，但是我們不能忘記曾經有個時候，高唱女子解放口號的女性們毅然把頭髮剪短，不加捲燙，真確地實現了減省時間的浪費的目的。同時不塗脂粉，穿着沒領短袖的衫，短而闊的裙，那時候沒人倡起要用蔻丹，平底鞋更成了一時的風尚。這一切，全是婦女解放的最高潮的申現。大家都預備努力去做一點事業，把無謂的奢侈積習和舉凡一切足以妨礙作事便利的都通通摒棄。但是這種高潮都像曇花一般地，在極短促的時間裡面便枯萎下去了。"〔133〕

　　曹聚仁（1900 — 1972）甚至認為婦解已淪陷於享樂主義，他在《一個抗議》裡指出："所謂婦女運動，提倡了差不多一二十年，其結果資本主義的一切光明幸福全未得到，資本主義的一應黑暗災禍，都已來臨。上海小市民中，所謂學校皇后，所謂交際明星，所謂摩登女郎，所謂美麗花瓶，徹頭徹尾都是一種享樂主義者。"〔134〕

　　其實，以上的陳詞濫調已追不上進步的時代，現代女子開放自我，解除身體的性禁忌，在兩性交往間採取主動，有着更深層的婦解含義。要知道，婦女解放從來不可能排除性解放的，否則的話，尼姑豈不是婦解先鋒。了解及此，就更不應斤斤計較女子是否裸腿露胸了。

註釋

〔1〕劉禹輪：〈為提倡天乳運動告革命婦女〉，《風俗改革叢刊》（台北：文海出版社），208頁。

〔2〕〈朱家驊提議禁革婦女束胸〉《民國日報》〔廣州〕1927年7月8日），5頁。

〔3〕周建人：〈關於性史的幾句話〉《一般》〔上海〕誕生號，1926年9月5日），114頁。

〔4〕張競生：〈裸體研究〉《新文化》〔上海〕創刊號1926年12月），52—68頁。

〔5〕王世霖：〈束胸〉《晨報副鑴》〔北京〕第六十九號，1927年3月20日），10頁。

〔6〕縐香閣主：〈婦女裝束的一個大問題——小衫制度應否保存〉《北洋畫報》〔天津〕第八十四期，1927年5月4日），4頁。

〔7〕〈朱家驊提議禁革婦女束胸〉《民國日報》〔廣州〕1927年7月8日），5頁。

〔8〕狂佬：〈束胸何以要待三個月後才一律禁絕呢？〉《民國日報》〔廣州〕1927年8月12日），11頁。

〔9〕〈女子解放胸部〉《民國日報》〔上海〕1927年8月10日），3張，3版。

〔10〕張競生：〈性美〉《新文化》〔上海〕第一卷第六號，1927年10月），1—12頁。

〔11〕縐香閣主：〈婦女裝束上的一個大問題——小衫應如何改良〉《北洋畫報》〔天津〕第一百十四期，1927年8月12日），4頁。

〔12〕縐香閣主：〈胸衣構造說明〉《北洋畫報》〔天津〕第一百三十期，1927年10月19日）。

〔13〕〈再談女子胸部解放〉《民國日報》〔上海〕1927年8月11日），3張，3版。

〔14〕〈曲線化〉《民國日報》〔上海〕1927年8月12日），11頁。

〔15〕觀我生：〈女子束胸與胸部曲線〉《民國日報》〔廣州〕1927年8月12日），11頁。

〔16〕未醒：〈我也談談女性美〉《民國日報》〔廣州〕1928年1月17日），8頁。

〔17〕絳雪：〈量胸高〉《民國日報》〔廣州〕1928年1月11日），8頁。

〔18〕〈曲線化〉，上揭。

〔19〕〈曲線化〉，上揭。

〔20〕盧夢痕：〈剪髮〉《民國日報》〔上海〕1926年10月18日），2張，3版。

〔21〕魯迅：〈憂《天乳》〉，《而已集》（香港：新藝出版社），71—72頁。

〔22〕魯迅：〈憂《天乳》〉，《而已集》（香港：新藝出版社），71—72頁。

〔23〕〈受四重壓迫的人們還不覺悟嗎？〉《民國日報》〔上海〕附刊〈婦女週報〉第八十八期，1926年1月20日），7—8頁。

〔24〕劉禹輪：〈為提倡天乳運動告革命婦女〉，上揭，208頁。

〔25〕風俗改革委員會：〈不良風俗的弊害和我們應有的努力〉，《風俗改革叢刊》，上揭，3頁。

〔26〕劉禹輪：〈為提倡天乳運動告革命婦女〉，上揭，208頁。

〔27〕劉禹輪：〈為提倡天乳運動告革命婦女〉，上揭，208頁。

〔28〕劉禹輪：〈為提倡天乳運動告革命婦女〉，上揭，208頁。

〔29〕〈非僅婦女之問題〉《生活》〔上海〕第四卷第十二期，1929年2月3日），119—121頁。

〔30〕許晚成：〈關於女子胸部的解放〉《民國日報》〔上海〕1931年5月28日），2張，3版。

〔31〕許晚成：〈關於女子胸部的解放〉《民國日報》〔上海〕1931年5月28日），2張，3版。

〔32〕楊石癯女士：〈婦女束胸問題零感〉《民國日報》〔上海〕1930年6月28日），2張，4版。

〔33〕楊石癯女士：〈婦女束胸問題零感〉《民國日報》〔上海〕1930年6月28日），2張，4版。

〔34〕楊石癯女士：〈婦女束胸問題零感〉《民國日報》〔上海〕1930年6月28日），2張，4版。

〔35〕楊石癯女士：〈婦女束胸問題零感〉《民國日報》〔上海〕1930年6月28日），2張，4版。

〔36〕楊石癯女士：〈婦女束胸問題零感〉《民國日報》〔上海〕1930年6月28日），2張，4版。

〔37〕楊石癯女士：〈婦女束胸問題零感〉《民國日報》〔上海〕1930年6月28日），2張，4版。

〔38〕李哲先：〈關於束胸及其他〉(《民國日報》〔上海〕1930年7月4日)，3張，4版。

〔39〕楊石癯女士：〈婦女束胸問題零感〉，上揭。

〔40〕楊石癯女士：〈婦女束胸問題零感〉，上揭。

〔41〕沙恩溥：〈服裝談〉(《新家庭》〔上海〕第一卷第十號，1931年)，1—12頁。

〔42〕夏東元，《二十世紀上海大博覽》(上海：文匯出版社，1995年)，212頁。

〔43〕小羽：〈劉海粟與人體模特兒〉，《人體美大觀》(青島：青島出版社，1989年)，196—201頁。

〔44〕小羽：〈劉海粟與人體模特兒〉，《人體美大觀》(青島：青島出版社，1989年)，196—201頁。

〔45〕小羽：〈劉海粟與人體模特兒〉，《人體美大觀》(青島：青島出版社，1989年)，196—201頁。

〔46〕小羽：〈劉海粟與人體模特兒〉，《人體美大觀》(青島：青島出版社，1989年)，196—201頁。

〔47〕小羽：〈劉海粟與人體模特兒〉，《人體美大觀》(青島：青島出版社，1989年)，196—201頁。

〔48〕李哲先：〈關於束胸及其他〉，上揭。

〔49〕小羽：〈劉海粟與人體模特兒〉，上揭，208—209頁。

〔50〕小羽：〈劉海粟與人體模特兒〉，上揭，208—209頁。

〔51〕夏東元：上揭，325頁。

〔52〕劉海粟：〈關於模特兒〉，《人體美大觀》，上揭，214—216頁。

〔53〕劉海粟：〈關於模特兒〉，《人體美大觀》，上揭，214—216頁。

〔54〕劉海粟：〈關於模特兒〉，《人體美大觀》，上揭，214—216頁。

〔55〕劉海粟：〈關於模特兒〉，《人體美大觀》，上揭，214—216頁。

〔56〕紅杏：〈人生對於裸象的觀念〉(下)(《民國日報》〔上海〕1929年1月29日)，4張，2版。

〔57〕徐傑：〈介紹鄭吻夂君的《人體美》〉(《民國日報》〔上海〕附刊《文藝週刊》第五期，1928年2月29日)，4頁。

〔58〕俊超：〈提倡裸體！〉(《民國日報》〔上海〕1929年11月30日)，4張，3版。

〔59〕聖女：〈燈下〉(《民國日報》〔上海〕1926年7月2日)，2張，3版。

〔60〕Heinz Von Perckhammer，張建文：《女性人體美》(上海：良友圖書印刷公司)，1頁。

〔61〕〈據說〉(一)(〈北洋畫報〉〔天津〕第一百七十六期，1928年4月4日)，3頁。

〔62〕廣州市文化傳播事務所：《20世紀中國全紀錄》(香港：香港文化傳播事務所有限公司，1994年)，357頁。

〔63〕周作人：〈裸體・擦背・貞操（三則）〉，《性愛的新文化》(太原：山西人民出版社，1992年)，77—79頁。

〔64〕周作人：〈裸體・擦背・貞操（三則）〉，《性愛的新文化》(太原：山西人民出版社，1992年)，77—79頁。

〔65〕〈偶成〉(其十七)(《北洋畫報》〔天津〕第八十六期，1927年5月11日)，3頁。

〔66〕周作人：〈裸體遊行考訂〉，《談虎集》(下)(香港：實用書局，1967年)，531頁。

〔67〕天馬：〈從裸體運動想到的話〉(《申報》〔上海〕1933年7月20日)，5張，19版。

〔68〕陶希聖：〈婦女不平衡的發展〉(一)(《婦女雜誌》〔上海〕第十六卷第九號，1930年9月)，2—3頁。

〔69〕周作人：〈裸體遊行考訂〉，上揭。

〔70〕天馬：〈從裸體運動想到的話〉，上揭。

〔71〕天馬：〈從裸體運動想到的話〉，上揭。

〔72〕天馬：〈從裸體運動想到的話〉，上揭。

〔73〕《人體美》之演講〉(《民國日報》〔上海〕1926年7月9日)，2張，2版。

〔74〕《人體美》之演講〉(《民國日報》〔上海〕1926年7月9日)，2張，2版。

〔75〕天馬：〈從裸體運動想到的話〉，上揭。

〔76〕沙恩溥：〈服裝談〉，上揭。

〔77〕張競生：〈裸體研究〉，上揭。

〔78〕張競生：《性史》(上海：美的書社，1926年)，17—18頁。

〔79〕 張競生：《性史》，上揭，19 — 20 頁。

〔80〕 張競生：《性史》，上揭，37 — 38 頁。

〔81〕 周作人：〈南開與淫書〉，《性愛的新文化》，上揭，106 頁。

〔82〕 〈公安局禁售性史〉《民國日報》〔上海〕1927 年 9 月 29 日），3 張，3 版。

〔83〕 聖女：〈性史之輿論〉（一）《民國日報》〔上海〕1926 年 7 月 6 日），2 張，3 版。

〔84〕 聖女：〈性史之輿論〉（一）《民國日報》〔上海〕1926 年 7 月 6 日），2 張，3 版。

〔85〕 陳曉光：〈性史〉《民國日報》〔上海〕1927 年 9 月 18 日），3 張，3 版。

〔86〕 張競生：〈性美〉，上揭。

〔87〕 張競生：〈裸體研究〉，上揭。

〔88〕 張競生：〈裸體研究〉，上揭。

〔89〕 天馬：〈從裸體運動想到的話〉，上揭。

〔90〕 陳嘉震：〈大上海的熱景〉《良友》〔上海〕第九十二期，1934 年 8 月），13 頁。

〔91〕 御風：〈虹口公園游泳池之中意……中俄……中英大戰〉《民國日報》〔上海〕1929 年 8 月 16 日），4 張，3 版。

〔92〕 續本華：〈一部分的新婦女論〉《民國日報》〔上海〕1930 年 8 月 11 日），4 張，2 版。

〔93〕 陶陶：〈今年的北戴河與將來〉《北洋畫報》〔天津〕第五百二十一期，1930 年 9 月 6 日），3 頁。

〔94〕 〈海濱午夢錄〉《北洋畫報》〔天津〕第五百二十三期，1930 年 9 月 11 日），3 頁。

〔95〕 曙山：〈熱在南京〉（二）《申報》〔上海〕1934 年 7 月 19 日），4 張，16 版。

〔96〕 徐玉文女士：〈海水浴〉《生活》〔上海〕第四卷第四十一期，1929 年 9 月 8 日），461 — 463 頁。

〔97〕 阿貢：〈讀者信箱〉《婦人畫報》〔上海〕第十六期，1934 年 3 月），32 頁。

〔98〕 亞曼：〈黑的美〉《婦人畫報》〔上海〕第十一期，1933 年），5 — 6 頁。

〔99〕 鷗外鷗：〈黑之學說〉《婦人畫報》〔上海〕第十八期，1934 年 5 月），25 — 32 頁。

〔100〕 鷗外鷗：〈黑之學說〉《婦人畫報》〔上海〕第十八期，1934 年 5 月），25 — 32 頁。

〔101〕 林瀅：〈愛的漫話〉《婦人畫報》〔上海〕第十期，1933 年 9 月），18 頁。

〔102〕 劉吶鷗：〈現代表情美造型〉《婦人畫報》〔上海〕第十八期，1934 年 5 月），16 頁。

〔103〕 胡嫣紅：〈給——〉《新家庭》〔上海〕第一卷第三號，1931 年），1 — 17 頁。

〔104〕 林儷琴：〈蕩婦面前的英雄〉《新家庭》〔上海〕第一卷第十號，1933 年），1 — 15 頁。

〔105〕 默然：〈中國男人不懂戀愛藝術〉《婦人畫報》〔上海〕第十六期，1934 年 3 月），9 — 13 頁。

〔106〕 周作人：〈婦人問題與東方文明〉，《理性與人道——周作人文選》（上海：上海遠東出版社，1994 年），308 頁。

〔107〕 號鶯：〈咖啡座〉《民國日報》〔上海〕1930 年 9 月 5 日），3 張，4 版。

〔108〕 沙恩溥：〈服裝談〉，上揭。

〔109〕 葉家弗：〈女子的服裝〉《民國日報》〔上海〕1928 年 11 月 20 日），4 張，3 版。

〔110〕 〈關於冬裝〉《婦人畫報》〔上海〕第十五期，1933 年 2 月），28 頁。

〔111〕 茶心：〈畫報與女學生〉《民國日報》〔上海〕1930 年 5 月 24 日），4 張，1 版。

〔112〕 明時：〈畫報封面，免費照相〉《民國日報》〔上海〕1930 年 5 月 17 日），3 張，4 版。

〔113〕 明時：〈畫報封面，免費照相〉《民國日報》〔上海〕1930 年 5 月 17 日），3 張，4 版。

〔114〕 黃嘉德：〈婦女職業問題〉《婦人畫報》〔上海〕第二十期，1934 年 8 月），5 — 8 頁。

〔115〕 〈時裝表演大會〉廣告《民國日報》〔上海〕1930 年 3 月 26 日），1 張，1 版。

〔116〕 迺時：〈時裝表演大會〉《民國日報》〔上海〕1930 年 3 月 25 日），3 張，3 版。

〔117〕 均作：〈時裝表演大會〉《民國日報》〔上海〕1930 年 4 月 1 日），3 張，2 版。

〔118〕 謬公：〈婦女裝飾之摹仿性〉《北洋畫報》〔天津〕第一百五十七期，1928 年 1 月 21 日），2 頁。

〔119〕 〈關於冬裝〉，上揭。

〔120〕〈婦女裝束談〉(《北洋畫報》〔天津〕第五十六期，1927年1月19日）。

〔121〕〈關於冬裝〉，上揭。

〔122〕〈新裝漫語〉(《良友》〔上海〕第七期，1926年8月15日），15頁。

〔123〕影呆：〈高跟皮鞋之不幸〉(《民國日報》〔上海〕1931年2月17日），3張，2版。

〔124〕〈惠羅公司〉廣告(《民國日報》〔上海〕1930年3月14日），2張，3版。

〔125〕續本華：〈一部分的新婦女論〉，上揭。

〔126〕林儷琴：〈蕩婦面前的英雄〉，上揭。

〔127〕嘉謨：〈關於裸腿的出現〉(《婦人畫報》〔上海〕第十九期，1934年6、7月），14—15頁。

〔128〕林儷琴：〈蕩婦面前的英雄〉，上揭。

〔129〕暮氣：〈斷襪文腿〉(《北洋畫報》〔天津〕第五百十一期，1930年8月14日），3頁。

〔130〕暮氣：〈斷襪文腿〉(《北洋畫報》〔天津〕第五百十一期，1930年8月14日），3頁。

〔131〕嘉謨：〈關於裸腿的出現〉，上揭。

〔132〕陳嘉震：〈大上海的熱景〉，上揭。

〔133〕馬國亮：〈時代女性生活之解剖〉(《婦人畫報》〔上海〕第十五期，1934年2月），9—14頁。

〔134〕曹聚仁：〈一個抗議〉(《申報》〔上海〕1933年8月24日），5張，19版。

第六章
旗袍的復興

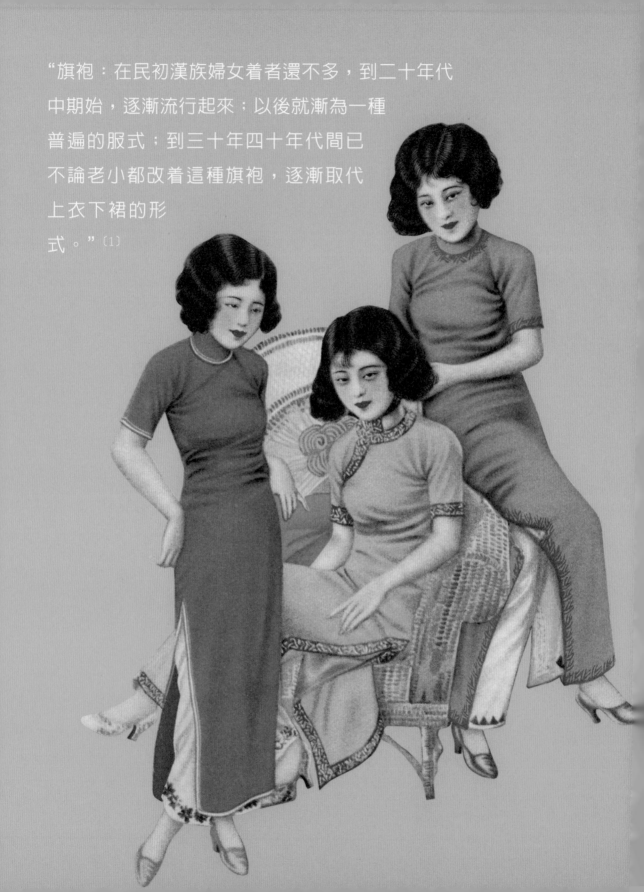

"旗袍：在民初漢族婦女着者還不多，到二十年代
中期始，逐漸流行起來；以後就漸為一種
普遍的服式；到三十年四十年代間已
不論老小都改着這種旗袍，逐漸取代
上衣下裙的形
式。"〔1〕

01
《服制條例》確定旗袍地位

1926 年旗袍捲土重來。

辛亥革命之後，漢族婦女已摒棄那腰身平直、下長至足、寬大而笨拙的旗袍，都採取上衣下裙的服制了。大概只有平（北京）津（天津）及東北地區滿族婦女，繼續維持她們的袍服。但最意想不到者，十五年後旗袍竟在上海這時裝大都會復興，跟着傳遍沿海城市，婦女紛紛以穿着旗袍為時尚。

政治背景

　　這時期的旗袍，早已脫離了傳統滿清服裝的桎梏，逐漸吸收了歐美女服講究曲線適體的裁剪特點，使旗袍收腰、縮短、高衩，突出女性胸、腰和腿部曲線美，完全配合二十年代末期婦女開始解放自己身體的精神面貌。

　　其實，早在五四運動（1919 年）之後，民族情緒高昂，知識界有鑒於婦女服飾漸趨洋化，便提出婦女改穿男裝長袍之說，雖然一般婦女沒付諸實行，但主張婦女服裝回復到傳統袍服上去的論調發出了先聲。

　　1925 年，另一次最悲壯的反帝國主義鬥爭爆發，上海的“五卅慘案”（日帝國主義者開槍鎮壓罷工的中國工人），引起全國工人大罷工，各界婦女團體反應激烈，紛紛響應罷工、罷課、罷市，抵制日貨洋貨，而婦女知識界亦開始考慮擺脫東西洋服飾的影響，往傳統的民族的衣着風格去再構造中國女性的文化身份，旗袍復興漸露端倪⋯⋯

　　“民國十五六年（公元 1926 年—7 年）間，時當國民革命軍北伐前夕，婦女着袍服之風漸盛，然款式多保守，腰身概取寬鬆，袖長及腕，身長在足踝以上。因其近似男裝，當時只有時髦的婦女勇於嘗試。”[2]

　　“民國十六七年（公元 1927—8 年），國民革命北伐軍底定長江兩岸，一切去舊佈新，社會風氣為之一變。一時青年男子愛着中山裝或綴有上一下二至三個暗袋，不翻領的‘學生裝’。青年婦女則紛紛改着袍或長衫，通稱‘旗袍’。於是婦女袍服之風，迅速遍及全國。”[3]

國服萬歲

　　婦女旗袍的復興，是與男子盛行穿中山裝同時並進，非但無巧合成分，更反映當時民族主義者鬥志高昂，情緒高漲。

　　中山裝，由孫中山先生倡導，依據中服和西服樣式改革而成，“辛亥革命後，孫中山先生認為是該有一套代表本國民族氣節的服裝了，革命黨人穿什麼式樣的服裝是一個大問題，在廣泛徵求意見與展開討論的基礎上，孫先生建議穿廣東便服，但把直領改為翻領”；“造型大方、嚴謹，表達了男子內向、持重的性格。”[4] 雖然孫中山自己帶頭穿，但並不流行，直到北伐形勢大好，國民黨官員為提倡國貨身體力行地穿着，中山裝才暢行一時，更有人高呼口號：“打倒西裝，國服萬歲！”

1927 年 9 月 6 日，上海市國民黨部秘書發通告《黨員服裝宜用國貨案》，"大意以提倡國貨為挽回利權之根本問題，故黨員應該服用國貨的呼聲，已非一次矣，而黨員均忽視之，本黨同志現在已經覺悟帝國主義經濟侵略之可畏，若不切實實行，自覺有愧於人，故首先要請上級黨部各司同志做領導，就是服裝一律要用國貨。"[5]

跟着就是大規模的國貨運動會、國貨時裝展覽會的推行，每年總有一段時間為服裝回到中國文化層面上的問題而幹得鬧哄哄的。

1929 年 4 月 16 日，國民政府公佈《服制條例》，將中山裝規定為男公務員制服。"齊領方角，對襟長過腹，左前襟綴暗袋二，右前襟下端綴暗袋一，袖長至手脈，質用樸素之絲蔴棉毛織品，色冬黑夏白，鈕扣五。"[6]

最重要者，《服制條例》竟將旗袍列為女子禮服，規

中山裝服制
（《國民政府公報》）

旗袍服制
（《國民政府公報》）

孫中山着中山裝像

國民政府公報　法規　二　第一四三號

究學理調查資料以供國民體育之參攷等不在此限
凡體育團體證明在其預算範圍內切實辦理成效卓著者藝管地方政府得視其財政情形呈請上
級主管官廳酌量補助之
各縣市鎮村所組織之體育會應受該管地方政府之監督其有專屬管轄之學校或團體各
由直接主管機關監督之
凡任各學校及民間體育之體育教員等處之體育教員須有合格證書
本條所用體育之式樣與發給章程由調練總監部分別酌定須發之
凡體育教員服務三年以上確有成績者調練總監部須予以相當獎勵其獎勵細則由調練總
監部另定之
為研究各專門機關之成績並調查外國情形以供國民體育之參攷材料起見得由調練總
部設置鐘情高等委員會辦理之
凡體育同體不得以團體資格加入政治運動
本法自公布日施行
茲制定服制條例公布之此令
國民政府令

中華民國十八年四月十六日

◉服制條例

第一章　禮服

第一條　男子禮服依左列之規定

一、掛　式如第一圖齊領對襟長至腹藝袖長至手脈左及後下端開質用絲蔴棉毛織品色
　　　　黑鈕扣五

二、袍　式如第二圖齊領前襟右掩長至踝上三寸袖與掛袖齊左右下端開質用絲蔴棉毛
　　　　織品色藍鈕扣六

三、帽　冬式如第三圖之甲平頂軟胎下沿略形欄圓質用絲蔴織品色黑
　　　　夏式如第三圖之乙平頂硬胎下沿略形欄圓質用草帽纓色白

四、鞋　質用絲蔴棉品或革色黑

第二條　女子禮服依左列甲乙二種之規定

甲種

一、衣　式如第四圖齊領前襟右掩長至膝與裙齊之中點與襟下端齊袖長過肘與手脈之
　　　　中點左右下端開質用絲蔴

乙種

一、衣　式如第五圖齊領前襟右掩長過腰袖長過肘與手脈之中點左右下端開質用絲蔴
　　　　棉毛織品色藍鈕扣五

二、鞋　質用絲蔴棉毛織品或革色黑

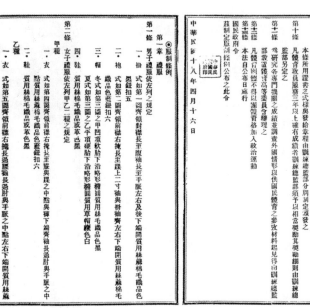
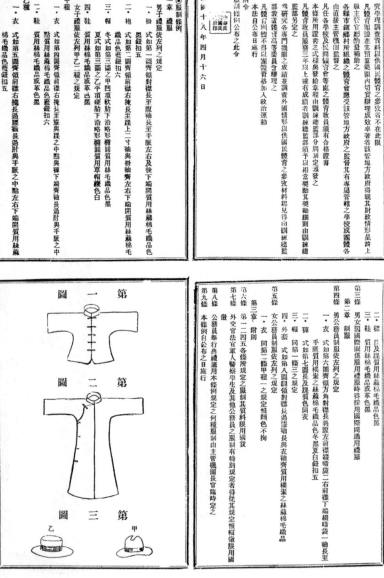

國民政府公報　法規　四　第一四三號

二、鞋　同及踝質用絲蔴棉毛織品或革色黑

第二章　制服

第三條　男女國民制服關係服用禮服得採用國際間通用禮服

第四條　男公務員制服依左列之規定

一、衣　式如第六圖齊領方角對襟長袷股左前襟緣暗袋二右前襟下端緣暗袋一袖長至
　　　　手際質用樓業之絲蔴棉毛織品色冬黑夏白鈕扣五

二、褲　式如第七圖長及踝質色同衣

三、帽　同第一條三之規定

四、外套　式如第八圖翻領對襟長過膝袖長與衣齊質用樓業之絲蔴棉品

第五條　女公務員制服依左列之規定

一、衣　同第二條乙種之規定惟顏色不拘
　　　　女公務員制服齊領對襟長過腰袖長與衣齊質用樓業之絲蔴棉品

第三章　附則

第六條　一、衣　同第二條甲種之規定
　　　　一二四五各條所規定之服制其質料限用國貨

第七條　外交官法官軍人醫察學生及其他公務員之服制有特別規定者得從其規定惟幅徵限用國
　　　　徽

第八條　公務員舉行典禮適用本條例規定之何種服制由主管機關長官臨時定之

第九條　本條例自公布之日施行

1929年國民政府公報《服制條例》

定"齊領，前襟右掩，長至膝與踝之中點，與褲下端齊，袖長過肘，與手脈之中點，質用絲蔴棉毛織品，色藍，鈕扣六。"[7]

　　大約同時期，教育部公佈學生制服規程，規定高級小學及中等以上學校女生之制服，"衣分長袍及短衫式兩種（短衫須用裙），但須全校一律"[8]，而長袍式則"長達膝與踝之中點，褲長與衣齊"[9]。制服規程公佈之後，全國學校執行，竟連香港很多私立學校和社團辦的中小學也都規定女生要着長衫（袍）為校服了。

旗袍大放異彩

　　一時之間，"中華文化服飾"發揚光大，民族的自我形象不斷膨脹。1929年5月11日，天津《北洋畫報》刊登了誅心的《打倒西裝！國服萬歲！》，呼籲男人穿回傳統長袍，該文指出："況西裝其表者，正多奴顏婢膝嫖賭飲吹之流耶？打倒西服，有若干理由在焉；女服現尚未入完全西洋化時期，姑置勿論，今單就男服言：（一）西服之領袖領帶，毫無存在之理由，頗覺其為廢物，不若中國汗襦簡便遠甚。（二）中國不能自製毛織衣料，服西服即以金錢輸出外國，而使國貨絲織工業日就衰落，此即不愛國之一端。（三）以中國氣候論，大寒大熱，西服殊不適宜。（四）在身體舒適上論，外國衣服，遠不及華服舒適，西人亦承認之。"[10]

　　作者更談到一個現象："然而東西洋人之居中國者，間亦服華服，西人以教士為多，日人則係別有居心者。東西洋婦人之改服華服者則尤眾，中國女服，今已漸漸風行

流行格子布旗袍

旗袍成為女生校服（《圖畫時報》1930.6.29）

世界，苟能竭力鼓吹，或可一報西裝侵入吾國之仇，亦未可知。"[11]

其實，在二十年代一些西方時裝設計家（最著名者首推法國的 Paul Poiret），已陸續將中國女服風格結合於自己的時裝設計上了。美籍華裔女星黃柳霜（1907 — 1961）紅過一陣子，她把中國女裝帶入荷里活；首席艷星瑪蓮・德烈治（Marlene Dietrich, 1901 — 1992）1932 年主演的《上海快車》（Shanghai Express）又帶起了荷里活電影的中國題材熱，中國服裝當然成為吸引力。所以，居華的東西洋婦人穿起華服來，也絕非奇事。

凡此種種因素確能促使當時中國婦女回望傳統的中華服裝，正正式式面對，加以改良變化，別出心裁設計，終於使到遺棄已久的旗袍突然大放異彩。

爲何流行？

旗袍復興得極迅速，在《服制條例》頒佈之前，已有北京及上海婦女着起風氣，很快便蔓延南下，廣州和香港迅即流行，時為 1926 年。在當年 2 月 3 日的廣州《民國日報》有抱璞氏撰《長衫女》一文，指出粵風俗向來只有男的穿長衫，未有女界長衫者，不過習染京滬之風俗，"乃近一二年，穿長衫之女界逐漸增多，遞至今日在廣州市通衢大道之中，其穿長衫之女界，觸目皆是，長衫女人大有與長衫佬抗衡之勢"[12]。風氣所趨，"近日勿論富貴貧賤之家，若係女界之年少者，一若非具備一長衫，即不足以壯觀瞻，無他，習俗移人，賢者不免。"[13]

旗袍所以迅速贏得廣大婦女的普遍喜愛，絕非"習俗移人"這麼簡單，乃有幾方面的原因：

旗袍與西式短襪的配搭

一、經濟便利。以前，上衣下裙連褲的搭配複雜，而旗袍則衣和裳連屬，一件可替代，結構簡單，剪裁方便，省工省料。

二、線條流暢。整件旗袍從上到下，由單一塊衣料剪成，既無衣料重疊部位，更無帶、襟、袋等附件裝飾，風格流暢，穿着貼體，自然美觀。

三、美觀適體。由於旗袍上下連屬，合為一體，容易襯托出婦女形體的曲線美，再加上高跟鞋流行，更能增添女體修長的美感，亭亭玉立。

四、搭配容易。作為主裝，旗袍很容易與西式上衣、背心、大衣或斗篷等配套，因應四季變化不同氣候，其利用率較其他服裝為高。

五、可塑性強。旗袍適應能力高，一塊素粗布不加任何裝飾，可使人顯得樸實無華；但加上繡文、縧子花邊，綴上珠寶，又可顯示高雅華貴氣派。既可活潑，亦能凝重，在不同場合發揮不同的光彩。一件旗袍，可以是校服，又可以是舞衣，更可以是禮儀服，千變萬化。

所以，旗袍很快便受到各階層及不同年紀婦女的普遍喜愛了。但初時大家都避稱“旗袍”，認為有復辟封建之嫌（旗袍者，滿清八旗婦女所穿之袍也），甚至歪理最多的“孫聯帥”孫傳芳曾揚言禁製旗袍。有一陣子，只叫它做長衫、長衣或長袍，與男性服裝混為一辭，1926 年 2 月 27 日上海《民國日報》有短文《袍而不旗》，提議改稱“中華袍”。又有人提議叫做“祺袍”的，但兜兜轉轉的，最後還是叫回“旗袍”了。

旗袍與大衣的配搭（先施公司《時裝新刊》）

"二十年代中期，旗袍長度縮短，腰身收緊，曲線突出，袖口也漸短漸寬。從二十年代後期到三十年代，旗袍在領、袖樣式及袍身長度等方面，不斷發生變化。時而領高及耳，時而領低若無；袖子時而長過手腕，時而短至露肘；袍身時而短至膝蓋，時而長至掃地。"〔14〕

（在中國織染）

02
旗袍款式演變（1926－1935年）

在旗袍盛行之前曾經出現過一種長馬甲，被認為是現代式旗袍的前身。

女子馬甲（背心）本來是短的，套在襖子外面，但有個時期創造了長馬甲，婦女穿着代替長裙。於是婦女們紛紛模仿，成為一時風尚，後來漸漸地走了樣，罩在裡面的不再有上衣（襖子），只設計了兩隻衣袖，在馬甲上作掛肩的一線縫，於是分不開上衣與長馬甲，一而二，二而一，不可復辨，但更為貼身適體，也比男裝長袍來得纖秀和別出心裁。

"不久，會動腦筋的人把長襖與馬甲合併，成為風行一時的'旗袍'。但是，這種旗袍已不同於滿族婦女所穿的大下襬的真正旗袍。而是把下襬減瘦得與上身相仿的直統式女袍子。"[15]

上海《良友》雜誌曾稱之為"旗袍馬甲"："近歲以還，又盛行旗袍馬甲，娉婷嫋娜。"[16]

長半臂（馬甲）的流行

半臂連裙貼地圖，明星意匠總翩翩，時妝時
到青蓮閣，一上難身不值錢。

昔日海上新妝，多創始於青樓，浸女閨閣，
近來新衣奇飾，皆出電影明星手造，邇日最
流行者，惟長半臂，雋逸有致，客有過福州
路青蓮閣，見雛妓亦有衣長半臂者，預料長
半臂不久將為高級社會所唾棄，蓋時妝一入
青蓮區域，是其末日也。

（白雲，〈上海打油詩〉，《上海畫報》1925.9.12）

千嬌百媚鎖不住

　　1926 年開始盛行的旗袍，仍是保守主義作風，袍身較寬，長度接近鞋面，裡面還要穿一條長褲，但很快就產生變化，差不多無時無刻不在變。旗袍在結構上的變化，一點都不簡單，包括：

　　一、領口的高低；

　　二、袖的縮窄縮短；

　　三、腰身的收緊；

　　四、袍身的長短；

　　五、開衩的高低；

　　六、滾邊鑲邊的多寡。

　　例如，"二十年代中期旗袍腰身較寬鬆，袖口寬大，長度至腳面，並作滾邊鑲邊。三十年代初期，腰身、袖口相應縮小，而長度縮短近膝，至三十年代中期，長度加長，為了便於行走，兩邊開高衩，而腰身緊繃貼體，充分顯示女性體形的曲線美，並能增添人體修長的美感，把人襯托得亭亭玉立。"[17]

　　1928 年當西洋女裝興起短裙的時候，旗袍亦受到影響，愈縮愈短，長僅過膝一兩寸，裡面的長褲亦被廢去，婦女改穿長統絲襪。"這種新改變的旗袍，穿起來，可說時髦極了！美麗極了！可是一雙肥滿而圓滑底大腿，暴

窄瘦的旗袍（《圖畫晨報》，第九十四期）

此像金印
布邊印記

此像金印晴雨商標牌子

謹防假冒

並請視認語明每碼布邊之金印
晴雨商標印記及每疋四十碼布
而上所貼之金印晴雨商標牌子

無論何人須知

每碼布邊上金印晴雨商標印
記及每疋四十碼上之
金印晴雨商標牌子如圖所示
乃真正陰丹士林色布之保證

"陰丹士林"牌的布流行

露在冷冽的天氣之中，僅僅裹着一層薄薄底絲襪，便能抵禦寒氣的侵襲嗎？"[18]

1929年定都南京的國民政府有鑒於政治安定下來，對服裝要撥亂反正，頒定服制條例，規定婦女旗袍長至膝與踝之間，裡面着長褲，布要藍色。

藍布，正是當時民族工業家所標榜的高質素土布"陰丹士林"的表表者。"陰丹士林"（Indanthrene），是一種源自印度的有機合成染料，能染棉、絲、毛等纖維和紡織品，顏色種類很多，但最常見的是藍色。中國廠商就用此進口染料染製出"陰丹士林色布"，當時在政府的鼓吹之下，女學生、知識分子，甚至閨秀小姐都愛用陰丹士林剪裁旗袍，因該布多屬純色，穿在身上樸素大方，清新高雅。尤其藍色，被廣泛的穿着，而服制亦規定男子長袍要藍色，於是"全國一片藍色，頗富欣欣向榮的朝氣。日本人或稱中國是'青衣的大陸'"。[19]

"青衣的大陸"，是日本的上田恭輔（1871 — 1951）考察所得，他在1934年出版《支那骨董と美術圖說》說："爾來中國四億民眾成為藍衣人種。在鴨綠江鐵橋渡江時，忽然覺得由白衣的國度（韓國）移向青衣的大陸，有一種特別不同的感受。"[20]

不過，樸素大方的藍色土布鎖不住旗袍發展，它就像個千面嬌娃，突然變得很艷麗，例如"這一位密斯穿的全身紅，深紅的旗袍，淡紅的頸，桃紅的絲襪，粉紅的高跟皮鞋，臉龐上紅色的胭脂，指甲上紅色的指甲水……春筍般的臂，美滿的足，太陽般圓的臀部，配以苗條的身材，怎不令人拜倒？"[21]。又突然變得很暴露，例如"穿起華爾紗的短旗袍，而有意隱約的顯露出兩條襯衫的坎肩帶……乳峰聳起，是時行之一。"[22]

至於規定旗袍之內着長褲的民國服制，更鎖不住婦女對身體的解放，她們為旗袍的高衩，為着暴露玉腿之美，早已放棄古老長內褲，改着西方婦女時興的上下連屬的緊身短內衣（Corset），"形若長筒，自乳上起至膝上止，以雙帶懸諸肩際。在平津滬時髦婦女界，蓋已風行多年。自去歲提倡天乳，打倒小馬甲之聲浪日高之後，此類內衣，今年益見普及；在服之者一則取其風涼，二則公開胸背，以示時髦。"[23]

1929年夏天，一種叫"耐梅裝"的震驚長沙，當時上海的豪放電影女星楊耐梅（1904 — 1960）赴湘獻技，所穿服裝"衣薄如蟬羽，肌膚畢呈"，"袒胸露背，長不逾膝，下無裙褲"[24]，風氣一開，長沙婦女紛紛學習，公安局認為有傷風化，立刻禁止。而《北洋畫報》撰寫婦女胸衣歷史的縮香閣主鑒定，這"耐梅裝"就是把西婦的內衣當服裝着在

薄紗旗袍透視內衣，富挑逗性

外表，非常暴露，"長沙之耐梅裝，殆內外俱不掛一絲，僅此一筒，則在吾國，今日似尚不至服此程度，是宜禁也。自此內衣風行之後，洋貨店中乃有所謂'跳舞背心者'，索而觀之，蓋即西婦之內衣而具上述之形式者也。"〔25〕

款式之變化

　　婦女思想急進，敢作敢為，已不受傳統禮俗，甚至政府服制所禁錮，簡直就是脫韁野馬，任我縱橫，只要觀察當時旗袍的千變萬化，就可了解她們的心緒了。從 1926 年到 1935 年，婦女旗袍款式上的變化：

　　一、 1926 年——旗袍寬闊，長衣大袖，基本上款式接近男裝長衫（袍），守舊女子不敢嘗試，因為着起來似男人，混淆性別，只有時髦女子和知識界勇於穿着。其時醞釀北伐，女子參軍，向男人看齊，這很似男裝的旗袍，確能反映她們的意願。

　　二、 1927 年——北伐勝利在望，國民政府在南京成立，旗袍變化不多，只是略為縮短，"當時女子雖想提高旗袍的高度，但是先用蝴蝶褶的衣邊和袖邊來掩飾她們的真意"〔26〕。時髦女子未敢貿然把旗袍縮得太短，便在下襬釘上三、四寸長的蝴蝶褶衣邊，袖口也相應釘上這種衣邊，以顯示其試探性態度。

　　三、 1928 年——北伐成功，全國統一，由青年婦女着起的旗袍，象徵着朝氣勃勃，迅速遍及全國。旗袍亦明顯地走向女性化，"經過蝴蝶褶衣邊

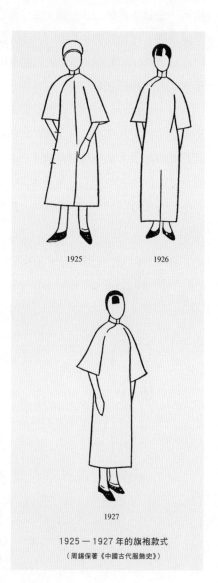

1925　　　1926

1927

1925 － 1927 年的旗袍款式
（周錫保著《中國古代服飾史》）

的過渡，旗袍的長度就堂而皇之地縮短到膝蓋下邊一點，整個小腿都露在外面了。與此同時，衣袖亦逐步縮短，先在肘下一點"[27]。旗袍結構，高度適中，極便行走。

　　四、 1929年——國民政府頒定服制條例，將旗袍列為婦女禮服，此規定非但並無新意，只是順應北伐前後女服現狀（正是"因俗制禮"），更欲婦女服膺禮教，恢復1926年寬闊長袍（內穿長褲）的款式。但急進的思想，潮流不可擋，"旗袍上升，幾近膝蓋，袖口也隨之縮小，當時西洋女子正在盛行短裙，中國女子的服裝，這時也受了它的影響。"[28]竟連政府也沒法限制了。

　　五、 1930年——"短旗袍到十九年，因為適合女學生的要求，便又提高了一寸。可是袖子卻完全仿照西式，這樣可以跑跳自如，象徵了當時正被解放後的新女性。"[29]仿照西式的袖子，是收窄和縮短，已縮到肘上，讓整個小臂袒露在外，此種旗袍又成為各界婦女競相仿效的時裝。一個暴露的年代亦開始，大膽的婦女放棄長統絲襪，赤裸着玉腿。

　　六、 1931年——物極必反，旗袍開始向下垂，袖高也恢復了適中的階段，因歐美女

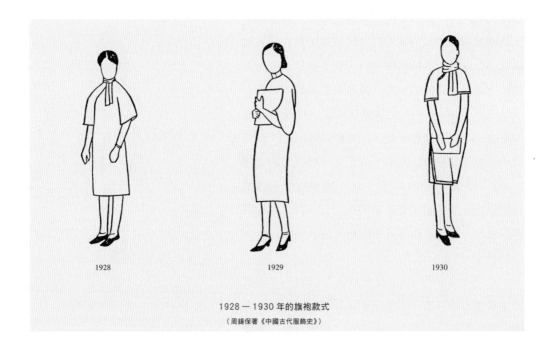

1928　　　　　　　　　　1929　　　　　　　　　　1930

1928—1930 年的旗袍款式
（周錫保著《中國古代服飾史》）

旗袍高衩

日前勸業場門前，有一白衣女郎，肌肉豐滿，不着襪子，衣衩開至大腿間，露出血紅綢製緊窄小褲衩一段，一時萬目交集，行人莫不歎為得未曾見之奇觀。（《北洋畫報》1933.7.29）

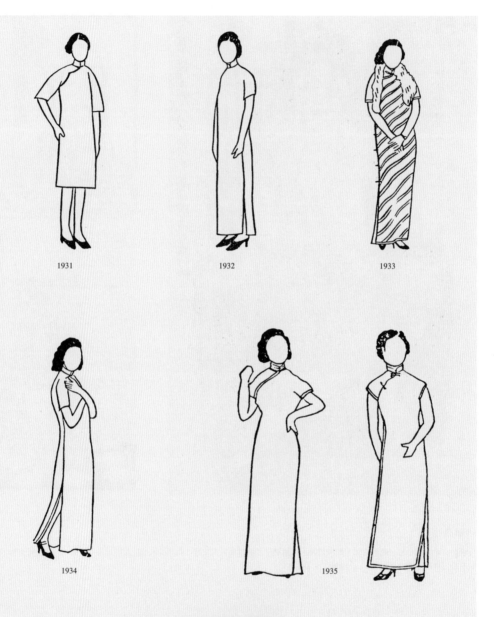

1931

1932

1933

1934

1935

1931—1935 年的旗袍款式

（周錫保著《中國古代服飾史》）

服亦在放長之中。

七、 1932年——旗袍已放長到離腳踝二寸左右，同時在袖口和袍腳滾花邊，上海的交際花甚至整件旗袍的四周滾上一圈花邊，乃是時髦的款式。

八、 1933年——旗袍開起高衩來了，而且連袖口也開起半尺長的大衩，據說是上海女影星顧梅君所創，仍滾花邊，於是又成為時裝。

九、 1934年——"旗袍到二十三年又加長，而衩又開得更高了"，"當時的旗袍還有一個重大變遷，就是腰身做得極窄，更顯出全身的曲線。"〔30〕旗袍的衩竟有高過膝上幾寸的，"領子則愈亦盤高，至於項頸僵直，轉動不便。"〔31〕

十、 1935年——袍身增至最長，長至覆足掃地，衩反而開得低，領繼續的高，"不過袖口卻愈縮愈短，由肘上縮到上臂半露，再縮到肩下二、三寸，同時腰身愈來愈窄，有的窄到要吸口氣才能扣上鈕扣。"〔32〕

經過十年的發展，旗袍的現代款式形制大約已經確立，以後的變化只不過反覆地在已有的形制上兜兜轉轉罷了。

絕望後的狂笑

在1933至1935年間，旗袍在明顯地收窄，腰身、袖子和領都窄得帶強烈壓迫感，尤其時興的"竹筒式"旗袍領子，徐訏在《論語》雜誌撰文口誅筆伐："至於現在時行之領，每次扣上，粉頸立起紅痕，實可有上吊未遂之誤會；而談必低聲，後顧必賴'向後轉'，仰視必賴突肚，俯視必賴彎腰，左右顧必賴瞟眼斜視，以致頸節骨之轉動無形麻痺，聲帶亦遂而變態……以致到了大暑天，產生了許多把高硬的領子敞開着露着齷齪的，或帶一條發瘀的紫塊的頸部之女子來！"〔33〕

張愛玲認為這現象與十多年前婦女第一次把衣服縮得緊窄，是同出一轍，都是對當時混亂政局感到緊張和無助，惟有用衣服緊箍着自己，作歇斯底里的防衛。張愛玲在《更衣記》再次的寫道："政治上，對內對外陸續發生的不幸事件使民眾灰了心。青年人的理想總有支持不了的一天。時裝開始緊縮。喇叭管袖子收小了。1930年，袖長及肘，衣領又高了起來。往年的元寶領的優點在它的適宜的角度，斜斜地切過兩腮，不是瓜子臉也變了瓜子臉，這一次的高領卻是圓筒式的，緊抵着下頜，肌肉尚未鬆弛的姑娘們也生了雙下巴。這種衣領根本不可恕。可是它象徵了十年前那種理智化的淫逸的空氣——直挺挺的衣領遠遠隔開了女神似的頭與下面的豐柔的肉身。這兒有諷刺，有絕望後的狂笑。"[34]

　　1933 年，政治形勢壞得很，日本侵略軍在成立"偽滿洲國"後已野心畢露，攻佔山海關，繼而佔據熱河省。國民黨政府卻全力調動大軍圍剿共產黨根據地，對日竟採取不反抗態度，更簽署《塘沽協定》，承認日本佔領東三省和熱河的"合法"性。為制衡共產主義思想蔓延和影響，蔣介石在南京發起"新生活運動"，鼓吹"發揚四維八德"、禮義廉恥，保守主義捲土重來。在加強思想控制之下，查封《新生週刊》，壓制學生運動。1935 年，形勢更加惡劣，國民黨軍剿共失利，而共產黨則號召全國人民團結起來，反蔣

高領的旗袍
（《良友》第九十五期，1934.10.1）

1935 年旗袍更突出胸部曲線，袖子縮短至膊。
（《婦人畫報》1935.11）

抗日，北平學生舉行抗日愛國示威遊行……

　　憤怒、混亂、失望，"青年人的理想總有支持不了的
一天"，亦有人縱情享樂，美衣華服，蓄意地沉淪
於大都會的糜爛生活，逃避現實，這是"理智
化的淫逸"、"絕望後的狂笑"。

　　當時的一條新聞替這種種紛亂的心
智和背理的行為再下一個註腳：一位高
官之女竟為一件旗袍而自殺身亡。 1934
年 7 月，曾任首席檢察官及上海第一特區法
院推事的孫原，他十七歲的中學生女兒孫鈿，"本月
18 日有孫之親戚某氏，假青年會禮堂結婚，鈿以自己所有
衣服，不合時新，乃向其同年之堂姊名鈺借穿旗袍，以便
赴戚家吃喜酒，詎知未遂所願，乃怏怏不樂，頓生短見，
覓得生鴉片煙，背人吞服自殺"〔35〕。這事件多多少少反映
了青年人處身於無望的時代，一切價值觀念變得模糊不清
了。

旗袍修長纖窄，暴露身體曲線。
《圖畫晨報》第九十二期，1934.3.25）

註釋

〔1〕　周錫保：《中國古代服飾史》（北京：中國戲劇出版社，1986 年），535 頁。

〔2〕　王宇清：《歷代婦女袍服考實》（台北：中國旗袍研究會，1975 年），98 — 99 頁。

〔3〕　王宇清：《歷代婦女袍服考實》，上揭，98 — 99 頁。

〔4〕　李廷芝：《中國服飾大辭典》，上揭，166 頁。

〔5〕　〈黨員服裝宜用國貨〉《民國日報》〔上海〕1927 年 9 月 7 日），2 張，2 版。

〔6〕　〈服制條例〉，《國民政府公報》第二十六冊（台北：成文出版社），143 號，3 頁。

〔7〕　〈服制條例〉，《國民政府公報》第二十六冊（台北：成文出版社），143 號，3 頁。

〔8〕　〈教部最近公佈之幾種重要規程〉，（《教育雜誌》〔上海〕第二十卷第三號，1929 年 3 月 20 日），139 — 140 頁。

〔9〕　〈教部最近公佈之幾種重要規程〉，（《教育雜誌》〔上海〕第二十卷第三號，1929 年 3 月 20 日），139 — 140 頁。

〔10〕　誅心：〈打倒西裝！國服萬歲！〉（《北洋畫報》〔天津〕第三百十七期，1929 年 5 月 11 日），2 頁。

〔11〕　誅心：〈打倒西裝！國服萬歲！〉（《北洋畫報》〔天津〕第三百十七期，1929 年 5 月 11 日），2 頁。

〔12〕　抱璞氏：〈長衫女〉《民國日報》〔廣州〕1926 年 2 月 3 日），9 頁。

〔13〕　抱璞氏：〈長衫女〉《民國日報》〔廣州〕1926 年 2 月 3 日），9 頁。

〔14〕　鄭永福、呂美頤：《近代中國婦女生活》，上揭，101 頁。

〔15〕　俞松年、茅家義、毛大倫、劉支萱：《生活名物史話》（上海：上海人民出版社，1988 年），19 — 20 頁。

〔16〕　清河：〈新妝雜談〉《良友》〔上海〕第三期，1926 年 4 月 15 日），15 頁。

〔17〕　黃能馥、陳娟娟：《中國服裝史》（北京：中國旅遊出版社，1995 年），386 頁。

〔18〕　葉家弗：〈女子的服裝〉《民國日報》〔上海〕1928 年 11 月 20 日），4 張，3 版。

〔19〕　王宇清：《歷代婦女袍服考實》，上揭，101 頁。

〔20〕　王宇清：《歷代婦女袍服考實》，上揭，117 頁。

〔21〕　法賢：〈紅衣女郎〉《民國日報》〔上海〕1929 年 11 月 3 日），4 張，3 版。

〔22〕　號鶯：〈咖啡座〉，上揭。

〔23〕　縮香閣主：〈釋耐梅裝〉《北洋畫報》〔天津〕第三百四十八期，1929 年 7 月 23 日），2 頁。

〔24〕　縮香閣主：〈釋耐梅裝〉《北洋畫報》〔天津〕第三百四十八期，1929 年 7 月 23 日），2 頁。

〔25〕　縮香閣主：〈釋耐梅裝〉《北洋畫報》〔天津〕第三百四十八期，1929 年 7 月 23 日），2 頁。

〔26〕　屠詩聘：《上海春秋》下，上揭，21 頁。

〔27〕　俞松年、茅家義、毛大倫、劉支萱：《生活名物史話》，上揭，20 頁。

〔28〕　屠詩聘：《上海春秋》下，上揭，21 頁。

〔29〕　屠詩聘：《上海春秋》下，上揭，21 頁。

〔30〕　屠詩聘：《上海春秋》下，上揭，21 頁。

〔31〕　王宇清：《歷代婦女袍服考實》，上揭，101 頁。

〔32〕　俞松年、茅家義、毛大倫、劉支萱：《生活名物史話》，上揭，20 頁。

〔33〕　徐訏：〈論女子的衣領〉《論語》〔上海〕第三十四期，1924 年 2 月 1 日），485 — 486 頁。

〔34〕　張愛玲：〈更衣記〉，《流言》，上揭，73 頁。

〔35〕　〈孫原之女服毒自殺〉《申報》〔上海〕1934 年 7 月 21 日），4 張，13 版。

結束語
火鳳凰傳説

良友

半月刊

20¢

THE YOUNG
COMPANION

SEPTEMBER 15, 1934

民國以來中國婦女服飾發展，道路毫不平坦，甚至比動盪的中國政治和社會更為崎嶇曲折。因為每當政治和社會動盪會打擊到婦女服飾上，而打擊服飾又會打擊着婦女的解放（尤其對身體的解放）。

1930 年以後，隨着新女性形象（健美暴露、社交主動、敢愛敢恨）的確立，女性服裝更顯得變化萬千，中西搭配，奔放任性。但這享有的自由在不久就受到干涉，因為北伐成功帶來美好生活的假象很快破滅。

1934 年，蔣介石專權的國民政府，處 “此亂邪昏懦狀態之下，社會秩序紛亂，邪說橫行，人多沉迷陷溺，莫知所從”[1]，惟有抖擻精神，推行所謂 “新生活運動”，提倡儒家的 “禮義廉恥” 的規律生活，要求國民平常的 “衣食住行” 四事無不合乎 “禮義廉恥”，只有這樣做，才能 “糾正其亂邪昏懦，陷溺沉迷之風始。此新生活運動之所以為今日立國救民唯一之要道也。”[2]

自 1925 年，中國大都會婦女趕時髦，美衣華服，追尋肉體美，在保守執政者眼中，就是着妖，縱淫，“甘願做男人玩物”（亦暗示所謂 “婦解” 虛有其表而已），對此種行為遲早要加以控制的。

肉體美、衣着美是有着積極意義的，因為 “美就是權力”（BEAUTY IS POWER），正如現在學者如魯賓斯坦（RUTH. P. RUBINSTEIN）教授所提出：“在當代社會，肉體美正像財富與才華一樣，實在是一種資源，放諸男女同等重要。”[3] 由電影明星到政客，容貌美和肉體美愈來愈變為男女成功的先決條件，而相反那些容貌平庸，欠吸引力者，需要更大的努力才可以獲得成功和受到愛戴。

“美就是權力”，三十年代中國新女性在社會越活躍者，穿着得越是漂亮，亦經常在畫報雜誌上刊登其玉照，流風餘韻，與革命之初三步不出閨門，被剝奪社會地位大有天淵之別。如今，美衣華服，不單只把 “誘惑原理”（SEDUCTIVE PRINCIPLE）發揮淋漓盡致，更要變成一種當權手段，提升為 “統治原理”（HIERARCHY PRINCIPLE），在社會職業崗位上、男女交往間，邁向成功之路。

“美就是權力”，三十年代中國是鮮有知識界論及的，當時的民智還未開明進步到可以了解兩者微妙的關係。較接近的，要算春雲在上海《民國日報》（1929 年 4 月 20 日）發表的《從男性的愛美說到女性的權力》，他指出着得美麗是一種補充權力失衡的手

夏令時裝（《婦人畫報》第二十九期，1935.6）

段，“須知女性的服飾愈加妖艷，就是男權愈見擴張；同樣的道理，如果男性服裝愈見華靡，那就是女權運動有了效率”。而 1929 年“新生活運動”前夕，青年男人都着得美衣華服，“司月康，白玉霜既成了日常用品，香精和撲粉也是不可或離。西裝的左上小袋裡，插着一幅幽艷的優質手巾，並不取出應用；猶之乎舊劇中裝扮女角，手上定要拿幅長巾！”[4] 由此得見，美是奪權的重要手段，男人的地位在二十年代末已嚴重受到危害，唯有美衣華服，與女性爭妍，力保自己的權力地位。於是保守的國民黨政權，認為有必要撥亂反正，推行所謂“新生活運動”，糾正國民衣着，從而將兩性關係、權力結構，回復傳統的模式。

“新生活運動”，從政治上說，其實是煎熬於內憂外患的國民黨政權在發揮其封閉性的“自衛機能”，作保守主義大倒退。“新生活運動”其間，政府推行了很多荒誕失常的禁令。

例如禁男女同泳，由廣州開始，認為泳場之內男女肌膚接觸有傷風化，“青年血氣未定，乍受色相之誘，神經刺激既多，體力戕賊日甚，豈惟有傷風化，抑且危及健康，與游泳強身之宗旨，適得其反”，顯然將責任歸咎於女性的誘惑，色慾傷（男）身。所以“此後各公共游泳場所，均須劃分男游泳場與女游泳場，並在兩場間，施以隔離，使不可踰，亦不可望。”[5]

亦禁男女穿着暴露的泳衣，北戴河“奉省府令實行新生活，無論男女，除入海游泳外，不准赤足短褲在路中行走，露背短襟之新式游泳衣，亦禁女子穿着，以維風化。”[6] 1935 年，廣州又實施學校男女生分班，蓄意地將女生自班中抽起，帶有歧視女性的手段，令開明人士忿忿不平，逸川在《人言》雜誌撰文《男女學生分班》指出：“最近廣州市學校，盛行男女學生分班，學校當局所持的理由，是阻礙學業和大壞心術，把他們從男班中趕出來了。在廣州提倡讀經和恢復什麼五綱四常的舊道德的時候，女子的確遇到厄運，在以往如男女分泳，取締奇裝異服，都是女性們吃虧。最近又幹一遭男女分班，但是男女同在一班，不說是把他們從女班中趕出來，卻說是把她們從男班中趕出來，好像是把她們當作迷惑人家的狐妖一樣的，未免太冤哉枉也。”[7]

在新保守主義抬頭，儒家“禮義廉恥”八股思想壓下來，女人地位被貶低，衣服變成被攻擊的主要對象了，民智又再倒退向封建時代。1934 年 3 月，“杭州曾有過所謂摩

時裝照 (《良友》第一〇六期 · 1935.6.15)

登破壞團的無聊舉動的出現，他們的手段和目的，是用鏹水來毀損婦女的‘摩登衣服’，這野蠻的行為，旋遭禁止。"[8]豈料事隔一年，北京又在重演對婦女們的摩登破壞，但這次並非民間"破壞團"，而是由官方執行禁令，軍警把守戲院等公共場所，"下令凡衣薄如蟬翼，裸腿不穿襪之一般摩登婦女一律出園，不准聽戲，俟換衣後再來。同時門外亦有警士把守，凡是奇裝異服一律擋駕，毫不通融，登時園內，一反通常狀態；蓋太太小姐們對鐵面無情之警士，既奈何不得，只得垂頭喪氣，出園歸家，此一幕喜劇，於此告終。"[9]

其實，把它說成鬧劇更為適當。既然是鬧劇，大家就帶着輕藐的態度看禁令，想盡方法對之嘲弄，極盡所能在隙縫間取巧。例如，"新生活運動"禁止婦女旗袍縮短袖子，"短袖女性在公共場所，受窘者甚多，故北平女生現作旗袍時，袖口皆作長過肘。但平日則將其高捲二三摺，仍將肘露出。至受干涉時始放下，令干涉者無話可說。現裁縫已懂此妙訣，而專作此種袖口之衣服矣。"[10]

禁令亦有雙重標準，自相矛盾，婦女如穿西服卻容許赤足露臂，"北平今夏來女性着西服者日眾。一短衫，一裙，凡作此裝束者，即可袖短過肘，而赤足露腿。蓋新運中有着西服者聽一語，於是西服乃成為平常摩登女郎之必備衣飾矣。"[11]

在整個荒誕滑稽底下，一般態度是作消極反抗，進行反諷式言論，加強鬧劇效果，例如1934年8月的《論語》半月刊，認為禁止男女同泳之後，就應"禁止男女同行"，因為"每一涉足通衢，縱觀怪狀，奇裝冶服，粥粥群雌，執手並肩，雙雙愛侶，途人為之側目，俗士尤所痛心"，"竊疑明禁所施，胡乃嚴於水而寬於陸，終恐澆風莫戢，未能正其本而清其源。"[12]其實，這種荒誕言論，"嚴於水而寬於陸"（禁男女同泳而又容許男女陸上把臂同遊），是起着反諷作用，對當時諸等不合理禁令加以嘲弄，以更荒謬來烘托胡鬧，使所謂"新生活"更淪為笑話。

但新生活運動在笑罵由人的情況下，對1934年及以後的服飾局面確起着重要影響。該運動的精神除復興"禮義廉恥"外，還要求國民生活行動能夠"整齊劃一"，像軍隊容貌一般，"衣冠整齊，乃是一件最要緊的生活，而整齊之中，最簡單粗淺為人人所易知而易行的，就是扣扣子，我們要提倡新生活，就可以從扣扣子做起，使全國國民穿衣先能扣好扣子，再由扣扣子這件事，推而至於戴帽子、穿鞋子、繫帶子，都能整齊劃一，那就是

真正的軍事化,外國人看了我們國民的生活和精神如此,就要敬畏。"〔13〕

　　所謂"扣扣子理論",把服飾"整齊劃一化",又或者"軍事化",在當時亦是一種國際趨勢,德國的納粹主義和蘇聯的共產黨,都把集體主義推展向高峰,很重視服飾形式一致和規律化,象徵着國家的團結,能隨時整體動員國民達成任何目標。新生活運動顯然有此政治目的,"民國廿三年(公元1934),政府提倡新生活運動,衣食住行,概求整齊、清潔簡單、樸素。上行下效,群情怡洽,一時人人以華服美食為不宜,布衣最為普遍,婦女'陰丹士林'牌細布藍色長衫最流行,秋冬之衣,亦布多於綢,甚至布面綢裡,綢裡在求光滑方便。"〔14〕而旗袍在當時成為"整齊劃一化"女服,人人穿着藍色土布,便有"青衣的大陸"之稱謂,亦反映集體主義精神。至於旗袍高領上的扣子,竟有好幾排之多,一排排緊扣頸項,彷彿是在"具體化"地回應新生活運動的"扣扣子理論"。

"陰丹士林"廣告

"陰丹士林"廣告
"陰丹士林"色布標榜節儉愛國

　　新生活運動也是反洋裝運動，1934年林語堂（1895－1976）在《論語》半月刊發表的《西裝論》引起相當的反響，他在開首便說："許多朋友問我為何不穿西裝。這問題雖小，卻已經可以看出一人的賢愚與雅俗了。"〔15〕

　　林語堂將服裝提升到智慧的層面上，亦從中西裝看不同的民族精神面貌，其理論：

　　一、中國青年愛着西裝，"尤其是在追逐異性之時期，因為穿西裝雖有種種不便，卻能處處受女子之青睞，風俗所趨，佳人所好，才子也未能免俗。"〔16〕

　　二、中西服裝哲學上之不同，"在於西裝意在表現人身形體，而中裝意在遮蓋身體"，西裝只宜美麗青春女子着，因能表揚其身體美，但對於又老又胖的女子，穿西裝露胸背，簡直叫人觸目驚心。而"這種婦人穿起中服便可以藏拙，佔了不少便宜，因為中國服裝是比較一視同仁，自由平等，美者固然不能盡量表揚其身體美於大庭廣眾之前，而醜者也較便於藏拙，不至於太露形跡了，所以中服很合於德謨克拉西的精神。"〔17〕"德謨克拉西"（Democracy），"民主"的音譯，中服代表着自由民主。

　　三、"中裝中服，暗中是與中國人之性格相合的"〔18〕，因為它蘊藏着儒家思想的中庸之道。

　　四、西裝不合乎衛生，尤其男裝結領帶，束縛得失去自由，"狗不喜歡帶狗領，人也不喜歡帶上那西裝的領子", 而 "自領以下, 西裝更是毫無是處。西人能發明無線電、飛機, 卻不能了悟他們身體只有頭面一部尚算自由。穿西裝者, 心穿緊封皮肉的衛生裡衣, 叫人身皮膚之毛孔作用失其效能。中國衣服之好處, 正在不但能通毛孔呼吸, 並且無論冬夏皆寬適如意, 四通八達, 何部癢處, 皆搔得着。"[19]

五、至於西裝背心、褲子等無不緊束着身體, 使腰背不勝負荷, 但中國袍服則不同, 重量只在肩上, 易於負擔。"單這一層, 我們就可以看出將一切重量載於肩上令衣服自然下垂的中服是唯一的合理的人類服裝。"[20]

林語堂留學美國, 又是享譽中西的作家, 被認為對西方文化了解甚深, 竟由他提倡反洋服, 指出傳統中服有 "民主精神", 當然會有一定之說服力, 再加上國難當前, 這反洋服也成為反帝國主義的表現。不過, 也同時引起很大的迷惘:反洋服之後, 應該着些什麼?難道又要回復到滿清的長衫馬褂?如果真的如此, 那艱苦成功的革命又有何意義?

1934 年 4 月 25 日, 上海《申報》刊出一篇諷刺文字《洋服的沒落》, 指出 "革命之後, 採用的卻是洋裝, 這是因為大家要革新, 要便捷, 要腰骨筆挺。少年英俊之徒, 不但自己必洋裝, 還厭惡別人穿袍子"[21], 如今卻要反洋裝, 簡直無所適從:

"這怎麼辦呢?

恢復古制罷, 自黃帝以至宋明的衣裳, 一時實難以明白;學戲台上的裝束罷, 蟒袍玉帶, 粉底皂靴, 坐了摩托車喫番菜, 實在也不免有些滑稽。所以改來改去, 大約還是袍子馬褂牢穩。雖然也是外國貨, 但恐怕是不會脫下的了, 這實在有些稀奇。"[22]

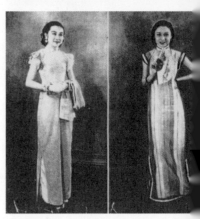

時裝照《良友》第一○七期, 1935.7)

　　長袍馬褂，外族（滿清）服式，所以"也是外國貨"，革命以來大家在革服飾的命，兜兜轉轉的，卻轉不出個所以然。還有婦女的旗袍，清朝時代婦女容許保留漢服衣裙，只有官宦富戶人家的婦女才模仿滿族着到旗袍，因而旗袍反不及 1934 年之後的普及，這無疑也是一種時代的諷刺了。

　　不過，一般認為，旗袍在 1934 年大行其道，是代表着婦女在服飾發展的漫漫長路上摸索到正確目標，"去年，中國都市社交界中，盲目地模仿了西裝而製成的晚服曾成為時裝之中心，可是 1934 年的趣味，無疑地是摒除着模仿式的傾向而漸趨於在我國原有的旗袍美上發展了一部西服之特點者。"〔23〕似乎旗袍對於婦女是魅力無法擋，它並非反洋服，而是反模仿洋服，但卻兼蓄並收地吸納一些洋服優點，把傳統旗袍改良得更美，充分

變調旗袍，配上西式衣袖，和西式裙腳。

反映出婦女的豐富創意，也象徵着社會上一股蠢蠢欲動的、毫不滯止的新興精神。

當新生活運動不停壓制婦女檢點她們"洋派"（暴露）的旗袍時，大都會的新女性仍然勇往直前，挑戰制度。"穿着薄紗衣服，高跟皮鞋，而裸着雙足的摩登女郎在馬路上來往的是多極了，當她們偶然舉起玉臂的時候，這尤其是在公共汽車中，在她們攀着由車頂上垂下的皮圈的時候，那惹人注目的她們腋下的黑毛，便從薄紗中隱約可見。還有最摩登的，簡直把她們的乳峰的黑圈兒，從薄紗裡面隱約地現出，供給男人們鑒賞，她們的乳頭，也因旗袍的緊狹，顯出整個的輪廓。"[24]

她們使硬巴巴的反洋服論顯得迂腐而可笑。當新生活運動認為"一切世界主義，無政府主義，共產主義，自由主義等等，弄到結果，把中國的制度文物，整個崩潰，發生一大混亂底局面"時[25]，她們單在旗袍這服裝上已製造足夠的混亂，令保守的官大人非常不滿了。

不過，國家的危難已經步步緊迫，人民都為抗日而沸騰，危機意識能將一切內部衝突和文化矛盾調解，尤其1936年國共聯合抗日——民族最大的調和，區區服飾上的一點"離經背道"已顯得毫不重要。當全國婦女界參加抗日救國運動時，婦女服飾響應時代的呼喚，開始洗盡鉛華：

一、放棄奢華美觀和暴露的服裝，穿土布節儉救國。

二、再次興起穿着褲子，因便於走動，容易逃難避災；婦女動員服兵役及支援大後方，對軍裝式西褲特別偏愛，還有全套軍服者，更是英氣趄趄。

三、如果還要着旗袍的話，就要把它剪短好了。

1939年9月16日《婦女生活》雜誌寫出戰時婦女服裝，《剪短你的旗袍吧》展現出一個新景象：

"嗚……嗚……嗚……警報來了！為了避免無謂犧牲，大家免不了到防空洞裡去躲一下，甚至跑郊外。這時誰也會詛咒或暗恨兩條腿跑得不快。特別是穿着長旗袍的姊妹們，真正不得了。為什麼這時候還不改裝呢？在戰區工作的婦女，都和男子同樣穿軍裝，不然也穿的是短衣長褲，或穿短衣裳，總之衣服要力求方便，能夠配合工作與行動。後方雖然不及前面緊張，但是接二連三的警報，也夠緊張了。同時為了加緊抗戰建國工作，各種生活方式，都需要力求簡單方便，長旗袍實在太累人，不如改裝。"[26]

女學生軍

「女學生軍！你為什麼對於女學生軍要這樣的驚異呢？女和男不都是一樣的嗎？她們訓練了，在必要的時候，是和男學生軍同樣勇敢地要到沙場上去戰的……我們分男和女，其實應該以瘦弱不強壯，沒有勇敢的精神，沒有活潑的態度，沒有靈敏的思想，和沒有堅卓的志意的人，男的也可說為女的。」（沙珊女士，〈女學生軍〉，《民國日報》1931.11.2）

　　"現代美，特別是戰時，我們不需要那種文弱的苗條美，而且需要活潑、矯健、堅強。因此奉勸你們將你們的旗袍剪短它吧。你們當然也愛趨時髦的，現在上海已經通行短旗袍了。"〔27〕

　　這兩段說話很可以總結三十年代中國婦女服飾，"國家興亡，匹婦有責"，而責任還是先從服飾變革起，好像衣服永遠綁束着中國婦女的手腳，不解脫就不能揹負起時代的包袱吧。

　　其實，當縱觀二十五年（1911 至 1935 年）來婦女服飾滄桑，應該這樣想才對：如果相信服裝就是個人（或群眾）形象的外延，中國古老的火鳳凰傳說就活現於這時期的婦女與服飾身上了，每當火紅的年代，烈焰刷新她們的羽毛（衣服）的同時，更燃起她們的鬥志，燃亮她們的生命了。

註釋

〔1〕 蕭繼宗：〈新生活運動史料〉，《革命文獻》第六十八輯（台北：中國國民黨中央委員會黨史委員會，1975年），2頁。

〔2〕 蕭繼宗：〈新生活運動史料〉，《革命文獻》第六十八輯（台北：中國國民黨中央委員會黨史委員會，1975年），2頁。

〔3〕 Ruth P. Rubinstein: *Dress Codes, Meanings and Messages in American Culture*, Ibid., P.152.

〔4〕 春雲：〈從男性的愛美説到女性的權力〉，上揭。

〔5〕 〈男女同池游泳有傷風化〉《論語》〔上海〕半月刊第四十四期，1934年7月1日），926頁。

〔6〕 〈曲線新聞〉《北洋畫報》〔天津〕第一千二百六十七期，1935年7月9日），2頁。

〔7〕 逸川：〈男女學生同班〉《人言週刊》〔上海〕第二卷第三十七期，1935年11月23日），723頁。

〔8〕 曾迭：《《摩登破壞》的重演〉《人言週刊》〔上海〕第二卷第二十三期，1935年8月17日），441頁。

〔9〕 曾迭：《《摩登破壞》的重演〉《人言週刊》〔上海〕第二卷第二十三期，1935年8月17日），441頁。

〔10〕 無聊：〈捲袖時裝〉《北洋畫報》〔天津〕第一千二百六十期，1935年6月22日），2頁。

〔11〕 〈典線新聞〉《北洋畫報》〔天津〕第一千二百六十一期，1935年6月25日），2頁。

〔12〕 〈禁止男女同行〉《論語》〔上海〕半月刊第四十六期，1934年8月1日），1052頁。

〔13〕 蕭繼宗：〈新生活運動史料〉，上揭，2頁。

〔14〕 王宇清：《歷代婦女袍服考實》（台北：中國旗袍研究會，1975年），102頁。

〔15〕 林語堂：〈論西裝〉，《林語堂選集》（上冊）（福州：海峽文藝出版社，1988年），351—354頁。

〔16〕 林語堂：〈論西裝〉，《林語堂選集》（上冊）（福州：海峽文藝出版社，1988年），351—354頁。

〔17〕 林語堂：〈論西裝〉，《林語堂選集》（上冊）（福州：海峽文藝出版社，1988年），351—354頁。

〔18〕 林語堂：〈論西裝〉，《林語堂選集》（上冊）（福州：海峽文藝出版社，1988年），351—354頁。

〔19〕 林語堂：〈論西裝〉，《林語堂選集》（上冊）（福州：海峽文藝出版社，1988年），351—354頁。

〔20〕 林語堂：〈論西裝〉，《林語堂選集》（上冊）（福州：海峽文藝出版社，1988年），351—354頁。

〔21〕 士緣：〈洋服的沒落〉《申報》〔上海〕1934年4月25日），4張，15版。

〔22〕 士緣：〈洋服的沒落〉《申報》〔上海〕1934年4月25日），4張，15版。

〔23〕 〈三四年趣味〉《婦人畫報》〔上海〕第十七期，1934年4月），30—31頁。

〔24〕 瀋深：〈南京速寫〉《人言週刊》〔上海〕第一卷第二十一期，1934年7月7日），426頁。

〔25〕 朱家驊：〈新生活運動與教育〉，《朱家驊先生言論集》（台北：中央研究院近代史研究所，1977年），375頁。

〔26〕 珍妮：〈剪短你的旗袍吧〉《婦女生活》〔上海〕第八卷第一期，1939年9月16日），14頁。

〔27〕 珍妮：〈剪短你的旗袍吧〉《婦女生活》〔上海〕第八卷第一期，1939年9月16日），14頁。